中华人民共和国行业推荐性标准

公路水下隧道设计规范

Specifications for Design of Highway Underwater Tunnel

JTG/T 3371—2022

主编单位：中交第二公路勘察设计研究院有限公司
批准部门：中华人民共和国交通运输部
实施日期：2022 年 06 月 01 日

人民交通出版社股份有限公司

北 京

律师声明

本书所有文字、数据、图像、版式设计、插图等均受中华人民共和国宪法和著作权法保护。未经人民交通出版社股份有限公司同意，任何单位、组织、个人不得以任何方式对本作品进行全部或局部的复制、转载、出版或变相出版。

本书扉页前加印有人民交通出版社股份有限公司专用防伪纸。任何侵犯本书权益的行为，人民交通出版社股份有限公司将依法追究其法律责任。

有奖举报电话：(010) 85285150

北京市星河律师事务所
2020 年 6 月 30 日

图书在版编目（CIP）数据

公路水下隧道设计规范：JTG/T 3371—2022 / 中交第二公路勘察设计研究院有限公司主编. — 北京：人民交通出版社股份有限公司，2022.3
ISBN 978-7-114-17889-4

Ⅰ.①公… Ⅱ.①中… Ⅲ.①公路隧道—水下隧道—设计规范—中国 Ⅳ.①U459-65

中国版本图书馆 CIP 数据核字（2022）第 039487 号

标准类型：中华人民共和国行业推荐性标准
标准名称：公路水下隧道设计规范
标准编号：JTG/T 3371—2022
主编单位：中交第二公路勘察设计研究院有限公司
责任编辑：李　沛
责任校对：刘　芹
责任印制：刘高彤
出版发行：人民交通出版社股份有限公司
地　　址：(100011) 北京市朝阳区安定门外外馆斜街 3 号
网　　址：http://www.ccpcl.com.cn
销售电话：(010) 59757973
总 经 销：人民交通出版社股份有限公司发行部
经　　销：各地新华书店
印　　刷：北京市密东印刷有限公司
开　　本：880×1230　1/16
印　　张：14
字　　数：315 千
版　　次：2022 年 3 月　第 1 版
印　　次：2022 年 3 月　第 1 次印刷
书　　号：ISBN 978-7-114-17889-4
定　　价：120.00 元

（有印刷、装订质量问题的图书，由本公司负责调换）

# 中华人民共和国交通运输部

公 告

第 20 号

交通运输部关于发布《公路水下隧道设计规范》的公告

现发布《公路水下隧道设计规范》(JTG/T 3371—2022),作为公路工程行业推荐性标准,自 2022 年 6 月 1 日起施行。

《公路水下隧道设计规范》(JTG/T 3371—2022)的管理权和解释权归交通运输部,日常解释和管理工作由主编单位中交第二公路勘察设计研究院有限公司负责。

请各有关单位注意在实践中总结经验,及时将发现的问题和修改建议函告中交第二公路勘察设计研究院有限公司(地址:湖北省武汉市经济技术开发区创业路 18 号,邮编:430056),以便修订时研用。

特此公告。

中华人民共和国交通运输部
2022 年 2 月 25 日

交通运输部办公厅　　　　　　　　　　　　　　　　2022 年 3 月 1 日印发

前　言

根据《交通运输部关于下达2010年度公路工程标准制修订项目计划的通知》(厅公路字〔2010〕132号)，由中交第二公路勘察设计研究院有限公司作为主编单位承担《公路水下隧道设计规范》(JTG/T 3371—2022)(以下简称"本规范")的编制工作。

编写组调研和收集了国内外水下隧道相关资料，参考了公路隧道相关科研成果，吸收了国内外水下隧道工程建设经验，借鉴了国内外相关标准规范，在此基础上以多种方式广泛征求了全国相关单位和专家的意见，对主要问题进行了反复修改，最终完成了本规范的编制工作。

本规范包括15章和7个附录，内容包括：1 总则、2 术语和符号、3 勘察与测量、4 建筑材料、5 总体设计、6 结构设计、7 钻爆隧道、8 盾构隧道、9 沉管隧道、10 堰筑隧道、11 附属工程、12 排水系统、13 交通工程设施与防灾救援、14 风险分析、15 结构安全监测，附录A 公路水下隧道建设条件分级、附录B 公路水下隧道环境作用等级、附录C 钢筋混凝土结构构件的裂缝宽度计算、附录D 钢筋混凝土结构构件的承载能力极限状态计算、附录E 公路水下隧道结构防水分级及设防要求、附录F 公路水下隧道消防及监控设施配置表、附录G 风险事件损失等级判断标准。

本规范由郭小红、廖朝华负责起草第1章，廖朝华、梁巍、拓勇飞负责起草第2章，郭小红、柯小华、孟黔灵负责起草第3章，拓勇飞、廖朝华负责起草第4章，王华牢、廖朝华负责起草第5章，郭小红、袁勇负责起草第6章，郭小红、梁巍、柯小华负责起草第7章，拓勇飞、乔春江负责起草第8章，刘洪洲负责起草第9章，程勇、崔庆龙负责起草第10章，郭小红、拓勇飞负责起草第11章，仇玉良负责起草第12章，程崇国负责起草第13章，黄宏伟负责起草第14章，拓勇飞、舒恒负责起草第15章。

请各有关单位在执行过程中，将发现的问题和意见，函告本规范日常管理组，联系人：拓勇飞(地址：湖北省武汉市经济技术开发区创业路18号；邮政编码：430056；电话：027-84214297；传真：027-84214111；电子邮箱：tuoyongfei@163.com)，以便下次修订时研用。

主　编　单　位：中交第二公路勘察设计研究院有限公司
参　编　单　位：中交第一公路勘察设计研究院有限公司
　　　　　　　　招商局重庆交通科研设计院有限公司
　　　　　　　　中交公路规划设计院有限公司
　　　　　　　　交通运输部公路科学研究院
　　　　　　　　同济大学

主　　　　编：郭小红　廖朝华

主要参编人员：王华牢　梁　巍　柯小华　程　勇　乔春江　程崇国
　　　　　　　刘洪洲　拓勇飞　仇玉良　黄宏伟

参与审查人员：李伟平　李志厚　李玉文　袁大军　焦齐柱　高世军
　　　　　　　唐　颖　梁淦波　姜　杰　韦　虎　袁永新　肖了林
　　　　　　　刘贵有　张进华　张志刚　李春风　李　健　万明富
　　　　　　　薛亚东

参 加 人 员：舒　恒　袁　勇　孟黔灵　崔庆龙

目　次

1 总则 ··· 1
2 术语和符号 ·· 3
　2.1 术语 ··· 3
　2.2 符号 ··· 5
3 勘察与测量 ·· 7
　3.1 一般规定 ··· 7
　3.2 资料收集与调查 ·· 8
　3.3 测量 ··· 10
　3.4 地质勘察 ··· 11
　3.5 临近环境条件勘察 ··· 18
4 建筑材料 ··· 20
　4.1 一般规定 ··· 20
　4.2 结构材料 ··· 21
　4.3 防水材料 ··· 25
5 总体设计 ··· 30
　5.1 一般规定 ··· 30
　5.2 隧道位置选择 ··· 31
　5.3 隧道线形设计 ··· 33
　5.4 隧道横断面设计 ·· 37
　5.5 施工筹划 ··· 40
6 结构设计 ··· 42
　6.1 一般规定 ··· 42
　6.2 作用及其组合 ··· 44
　6.3 结构计算 ··· 48
　6.4 结构验算 ··· 53
　6.5 结构耐久性 ·· 60
　6.6 构造要求 ··· 63
7 钻爆隧道 ··· 69
　7.1 一般规定 ··· 69
　7.2 衬砌结构 ··· 70
　7.3 衬砌防水 ··· 75

7.4	特殊处治设计	78
7.5	开挖工序设计	81
7.6	超前地质预报及监控量测	83

8 盾构隧道 · 86
- 8.1 一般规定 · 86
- 8.2 管片结构 · 87
- 8.3 防水设计 · 93
- 8.4 始发与到达设计 · 96
- 8.5 盾构机的选型 · 97
- 8.6 特殊处治设计 · 99

9 沉管隧道 · 102
- 9.1 一般规定 · 102
- 9.2 管节结构 · 104
- 9.3 接头及防水 · 109
- 9.4 基槽开挖 · 113
- 9.5 回填与防护 · 114
- 9.6 地基处理与垫层 · 116
- 9.7 临时设施 · 118

10 堰筑隧道 · 123
- 10.1 一般规定 · 123
- 10.2 围堰设计 · 124
- 10.3 隧道结构 · 129
- 10.4 基坑支护 · 131
- 10.5 结构防水 · 136
- 10.6 地基处理及回填 · 137

11 附属工程 · 139
- 11.1 一般规定 · 139
- 11.2 洞口减光构造物 · 140
- 11.3 逃生救援洞室 · 142
- 11.4 防淹门 · 143
- 11.5 水沟与电缆沟 · 144
- 11.6 预留洞室与预埋件 · 146
- 11.7 内部功能层 · 147

12 排水系统 · 149
- 12.1 一般规定 · 149
- 12.2 洞内排水 · 150

	12.3	洞口排水	153
	12.4	集水池与排水泵站	154
	12.5	排水管渠	156
13	交通工程设施与防灾救援		159
	13.1	一般规定	159
	13.2	交通安全设施	161
	13.3	通风设施	163
	13.4	照明设施	164
	13.5	监控设施	165
	13.6	消防设施	166
	13.7	供配电设施	168
	13.8	火灾防烟与排烟	170
	13.9	火灾逃生与救援	173
14	风险分析		177
	14.1	一般规定	177
	14.2	总体风险分析	180
	14.3	钻爆隧道风险分析	181
	14.4	盾构隧道风险分析	183
	14.5	沉管隧道风险分析	184
	14.6	堰筑隧道风险分析	185
15	结构安全监测		187
	15.1	一般规定	187
	15.2	监测内容	189
	15.3	监测点布置	191
	15.4	监测要求	194
	15.5	数据处理与信息反馈	196

附录A 公路水下隧道建设条件分级 ………………………………… 198

附录B 公路水下隧道环境作用等级 ………………………………… 200

附录C 钢筋混凝土结构构件的裂缝宽度计算 ……………………… 202

附录D 钢筋混凝土结构构件的承载能力极限状态计算 …………… 204

附录E 公路水下隧道结构防水分级及设防要求 …………………… 207

附录F 公路水下隧道消防及监控设施配置表 ……………………… 208

附录G 风险事件损失等级判断标准 ………………………………… 209

本规范用词用语说明 …………………………………………………… 211

1 总则

1.0.1 为规范和指导公路水下隧道设计，制定本规范。

条文说明

本规范通过总结国内外公路水下隧道建设经验来规范和指导公路水下隧道勘察设计，以达到提高公路水下隧道设计质量、降低水下隧道建设风险、促进水下隧道建设技术进步的目的。

1.0.2 本规范适用于以钻爆法、盾构法、沉管法及堰筑法施工的新建公路水下隧道。

条文说明

当前水下隧道建设方法主要有钻爆法、盾构法、沉管法以及堰筑法等四种工法，以新建为主，改扩建极少，因此本规范主要适用于这几种工法新建的公路水下隧道。

1.0.3 应根据公路水下隧道的使用功能、施工工法与所处建设条件，对隧道平纵横布置、防排水及防灾救援等进行总体设计，并应统筹考虑隧道施工及运营安全、建设风险、建设成本及运营费用等因素。

条文说明

隧道设计所涉及的专业较多，且相互之间存在较大影响，在设计阶段需要注意总体设计，综合考虑各系统之间的相互影响，正确处理各系统之间的关系，保证施工与运营安全。

1.0.4 应根据设计使用年限及环境作用等级对水下隧道结构进行耐久性设计，隧道主体结构的设计使用年限不应低于100年。

条文说明

多数公路水下隧道属于重大基础设施项目，若设计使用年限太低则不合理，因此规定其主体结构的设计使用年限不低于100年。根据工程经验及桥隧相关规范，附属工程的各项设计使用年限考虑的主要因素有重要性、维修或更换难易程度、经济性等。

1.0.5 隧道设计应贯彻国家相关技术经济政策，做好环境保护工作，积极慎重地采用新技术、新材料、新设备、新工艺。

1.0.6 公路水下隧道设计除应符合本规范的规定外，尚应符合国家和行业现行有关标准的规定。

2 术语和符号

2.1 术语

2.1.1 公路水下隧道　highway underwater tunnel
下穿河流、湖泊、海湾或海峡等水域的公路隧道。

2.1.2 钻爆隧道　drilling and blasting tunnel
在地层中通过人工或爆破方式开挖的隧道。

2.1.3 盾构隧道　shield tunnel
用盾构机械进行开挖、推进，在盾壳内进行管片拼装而建成的隧道。

2.1.4 沉管隧道　immersed tunnel
由若干预制的隧道结构单元，通过浮运、沉放、水下对接形成的隧道。

2.1.5 堰筑隧道　cofferdam tunnel
设置临时或永久挡水围堰，在围堰内采用明挖法修建的隧道。

2.1.6 场地条件　site conditions
建设场地内地形、地质及水文条件与拟建隧道的关系。

2.1.7 临近环境条件　adjacent surroundings
建设场地内既有建筑物、道路、地下设施、地下管线及生态条件等与拟建隧道的关系。

2.1.8 环境作用等级　environmental action grade
地下水、围岩及大气等环境条件对结构耐久性的影响程度分级。

2.1.9 排放复合衬砌　drainage composite lining(DCL)
隧道围岩渗水能顺畅地排入隧道内，衬砌基本不承担水压力的复合衬砌。

2.1.10 限排复合衬砌　controlled drainage composite lining(CDCL)
限制隧道围岩渗水排入隧道内，衬砌结构承担部分水压力的复合衬砌。

2.1.11 全封闭复合衬砌　fully-enclosed composite lining(FECL)
不考虑隧道围岩渗水排入隧道内，作用于衬砌结构上的水压力按全部水头高度计算的复合衬砌。

2.1.12 管节　element
采用一次或分次预制，可实施浮运、沉放及水下对接的沉管隧道结构单元。相邻节段间纵向钢筋不连通，组成的管节称为节段式管节，反之称为整体式管节。

2.1.13 节段　segment
管节沿纵向划分的预制单元。

2.1.14 干坞　dry dock
为预制沉管隧道的管节而设置的专用场地。

2.1.15 最终接头　closure or final joint
实现沉管隧道贯通的连接结构，又称合拢接头。

2.1.16 GINA 止水带　GINA waterstop
安装于管节接头处，通过水力压接形成的第一道防水构造的压缩式防水专用橡胶制品。

2.1.17 Ω 止水带　OMEGA waterstop
安装于管节接头或节段接头处，通过内贴形成的第二道可更换式防水专用橡胶制品。

2.1.18 盾构管片　shield segment
盾构隧道衬砌环的基本单元，有钢筋混凝土管片、钢纤维混凝土管片、钢管片、铸铁管片、复合管片等多种类型。

2.1.19 盾构工作井　shield working shaft
供盾构组装、拆卸、掉头、吊运管片或出渣等使用的竖向通道，包括始发工作井、中间工作井、到达工作井等。

2.1.20 盾构始发　shield launching
盾构机从始发工作井进入地层的一系列作业。

2.1.21 盾构到达　shield arrival

盾构机由地层进入到达工作井内的一系列作业。

2.1.22 基坑安全等级　safety grade of foundation pit

衡量基坑工程破坏后果及复杂程度的指标，根据基坑开挖深度、工程地质条件、水文地质条件、环境条件及使用条件等综合确定。

2.2 符号

2.2.1 材料性能

C20——立方体抗压强度标准值为 20MPa 的混凝土强度等级；
E_c——混凝土弹性模量；
f_{ck}——混凝土轴心抗压强度标准值；
f_{sk}、f'_{sk}——钢筋抗拉、抗压强度标准值；
f_{tk}——混凝土轴心抗拉强度标准值。

2.2.2 作用、作用效应

F_f——浮力设计值；
F_Z——抗浮力设计值；
f_r——作用在结构之上的作用组合标准值；
P_w——地下水压力标准值；
$R(\cdot)$——与结构材料强度及几何尺寸相关的结构抗力效应函数；
S_d——正常使用极限状态的荷载效应(变形、裂缝和应力等)组合设计值；
$S(\cdot)$——与作用在结构之上的荷载相关的作用效应函数；
W_a——隧道上覆土层的有效压重标准值；
W_s——结构自重标准值；
γ_w——水或液化土体的重度；
σ_s——受拉钢筋在使用荷载作用下的应力。

2.2.3 几何参数

b_f——构件受拉翼缘宽度；
D——圆隧道或圆形结构的外径；
d——钢筋的公称直径或圆隧道及圆形结构的内径；
h_f——构件受拉翼缘厚度；
h_0——构件受压边缘到受拉钢筋重心的距离；
L_0——构件净计算跨度；
V——隧道结构封闭外轮廓的体积；

δ —— 管片环缝弹性密封垫在设计水压力作用下的允许张开量。

2.2.4 计算系数及其他

C_1 —— 钢筋表面形状系数；
C_2 —— 作用或荷载长期效应影响系数；
C_3 —— 与构件受力形式相关的系数；
c —— 结构的极限约束值；
n —— 粗糙系数；
Q_s —— 雨水设计流量；
q —— 设计暴雨强度；
v —— 流速；
α_k —— 结构的几何参数标准值；
γ_f —— 作用分项系数；
γ_m —— 材料性能的分项系数；
γ_0 —— 结构重要性系数；
γ_1 —— 结构附加安全系数；
δ_{fmax} —— 最大裂缝宽度；
μ —— 纵向受拉钢筋的配筋率；
μ_{min} —— 最小配筋百分率；
ψ —— 径流系数。

3 勘察与测量

3.1 一般规定

3.1.1 水下隧道勘察与测量工作应包括资料收集与调查、测量、地质勘察以及临近环境条件勘察等内容。

条文说明

水下隧道一般地质条件复杂，影响隧道设计施工的因素较多，在勘察过程中全面收集各类资料非常必要，以充分保证设计方案合理性与可靠性。

3.1.2 水下隧道勘察阶段可分为预可勘察、工可勘察、初步勘察以及详细勘察，测量可分为预工可测量、初测及定测。勘察与测量阶段的划分及深度要求应与设计相适应。在各勘察阶段可针对复杂场地条件、特殊地质条件及施工过程中的特殊要求进行专项勘察。

条文说明

勘察阶段的划分根据现行《公路工程地质勘察规范》(JTG C20)进行，测量阶段的划分根据现行《公路勘测规范》(JTG C10)进行。公路水下隧道一般属于大型公路工程项目，其设计一般分为预可行性研究(立项报告书)、工程可行性研究、初步设计、技术设计及施工图设计等阶段。一般情况下预可阶段进行地质勘察但不进行测量，工可阶段根据需要进行简单测量工作。如果需要进行技术设计，一般采用详细勘察及定测的数据。根据各设计阶段的需要提供相应的勘察资料是确保设计质量的前提，因此要求水下隧道勘察阶段划分与设计阶段相适应，按各阶段要求的深度开展工作。为确保设计质量，降低建设风险，对工程建设方案影响较大的复杂条件要求展开专项勘察。

3.1.3 应根据隧道所处地质条件、地形条件、临近环境条件及其与隧道位置关系等，按下列要求进行分区段勘察：
1 分区长度应根据勘察阶段、场地条件及临近环境条件综合确定。
2 场地条件分级和临近环境条件分级应按本规范附录A确定。

3 工可勘察的分区段长度宜为 1 000~2 000m，初步勘察宜为 500~1 000m，详细勘察宜为 100~500m。

条文说明

场地条件分级是为了保证勘察方案的合理性。工可阶段勘察工作量较少，深度较浅，因此场地划分通常不会太细。随着勘察工作的深入，场地分级也要相对细化，在保证勘察质量的同时也可以有效控制勘察工作量。

3.1.4 应根据勘察阶段、隧道工法、地质条件及场地条件分级等因素制订勘察方案，勘察成果应能满足隧道设计的需要。

条文说明

水下隧道勘察质量取决于勘察方案的合理性、勘察内容的全面性、勘察手段的针对性。勘察方案与设计阶段相关，勘察内容与建设方案相关，勘察手段与场地条件相关。制订切合实际的勘察方案，投入与各阶段勘察深度相适应的地勘工作量，对保证地勘工作的深度和质量至关重要。勘察成果不但要满足不同的设计阶段要求，还需满足施工工法的需要。

3.2 资料收集与调查

3.2.1 资料收集与调查的内容应根据隧道所处设计阶段、施工工法及场地条件等因素确定，应包括社会经济发展资料、气象资料、地形资料、地质资料、水文资料以及建设环境条件资料等。

条文说明

水下隧道资料收集与调查的目的在于合理确定建设方案。调查成果不仅可以用来选定隧道路线，确定合适的工法，以及为修建隧道所需的环境保护工作提供参考，还可以作为确定隧道建设规模、标准和施工方案的资料。由于水下隧道所处的特殊环境，极易造成设计变更、工期延误等重大损失，因此要求进行深入调查。工可勘察阶段以区域资料的收集与调查为主，初步勘察阶段以工程影响范围内的环境条件调查为主，详细勘察阶段以现场勘察为主。

3.2.2 社会经济发展资料收集与调查的内容应包括相关区域的建设现状与规划、城市道路(公路、铁路、轨道)的现状与规划、港口码头及航道的现状与规划、军事设施及重要建筑物的分布情况、矿产资源及自然保护区的分布等。

条文说明

社会经济发展资料调查主要用于确定隧道方案的合理性及工程规模，与已有或规划的建筑物相互协调，减少相互之间的影响。

3.2.3 气象资料收集与调查的内容应包括隧址区的气温、气压、风速、风向、降雨量、积雪量、降雾的程度和天数、水体冻结的程度及时间、最大冻土深度等，其中气温、风速、降雨等应调查其多年年平均值、月平均值及极端值。

条文说明

气象资料的调查主要用于结构耐久性设计、通风设计、排水设计，以及优化隧道施工组织等。

3.2.4 地形资料收集与调查的内容应包括区域大比例地形图、地貌资料及图件、区域水深、水底地形图、遥感与航测影像资料等。

3.2.5 地质资料收集与调查的内容应包括区域大比例地质图、附近已建工程的工程地质报告、区域地质灾害及不良地质分布状况、隧道所经水域的水底沉积物及水下地质灾害、区域地震历史及地震烈度等。

条文说明

地质条件是影响隧道设计和施工难易的决定性因素，通过该方面资料调查与收集可以全面掌握已有相关信息，为水下隧道勘察与设计提供相关依据，也可以在一定程度上节约工期，降低勘察成本。

3.2.6 水文资料收集与调查的内容应包括隧道所穿越水域区段的水文条件，防洪标准，河流的流量、流速及水位，海域的潮汐变化规律，附近水域的波浪资料，水下障碍物分布状况，河势演变与河床演变观测与分析，航道条件与规划等。

条文说明

鉴于水文地质条件对于公路水下隧道工程建设的重要性，本条针对水文资料的收集与调查提出要求，并加以明确。

3.2.7 建设环境条件资料收集与调查的内容应包括工程相关范围内社会环境、施工环境及施工条件、相邻或相关的既有工程、地下障碍物和地下管线、生态与自然保护要求、施工取弃土场地、施工用水用电以及与隧道运营管理系统设计相关资料等。

条文说明

建设环境条件与工程建设息息相关，既有的地面工程调查相对较为容易，地下障碍物与地下管线的探察则较为复杂，如拟建工程路线上的建筑物深基础、地下人防设施、堤岸防护设施以及与拟建路线交叉的轨道交通线、电缆通道、引水隧洞等。

3.3 测量

3.3.1 控制测量、地形测量、水深测量、中线测量及横断面测量等方面的工作内容、要求精度应符合现行《公路勘测规范》(JTG C10)的相关规定。

3.3.2 控制测量宜在初步勘察阶段进行，宜采用独立平面及高程控制网。平面控制网等级不得低于二等。

条文说明

水下隧道控制测量与地形测量一般是在初步测量阶段进行。隧道方案平面位置较为明确，需要适当加深工可研究工作时，该项工作也可以在工可研究阶段进行。由于水下隧道工程的重要性，因此提出采用独立控制网，同时提供与国家坐标系及基准的转换关系。由于公路水下隧道长度一般超过3 000m，其独立控制网等级要求也较山岭隧道要高，因此按照现行《公路勘测规范》(JTG C10)隧道贯通长度大于6 000m要求提出不得低于二等。

3.3.3 地形测量应符合下列规定：

1 工可勘察阶段应收集已有地形资料(1∶50 000及1∶10 000地形图)，并辅以必要的现场踏勘，全面了解和核对大范围地形地貌。工可研究使用的地形图范围应大于路线方案中线外1km，且应满足方案比选的需要。

2 初步勘察阶段应在已收集地形资料的基础上，对路线方案走廊带进行1∶2 000～1∶1 000地形图收集或测绘工作，同时应对重要控制要素进行现场测量。初步设计使用的地形图范围应大于路线中线外500m。

3 详细勘察阶段应对隧道出入口、明挖暗埋地段、通风井及隧道管理中心等进行1∶500工点地形图测量。施工图设计使用的工点地形图范围应大于设计使用范围100m。

4 地形测量应涵盖可能受隧道影响的建筑物及地下管线等。设计有特殊要求时，应根据需要扩大测绘范围。

条文说明

各阶段地形测量的要求各不相同：工可研究阶段主要以了解大范围全貌为目的，以收集分析既有资料、现场踏勘为主，并辅以必要的现场测绘，为隧道工程选址、路线方案的比选提供基础资料；初步测量阶段在前阶段调查资料基础上，着重对可选方案进行初步勘察和必要的测绘工作，为初步设计提供翔实的基础资料；施工图测量阶段对已确定的路线进行详细的地形测量，为施工图设计提供详尽的、高精度的基础资料。因此水下隧道地形图需根据各阶段设计需要确定测绘比例及测绘范围。

3.3.4 详细勘察阶段应进行隧道中线及横断面测量；局部地段的地形条件对工程方案有重大影响时，可在初步勘察阶段对该地段进行中线及横断面测量。

条文说明

在浅埋、严重偏压等特殊地段，地形条件可能对工程造价、施工安全等产生较大影响。在初步勘察阶段进行中线测量或横断面测量，可以更加有效地评估方案的合理性。

3.3.5 隧道中线测量应符合下列规定：
1 隧道的左右洞、服务隧道等宜分别进行中线测量。
2 施工辅助坑道及水域段隧道应进行中线测量。
3 地形变化显著及小半径曲线地段，中桩间距不宜大于10m；地形平缓地段，中桩间距不宜大于20m。

条文说明

隧道中线测量一般在施工图阶段进行。隧道的左右洞、服务隧道的间距一般较大，各隧道地形起伏不同，在此要求宜分别进行中线放样测量。在地形起伏显著及小半径曲线地段，中桩间距建议适当加密；在地形平缓地段中桩间距可以适当加大。

3.3.6 隧道横断面测量应符合下列规定：
1 明挖隧道及埋深小于1倍隧道跨度的暗挖地段应逐桩测量横断面。
2 埋深小于3倍跨度的暗挖隧道宜逐桩测量横断面。
3 横断面测量每侧宽度不宜小于2.5倍基坑深度或2.5倍隧道埋置深度。

条文说明

本条规定了明挖隧道、暗挖隧道及基坑横断面测量范围，为设计提供横断面基础性地形资料。

3.4 地质勘察

3.4.1 地质勘察应在已调查和收集资料的基础上进行，各阶段勘察均应利用前阶段勘察成果。地质勘察内容及要求应符合现行《公路工程地质勘察规范》（JTG C20）的相关规定。

条文说明

水下隧道所处环境条件特殊，地质勘察技术要求高，经济代价较大，在勘察工作展开前需要对已有资料进行充分调查与分析，充分利用已收集的有关工程地质勘察报告、航拍照片、卫星照片，熟悉所调查地区的有关地质资料（包括区域地质、工程地质、水文地质、室内试验等成果）。根据设计阶段需要、施工工法与场地条件制订勘察计划，做到有的放矢。

3.4.2 水下隧道遇到下列情况时，宜进行专项地质勘察研究：
1 地下管线及地面建筑物较多，且临近环境条件复杂的区域。
2 岩溶极发育、大型断层破碎带、活动性断裂带或对隧道影响较大的风化深槽等重大不良地质发育区域。
3 水文地质条件特别复杂的区域。

3.4.3 工可地质勘察应符合下列规定：
1 应查明区域地质构造及沿线地层岩性分布状况。
2 应以地质调绘、地质遥感及物探为主，辅以必要的钻探。
3 宜进行专题水文分析及河（海）床演变分析。
4 每一隧道方案均宜进行物探；勘察条件复杂时，应进行横断面勘察。

条文说明

工可地质勘察主要服务于路线方案及工法的比选需要，并正确评价隧址区域的工程地质、水文地质条件，对影响路线方案及工法的重大地质问题需要给出可靠的结论。因此提出的要求较一般山岭隧道作适当的提高。

水下隧道在工可阶段主要是补充和完善预可行性研究的资料，进行工程地质测绘和水文地质调查，开展工程地质勘察工作。在预可行性研究阶段，收集到的资料能够满足方案论证需要时可以不进行地质勘察。

3.4.4 初步地质勘察应符合下列规定：
1 在路线走廊带范围内，应对可能作为隧道线位的区域进行地质勘察。
2 应结合地质调绘及物探成果，进行钻探及其他勘探工作。
3 应初步查明沿线地层岩性分布特点及性质、不良地质及范围、地下水的分布及特性等。
4 应重点勘察不良地质地段，明确对隧道建设方案的影响程度。

条文说明

水下隧道的初步地质勘察工作需在工可研究的基础上，进一步调查隧道走廊带内的地形地貌、地层岩性、地质构造、水文地质条件，为隧道方案的比选优化提供地质依据。

3.4.5 详细地质勘察应符合下列规定：
1 应利用已有地质资料，采用钻探、物探、原位测试等综合勘测手段。
2 应按场地条件分级，分段查明沿线工程地质条件，提供区内相关地层的物理力学参数。
3 应查明地下水类型及相关参数，并评价对拟建工程的影响。
4 地震基本烈度为 7 度及 7 度以上的区域应进行场地地震效应评价。
5 应查明不良地质及地下障碍物，分析其对工程的影响，并提出建议与对策。

条文说明

水下隧道的详细地质勘察工作需在初步地质勘察的基础上，查明、验证隧道走廊带内的地形地貌、地层岩性、地质构造、水文地质条件，为隧道施工图设计提供可靠、准确的工程地质依据。

3.4.6 在施工期间出现下列情况时，应进行补充地质勘察：
1 施工方案变化较大且对地质条件或周边条件较为敏感。
2 施工开挖揭露的地质条件与勘察报告出现较大不符。

条文说明

不同的施工方案对地质勘察的要求有较大差异，如果水下隧道局部工程方案进行了调整则需要进行补充地质勘察。补充地质勘察工作一般在施工前或施工过程中进行。

3.4.7 地质调绘应沿路线两侧各不小于 1km 的范围进行，不良地质、地质条件复杂地段应扩大调绘范围。

条文说明

地质调绘是隧道地质勘察的重要手段，可以在较大范围内掌握区域地质状况，为方案比选与优化服务。鉴于调绘的有效性与经济性，在各阶段的地质勘察过程中均需做好地质调绘工作。

3.4.8 物探工作应根据地质条件、水文条件及水下地形等因素确定，并应符合下列规定：

1 工可勘察应以轴线探测为主,重要地段宜辅以必要的横断面探测。
2 物探应与调绘、钻探工作相结合,提高解译的准确性。
3 物探宽度可根据路线比选范围及结构特点确定,水域地段不应小于结构边线外侧150m,陆域地段不应小于结构边线外侧100m。
4 初步勘察及详细勘察应以网格状探测为主,重要地段可加密网格密度。
5 钻爆隧道的物探工作应符合表3.4.8的规定。

表3.4.8 钻爆隧道物探工作要求

勘察阶段	场地条件分级		
	简单	中等	复杂
工可勘察	物探纵断面每轴线不少于1条	物探纵断面每轴线不少于1条 地质疑问处宜布置物探横断面	物探纵断面每轴线不少于1条 物探横断面间距不大于500m
初步勘察	物探纵断面每轴线不少于1条 物探横断面间距不大于500m	物探纵断面每洞室不少于1条 物探横断面间距不大于200m	物探纵断面每洞室不少于2条 物探横断面间距不大于150m
详细勘察	物探纵断面每洞室不少于1条 物探横断面间距不大于150m	物探纵断面每洞室不少于2条 物探横断面间距不大于100m	物探纵断面每洞室不少于3条 物探横断面间距不大于50m

6 对于盾构、沉管和堰筑隧道,预计基岩对其设计施工产生影响时,应进行物探勘察工作,布设要求可按本条第5款执行。

条文说明

水下隧道物探,一般先查明水域内水底地形、水深、流速等情况,再决定采用何种物探手段,一般进行综合物探,其工作量根据物探效果及适用条件合理安排。物探主要用于探测物性差异较大的地层界面,如基岩面的分布情况。水下盾构、沉管或堰筑隧道一般修建于覆盖层较厚的河床下,基岩面对工程影响不大时,不必进行物探工作。

重要地段指的是不良地质地段,特殊地质地段,环境敏感地段,对结构受力不利或对施工、运营安全不利的地段。

3.4.9 水下隧道勘察应进行钻探,钻探孔间距应符合下列规定:
1 钻爆隧道的钻探孔间距应符合表3.4.9-1的规定。

表3.4.9-1 钻爆隧道的钻探孔间距要求

勘察阶段	场地条件分级		
	简单	中等	复杂
工可勘察	800~1 000m	600~800m	400~600m
初步勘察	200~300m	150~200m	100~150m
详细勘察	100~150m	75~100m	50~75m

2 盾构隧道的钻探孔间距应符合表 3.4.9-2 的规定。

表 3.4.9-2　盾构隧道的钻探孔间距要求

勘察阶段	场地条件分级		
	简单	中等	复杂
工可勘察	600～800m	400～600m	300～400m
初步勘察	150～200m	100～150m	50～100m
详细勘察	75～100m	50～75m	30～50m

3 沉管隧道的钻探孔间距应符合表 3.4.9-3 的规定。

表 3.4.9-3　沉管隧道的钻探孔间距要求

勘察阶段	场地条件分级		
	简单	中等	复杂
工可勘察	400～600m	300～500m	200～300m
初步勘察	150～200m	100～150m	75～100m
详细勘察	50～75m	35～50m	25～35m

4 堰筑隧道的钻探孔间距应符合表 3.4.9-4 的规定。

表 3.4.9-4　堰筑隧道的钻探孔间距要求

勘察阶段	场地条件分级		
	简单	中等	复杂
工可勘察	300～500m	200～300m	150～200m
初步勘察	100～150m	75～100m	50～75m
详细勘察	30～50m	25～30m	20～25m

条文说明

　　地质钻探是水下隧道核实地层信息、获取地层物理力学参数的主要手段，因此，强调水下隧道各阶段均要进行钻探。钻孔纵向间距根据水下隧道施工工法的特点，参考现行《公路工程地质勘察规范》(JTG C20)、《城市轨道交通岩土工程勘察规范》(GB 50307)、《岩土工程勘察规范》(GB 50021)以及相关公路水下隧道工程经验确定。

3.4.10　钻爆及盾构隧道的钻孔布设应符合下列规定：

　　1　钻孔应布设在隧道外侧 5～8m 处。

　　2　单洞时宜在两侧交错布置，多洞并行时宜多排交错布置。

　　3　双洞并行时钻孔间距应保证钻孔数量比按表 3.4.9-1、表 3.4.9-2 确定的钻孔数量增加 30%～50%，多洞并行时应增加 60%～100%。

　　4　盾构隧道工作井的钻探孔间距宜为 20～35m，且不应少于 3 个。

条文说明

本条针对隧道建设各工法的钻孔布设、深度等做出一般性的规定。钻爆及盾构隧道洞身布设钻孔考虑了施工期间的安全因素。

3.4.11 沉管及堰筑隧道的钻孔布设应符合下列规定：
1 钻孔应沿基坑两侧布设。
2 基坑宽度大于30m时，基坑中部宜布设钻孔。
3 采用桩基础时，孔距应同时满足基桩设计要求。

3.4.12 钻孔深度应符合下列规定：
1 钻爆隧道的钻孔深度应符合下列规定：
 1）洞身处于极破碎岩层或土层时，孔深应达到隧道底板以下10～20m。
 2）洞身处于破碎岩层时，孔深应达到隧道底板以下5～10m。
 3）洞身处于相对完整的岩层时，孔深应达到隧道底板以下3～5m。
2 盾构隧道的孔深应达到隧道底板以下$1.0D$～$2.0D$（D为盾构隧道外径）。
3 沉管隧道的孔深应达到隧道底板以下$1.0H$～$2.0H$（H为沉管隧道高度），且不宜小于河床下40m。
4 堰筑隧道的钻孔深度应符合下列规定：
 1）应低于桩底或地下连续墙底5～10m。
 2）进入基坑底以下中风化或微风化岩层不应小于5～10m。
 3）如遇软土或降水设计需要，宜穿过软土层或透水层（含水层）。

3.4.13 在隧道工可及初步勘察阶段，应布置一定数量的控制性钻孔。工可勘察阶段控制性钻孔不应低于总钻孔数量的50%，初步勘察阶段控制性钻孔不应低于总钻孔数量的25%。控制性钻孔深度应符合下列规定：
1 钻爆隧道应达到隧道底板以下30～40m。
2 盾构隧道应达到隧道底板以下$2.0D$～$3.0D$（D为盾构隧道外径）。
3 沉管隧道应达到隧道底板以下$2.0H$～$3.0H$（H为沉管隧道高度）。
4 堰筑隧道应达到支护结构底端20～30m或稳定持力层以下3～5m。
5 下部为基岩时，孔深可减小。

3.4.14 根据地质条件及设计需要，应选择代表性地段进行孔内弹性波测试、分段抽水试验、孔内摄像及跨孔物探等工作，并应符合下列规定：
1 应在各勘察阶段选择有代表性的地质钻孔进行简易抽水或注水等试验，测定地下水的水位、压力及岩土层的渗透特性等。
2 水中钻孔完毕后应进行全孔封堵，水下部分岩层（含强风化岩层）应采用水泥砂浆封堵，土层（含全风化层）应采用黏性土封堵。

条文说明

鉴于水下钻孔不易，本条要求在勘察过程中做好地质钻孔的综合应用，使每一钻孔发挥最大作用，因此，要求钻探配合物探进行综合测井试验。除探明隧道上下地层含水层、隔水层性质外，还需根据设计需要查明地下水流向、流速，测试各种水文地质参数。

3.4.15 地质条件复杂或水文地质条件对隧道影响较大时，工可勘察阶段宜开展水文地质勘察工作，初步勘察阶段宜进行水文地质专题研究。地下水观测宜安排在详细勘察前进行。

条文说明

鉴于水文地质条件对水下隧道建设影响大，本条针对各阶段的水文勘察工作提出了具体要求。

3.4.16 地质勘察的取样与试验应满足国家和行业现行有关标准的要求，应考虑地质条件和施工工法的差异，进行与隧道设计施工要求相关的非常规试验，并应符合下列规定：

1 应通过现场勘察及化学分析，按本规范附录B对地下水的腐蚀性进行分类与分级。
2 钻爆及盾构隧道宜进行土体的渗透破坏比测试。
3 沉管隧道宜进行不同季节、不同温度及不同浑浊度条件下水的重度测试。
4 盾构隧道宜进行岩土体的石英含量及岩石磨失强度测试；应查明不同地层界面，弄清岩土层颗粒组成；应采用大口径取土器取样；应测试卵砾石大颗粒的饱和单轴抗压强度指标；应测试上软下硬地层岩石的饱和单轴抗压强度；应对对隧道影响较大的岩溶发育地区进行岩溶专项勘察；应测试土石交界处土层的颗粒与透水性。
5 堰筑隧道宜进行标准贯入或十字板剪切等原位测试。
6 冻结法施工时宜进行土体热物理力学指标及冻结体强度测试。

条文说明

地质勘察的取样与试验需要符合现行《公路工程地质勘察规范》（JTG C20）、《岩土工程勘察规范》（GB 50021）和《建筑工程地质勘探与取样技术规程》（JGJ/T 87）的相关规定。特殊情况下增加的室内非常规试验主要参数有：土的静止侧压力系数、内摩擦角、黏聚力、回弹模量、渗透系数、无侧限抗压强度、弹性模量、泊松比、变形模量、土的热物理指标等。根据隧道地质条件及施工工法差异提出的相关要求包括：

（1）水下隧道结构的耐久性对地下水环境敏感，其设计措施的可靠性依赖于分类与分级的准确性。

(2)土体的渗透性对钻爆隧道和盾构隧道设计和施工影响较大,除了进行常规的岩土物理力学参数试验外,建议进行土体渗透破坏比测试。

(3)由于一节管段的体积非常大,水的重度对沉管的施工安全影响较大。

(4)土体石英含量对盾构刀具和刀盘的安全影响较大。石英含量高,对刀盘刀具磨损和抗冲击能力要求高,其对刀具磨损严重。

(5)下伏土体的强度是堰筑基础设计的重要参数。

(6)土体热物理力学指标是保障冻结法方案合理和施工安全的重要参数。

3.5 临近环境条件勘察

3.5.1 应查明与隧道设计施工相关的临近环境条件,包括下列内容:
1 临近港口、码头及航道;
2 附近公路、铁路及城市道路;
3 临近建筑物、军事设施和其他公用设施;
4 临近地下管线;
5 影响隧道方案及施工的其他临近条件。

条文说明

水下隧道建设环境条件复杂,隧道与其影响范围内的建筑物相互影响较大,做好相应勘察工作更有利于优化隧道方案,降低工程造价与工程风险。

3.5.2 临近建筑物及地下管线的单侧勘察宽度不应小于基坑开挖深度或隧道埋置深度的2倍。地质条件较差或附近有重要建筑物、精密仪器与设备的厂房时,应扩大勘察范围,并应符合下列规定:
1 对于居民住宅、宾馆、厂房等临近建筑物,应查明其产权归属、建成时间、平面位置、结构形式、基础形式与埋深、倾斜与裂缝情况及保护要求等。
2 对于隧道、桥梁、纪念碑、防汛墙(坝)、共同沟等临近构筑物,应查明其管理部门、平面位置、基础布置及埋深、材料类型、断面尺寸、受力情况及保护要求等。
3 对于雨水管、污水管、自来水总管、煤气管、电力通信管等地下管线,应查明其平面位置、直径、埋深、接头形式、压力、输送的物质(油、气、水等)及保护、迁改要求等。

3.5.3 隧道可能对通航、码头、航空设施、防洪设施、城市重要基础设施、重要历史建筑或军事设施等有影响时,应在工可或初步勘察阶段进行专项调查,设计阶段应根据专项调查结论进行相关勘察及处置设计。

条文说明

对重要建筑物，当可能对隧道方案的可行性产生重大影响时，本条建议对其进行专项调查，并适当超前展开，以免造成重大损失。

3.5.4 对不能拆迁而需要原地保护的重要建筑物、特殊地下管线以及其他设施应进行专题调查与研究，内容应包括保护对象的现状、沉降及位移控制标准、保护措施、监测方案、应急预案以及施工后评估等。

3.5.5 盾构隧道应进行地下障碍物勘察，查明隧道通过区域是否存在影响盾构正常掘进的非岩土体，包括废弃地下建(构)筑物、锚杆锚索、排水板、地下管线等，以及水域沉船、大型铁制构件、废弃炸弹等水下障碍物。

4 建筑材料

4.1 一般规定

4.1.1 水下隧道的工程材料应根据结构类型、受力条件、施工工艺、使用要求和所处环境等因素选用,并应满足可靠性、耐久性和经济性的要求;主要受力结构宜选用混凝土、钢筋混凝土材料和钢材,受条件限制或有特殊需要时可采用其他金属材料或复合材料。

条文说明

国内外已建成水下隧道的主要受力结构优先选用了混凝土或钢筋混凝土材料,有特殊需要时采用了金属材料或其他复合材料。由于水下隧道结构长期受到含盐水质、生物、矿物质及高水压力等的持续作用,锚杆、喷层、防水材料及高碱性混凝土和钢筋等材料因物化损伤的积累和演化(腐蚀)将影响结构的耐久性及安全,要采取相应措施确保满足受力要求及相应的耐久性要求。

4.1.2 混凝土原材料的选用及配合比、最低强度等级、抗渗指标等应符合耐久性要求,并应满足抗裂、抗渗、抗冻和抗腐蚀的需要。一般环境条件下隧道主体结构混凝土的最低强度等级应符合表4.1.2的规定。

表4.1.2 隧道主体结构混凝土的最低强度等级

隧道类型	施工工艺	强度等级	备 注
钻爆隧道	作为永久结构的喷射混凝土衬砌	C25	—
	现浇混凝土或钢筋混凝土衬砌	C35	—
盾构隧道	预制钢筋混凝土管片	C50	—
	现浇钢筋混凝土结构	C35	—
沉管隧道	预制钢筋混凝土管节	C40	预应力构件
	现浇钢筋混凝土结构	C35	—
堰筑隧道	现浇钢筋混凝土结构	C35	—
	预制钢筋混凝土构件	C35	非预应力构件
	作为永久结构的地下连续墙或钻孔灌注桩	C35	—

条文说明

水下隧道所处环境复杂，且受到较高的土压力及水压力的作用，因此要求水下隧道混凝土结构能满足抗裂、抗渗、抗冻及抗腐蚀的性能要求。在一般环境条件下，通过提高混凝土的强度等级，可以减少混凝土的碳化及钢筋锈蚀，提高材料的利用率并取得较好的耐久性。

4.1.3 普通钢筋混凝土和锚喷支护结构中的钢筋、预应力混凝土中的非预应力钢筋，宜采用HRB400、HRB500、HRBF400、HRBF500及HPB300钢筋；预应力混凝土结构中的预应力筋宜采用预应力钢丝、钢绞线和精轧螺纹钢筋。

条文说明

按性能确定钢筋的牌号和强度等级，并以相应的符号表示。本条选用的钢筋品种主要来自最新颁布的国家标准，根据混凝土构件对受力的性能要求，规定了各种钢筋的牌号选用原则：

（1）增加500MPa级的热轧带肋钢筋；推广400MPa、500MPa级高强热轧带肋钢筋作为纵向受力钢筋的主导钢筋；用300MPa级光圆钢筋取代235MPa级光圆钢筋。

（2）推广具有较好的延性、可焊性、机械连接性能及施工适应性的HRB系列普通热轧带肋钢筋。列入采用控温轧制工艺生产的HRBF系列细晶粒带肋钢筋。

（3）箍筋、喷锚支护及其他结构中的防裂钢筋网的钢筋等级相应地提高为HPB300。

（4）有抗震要求的钢筋混凝土材料用钢，优先采用延性、韧性和焊接性较好的钢筋，如现行《钢筋混凝土用钢 第2部分：热轧带肋钢筋》（GB/T 1499.2）中牌号带"E"的热轧带肋钢筋，受力钢筋选用符合抗震性能指标的不低于HRB400级的螺纹钢筋，箍筋选用符合抗震性能指标的不低于HPB300级的热轧钢筋，钢筋的强度和弹性模量按本规范第4.2节有关热轧带肋钢筋的规定采用。

4.1.4 钢材可按现行《钢结构设计标准》（GB 50017）的相关规定选用。各种型钢的特性参数可按《公路隧道设计规范 第一册 土建工程》（JTG 3370.1—2018）附录C选用。沉管隧道钢材及钢板可按现行《沉管法隧道设计标准》（GB/T 51318）选用。

4.1.5 隧道主体结构的防水材料应根据使用年限、环境条件、水压力大小及施工工法选用，应达到规定的防水能力和耐久性，且考虑火灾条件下的保护措施。

4.2 结构材料

4.2.1 混凝土轴心抗压强度标准值f_{ck}和轴心抗拉强度标准值f_{tk}应按表4.2.1采用。

表 4.2.1 混凝土强度标准值（MPa）

强度种类	强度等级												
	C20	C25	C30	C35	C40	C45	C50	C55	C60	C65	C70	C75	C80
f_{ck}	13.4	16.7	20.1	23.4	26.8	29.6	32.4	35.5	38.5	41.5	44.5	47.4	50.2
f_{tk}	1.54	1.78	2.01	2.20	2.40	2.51	2.65	2.74	2.85	2.93	3.00	3.05	3.10

注：现浇钢筋混凝土轴心受压和偏心受压构件，截面长边或直径小于30cm，计算设计强度时应在表中强度值的基础上再乘以系数0.8，构件质量（混凝土成型、截面和轴线尺寸等）确有保证时可不受此限制；混凝土采用离心法成型或养护温度超过60℃时，其强度应专门研究。

条文说明

混凝土的强度标准值与强度极限值均由立方体抗压强度标准值经计算确定，具体取值及计算方法见现行《公路钢筋混凝土及预应力混凝土桥涵设计规范》（JTG 3362）。

4.2.2 混凝土受压或受拉时的弹性模量 E_c 应按表4.2.2采用，剪切弹性模量可按表4.2.2中数值的0.4倍采用，泊松比可采用0.2。温度在0～100℃范围内时，混凝土的线膨胀系数 α_c 可采用 $1\times10^{-5}/℃$。

表 4.2.2 混凝土的弹性模量（$\times 10^3$ MPa）

弹性模量	混凝土强度等级												
	C20	C25	C30	C35	C40	C45	C50	C55	C60	C65	C70	C75	C80
E_c	25.5	28.0	30.0	31.5	32.5	33.5	34.5	35.5	36.0	36.5	37.0	37.5	38.0

注：采用引气剂及较高砂率的泵送混凝土且无实测数据时，表中C50～C80的 E_c 值应乘以折减系数0.95。

条文说明

混凝土的弹性模量 E_c 定义为应力-应变图形原点处的切线模量，它近似等于快速卸载时的割线斜率，不包括初始塑性应变。按现行《混凝土结构设计规范》（GB 50010）及《公路钢筋混凝土及预应力混凝土桥涵设计规范》（JTG 3362）的规定，混凝土的弹性模量 E_c 根据其强度等级值 $f_{cu,k}$ 按式(4-1)计算：

$$E_c = \frac{10^5}{2.2 + \frac{34.7}{f_{cu,k}}} \tag{4-1}$$

国内外规范对混凝土剪切模量和泊松比的采用大体相同，即 $G_c = 0.4E_c$，$\nu_c = 0.2$。

4.2.3 普通钢筋的抗拉强度标准值 f_{sk} 应按表4.2.3采用。

表 4.2.3 普通钢筋抗拉强度标准值

种 类	符 号	公称直径 d(mm)	f_{sk}(MPa)
HPB300	ϕ	6~22	300
HRB400 HRBF400 RRB400	ϕ ϕ^F ϕ^R	6~50	400
HRB500 HRBF500	ϕ ϕ^F	6~50	500

条文说明

钢筋的抗拉强度按现行《混凝土结构设计规范》(GB 50010)及《公路钢筋混凝土及预应力混凝土桥涵设计规范》(JTG 3362)的规定给出。

4.2.4 预应力钢筋的抗拉强度标准值 f_{pk} 应按表4.2.4采用。

表 4.2.4 预应力钢筋抗拉强度标准值

种 类		符 号	公称直径 d(mm)	f_{pk}(MPa)
钢绞线	1×3（三股）	ϕ^S	8.6、10.8	1 470、1 570、1 720、1 860
			12.9	1 470、1 570、1 720
	1×7（七股）		9.5、11.1、12.7	1 860
			15.2	1 720、1 860
消除应力钢丝	光面螺旋肋	ϕ^P ϕ^H	4、5	1 470、1 570、1 670、1 770
			6	1 570、1 670
			7、8、9	1 470、1 570
	刻痕	ϕ^I	5、7	1 470、1 570
精轧螺纹钢筋		JL	18、25、32	540、785、930
			40	540

条文说明

预应力钢筋按现行《公路钢筋混凝土及预应力混凝土桥涵设计规范》(JTG 3362)的规定给出。

4.2.5 普通钢筋和预应力钢筋的弹性模量 E_s 应按表4.2.5采用。

表 4.2.5 钢筋的弹性模量（×10³MPa）

种　类	E_s
HPB300 钢筋	210
HRB400、HRB500 钢筋 HRBF400、HRBF500 钢筋 RRB400 钢筋 精轧螺纹钢筋	200
消除应力钢丝	205
钢绞线	195

4.2.6 隧道初期支护、基坑支护以及临时支护等结构可采用玻璃纤维筋（GFRP），其强度标准值及弹性模量应符合表 4.2.6 的规定。

表 4.2.6 玻璃纤维筋（GFRP）的力学参数

强度种类	抗拉强度标准值（MPa）	剪切强度标准值（MPa）	伸长率（%）	弹性模量（GPa）
代号	f_{kf}	f_{vf}	ε_f	E_f
$d \leq 10mm$	≥700	≥100	≥1.8	≥40
$10mm < d \leq 22mm$	≥600		≥1.5	
$d > 22mm$	≥500		≥1.3	

注：1. GFRP 的表面质地应均匀，无气泡、裂纹及其他缺陷。
　　2. GFRP 弯曲加工应在工厂进行。
　　3. GFRP 密度可按 1 900～2 100kg/m³ 采用。

条文说明

玻璃纤维筋（Glass Fiber Reinforced Polymer）是以玻璃纤维为增强材料，以合成树脂为基体材料，并掺入适量辅助剂，经拉挤成型技术和必要的表面处理所形成的一种新型复合材料，具有强度高、耐腐蚀性好、可设计性强、抗疲劳性能好、耐电磁等独特优点。

GFRP 的抗拉强度可以达到 600～1 200MPa，远大于普通 HRB400 钢筋的设计强度。GFRP 剪切平均模量约为 45GPa，为普通钢筋设计模量的 20%，是制约其发挥高强性能的主要因素。与普通 HRB400 钢筋的设计剪切强度相比，GFRP 的抗剪强度大约是钢筋的 75%，且一般为脆性破坏，因此一般不用于直接抗剪的构件。

GFRP 具有优良的抗腐蚀性能，在海底隧道等腐蚀性环境工程的系统锚杆及初期支护设计中有较大应用前景。同时，GFRP 用于替代盾构法隧道始发井或到达工作井位于盾构穿越影响区范围内的围护结构的钢筋，以便于盾构通过时直接切削。

表 4.2.6 来源于现行《纤维增强复合材料工程应用技术标准》（GB 50608）。

4.2.7 混凝土的拉压强度、钢筋及玻璃纤维筋的抗拉强度，其标准值保证率均不应低于95%。

4.2.8 盾构隧道管片、沉管隧道管节以及其他预制构件之间的螺栓等紧固件的连接形式及其机械性能等级应满足结构受力及构造要求，其表面应进行防腐蚀处理，并应达到规定的耐久性。常用螺栓等级及强度可按表4.2.8采用。

表4.2.8 常用螺栓等级及强度

项目	普通螺栓					高强度螺栓			
等级	3.6	4.6	4.8	5.6	6.8	8.8	9.8	10.9	12.9
抗拉强度(MPa)	300	400	400	500	600	800	900	1 000	1 200
屈服强度(MPa)	180	240	320	300	480	640	720	900	1 080

条文说明

表4.2.8按现行《钢结构设计标准》(GB 50017)的规定给出。

4.2.9 钻爆隧道的初期支护，宜选用高性能喷射混凝土，其强度指标可按表4.2.9-1采用，弹性模量可按表4.2.9-2采用。

表4.2.9-1 喷射混凝土的强度标准值(MPa)

强度种类	代 号	强 度 等 级				
		C20	C25	C30	C35	C40
轴心抗压	f_{ck}	11.8	14.7	17.7	20.6	23.6
抗拉	f_{tk}	1.35	1.56	1.76	1.93	2.11

表4.2.9-2 喷射混凝土的弹性模量(GPa)

弹性模量	强 度 等 级				
	C20	C25	C30	C35	C40
E_c	21	23	25	28	30

条文说明

目前C20、C25、C30采用较多，但随着喷射混凝土技术的发展，其强度等级越来越高，因此本条也将C35、C40喷射混凝土的力学参数列出供设计人员参考。根据相关研究结果，喷射混凝土抗压强度的变异系数约为0.25，比普通混凝土稍大，其强度参数由此确定。

4.3 防水材料

4.3.1 隧道外包防水层宜采用树脂类防水卷材。隧道拱部及边墙防水卷材的厚度不应小于 1.2mm，无纺布密度不应低于 350g/m²。隧道底部防水卷材的厚度不应小于 1.5mm，无纺布密度不应低于 400g/m²。

条文说明

外包防水层铺设在水下隧道结构的外表面，可视为水下隧道防水的第一道防线，钻爆隧道一般设置于复合式衬砌初期支护与二次衬砌之间；堰筑隧道一般设置于主体结构迎水面；沉管隧道与盾构隧道一般不设置外包防水层，可根据需要设置防水涂层。

在我国当前的工程实践中，无纺布一般与防水板共同使用作为防水板的缓冲层，在防水板铺设前，先铺设无纺布，这样一方面有利于无钉铺设工艺的实施，另一方面防止防水板被刺穿，故对无纺布的质量有一定的要求。

4.3.2 隧道采用的中埋式钢边橡胶止水带的物理性能应符合表 4.3.2 的规定。

表 4.3.2 中埋式钢边橡胶止水带物理性能

项　　目		指　　标
硬度(邵尔A)(度)		60 ± 5
拉伸强度(MPa)		≥10
拉断伸长率(%)		≥380
压缩永久变形(%)	70℃ ×24h，25%	≤35
	23℃ ×168h，25%	≤20
撕裂强度(kN/m)		≥30
脆性温度(℃)		≤ -45
热空气老化 70℃ ×168h	硬度变化(邵尔A)(度)	≤ +8
	拉伸强度(MPa)	≥9
	拉断伸长率(%)	≥300
臭氧老化 50 ×10⁻⁸；20%，(40 ±2)℃ ×48h		无裂纹
橡胶与金属黏合		橡胶间破坏

条文说明

中埋式止水带(图 4-1)从材质上看，有钢板和橡胶两种，从防水角度来看这两种材料均可使用，但由于水下隧道承受较高的水压力且处于具有腐蚀性的河水或海水中，对施工缝、变形缝等细部防水构造的防水能力要求更高，钢边橡胶止水带由于具有耐寒耐老化、抗拉抗压性能强、耐酸耐碱、自定性好、止水性能高等性能而被广泛利用。

表 4.3.2 参照现行《高分子防水材料　第 2 部分：止水带》(GB/T 18173.2)，并对目前已有的水下隧道工程进行了总结分析，提出了用于水下隧道的中埋式钢边橡胶止水带的一般性能指标要求。

图 4-1 中埋式止水带示意

4.3.3 盾构隧道采用的弹性橡胶密封垫成品物理性能指标应满足表4.3.3的要求。

表4.3.3 弹性橡胶密封垫成品物理性能

项　目		指　标		
		氯丁橡胶	三元乙丙橡胶	
			Ⅰ型	Ⅱ型
硬度(邵尔 A)(度)		50~60	50~60	60~70
硬度偏差(度)		±5	±5	±5
拉伸强度(MPa)		≥10.5	≥9.5	≥10
拉断伸长率(%)		≥350	≥350	≥330
压缩永久变形(%)	70℃×24$^{0}_{-2}$h，压缩25%	≤30	≤25	≤25
	23℃×72$^{0}_{-2}$h，拉伸25%	≤20	≤20	≤15
热空气老化 70℃×96h	硬度变化(度)	≤8	≤6	≤6
	拉伸强度降低率(%)	≤20	≤15	≤15
	拉断伸长率降低率(%)	≤30	≤30	≤30
防霉等级		不低于二级	不低于二级	不低于二级

注：Ⅰ型为无孔密封垫，Ⅱ型为有孔密封垫。

条文说明

密封垫是盾构管片防水的首要防线，对弹性密封垫的功能要求是密封垫能够在管片纵向变形时不渗漏，同时自身容许变形能够充满环缝，且密封垫与密封槽的接触应力要大于设计水压力。本条根据现行《高分子防水材料　第4部分：盾构法隧道管片用橡胶密封垫》(GB/T 18173.4)给出。

4.3.4 盾构隧道采用的遇水膨胀橡胶密封垫胶料物理性能应符合表4.3.4的规定。

表4.3.4 遇水膨胀橡胶密封垫胶料物理性能

项　目	指　标			
	PZ-150	PZ-250	PZ-400	PZ-600
硬度(邵尔 A)(度)	42±10		45±10	48±10
拉伸强度(MPa)	≥3.5		≥3	

表4.3.4(续)

项 目		指 标			
		PZ-150	PZ-250	PZ-400	PZ-600
拉断伸长率(%)		≥450		≥350	
体积膨胀倍率(%)		≥150	≥250	≥400	≥600
反复浸水试验	拉伸强度(MPa)	≥3		≥2	
	拉断伸长率(%)	≥350		≥250	
	体积膨胀倍率(%)	≥150	≥250	≥300	≥500
低温弯折(-20℃×2h)		无裂纹			

注:1. 成品切片测试应达到本指标的80%。
2. 接头部位的拉伸强度指标不应低于本指标的50%。
3. 体积膨胀倍率是浸泡后与浸泡前的试样质量的比率。
4. 低温弯折的试样条件为-20℃下2h。

条文说明

表4.3.4参照现行《高分子防水材料 第3部分：遇水膨胀橡胶》(GB/T 18173.3)给出。

4.3.5 沉管隧道使用的天然橡胶GINA止水带物理性能应符合表4.3.5的规定。

表4.3.5 天然橡胶GINA止水带物理性能

项 目		指 标
硬度(邵尔A)(度)		40~70
拉伸强度(MPa)		≥16
拉断伸长率(%)		≥400
压缩永久变形(%)	70℃×24h,25%	≤30
	23℃×168h,25%	≤15
撕裂强度(kN/m)		≥20
脆性温度(℃)		≤-50
热空气老化70℃×168h	硬度变化(邵尔A)(度)	≤+10
	拉伸强度(MPa)	≥13
	拉断伸长率(%)	≥300
臭氧老化50×10^{-8};20%,(40±2)℃×48h		无裂纹

注:吸水性单位为体积变化百分率(%)。

条文说明

沉管隧道的防水，特别是管节接头处的防水是沉管隧道防水工程中的重要环节。目前，一般采用 GINA 止水带作为第一道止水防线，使用 OMEGA 止水带作为第二道止水防线。

根据国内外的沉管隧道工程实践来看，所用的 GINA 止水带的材质分为天然橡胶、天然橡胶与丁苯橡胶的混炼胶、丁苯橡胶等，如日本多为天然橡胶，荷兰多采用天然橡胶与丁苯橡胶的混炼胶，也有采用丁苯橡胶等其他材质，性能指标上天然橡胶优于丁苯橡胶，但丁苯橡胶也能满足基本要求，故 GINA 止水带需对材质作出规定。

本条所列的性能指标参照现行《高分子防水材料 第 2 部分：止水带》(GB 18173.2) 给出。

4.3.6 沉管隧道使用的丁苯橡胶 OMEGA 止水带物理性能应符合表 4.3.6 的规定。

表 4.3.6 丁苯橡胶 OMEGA 止水带物理性能

项　　目		指　　标
硬度(邵尔A)(度)		60±5
拉伸强度(MPa)		≥16
拉断伸长率(%)		≥400
压缩永久变形(%)	70℃×24h, 25%	≤30
	23℃×168h, 25%	≤20
撕裂强度(kN/m)		≥30
脆性温度(℃)		≤-40
热空气老化 70℃×168h	硬度变化(邵尔A)(度)	≤+6
	拉伸强度(MPa)	≥13
	拉断伸长率(%)	≥320
臭氧老化 50×10^{-8}：20%, (40±2)℃×48h		无裂纹
橡胶与帘布黏合强度(N/mm)		≥5

注：橡胶与帘布黏合项仅适用于与帘布复合的止水带。

条文说明

OMEGA 止水带是管段接头的第二道防水线。由于管段接头是柔性接头，所以要求 OMEGA 止水带在一定水压和变形条件下，以及任何可能的工况条件下(如沉降、位移、地震和温度变化等)保证接头的水密性。

5 总体设计

5.1 一般规定

5.1.1 水下隧道总体设计应主要包括下列内容：
1 隧道轴线及洞口位置选择；
2 隧道及两端连接线的平纵面线形设计；
3 隧道横断面设计；
4 排水系统；
5 附属工程；
6 隧道工法选择；
7 隧道防灾救援设计；
8 隧道施工筹划。

5.1.2 总体设计应遵循下列原则：
1 应满足工程影响区域的交通规划、航道规划、岸线规划、水利规划、城市总体规划及交通功能等方面的要求。
2 应与地面建筑、地下构筑、地下管线、堤坝、城市轨道交通及其他公用设施协调。
3 应对隧道施工工法、线位、平纵线形、横断面布置、两端接线方案及防灾救援方案等进行综合比选。

条文说明

项目区域的各项规划及重要构筑物是影响水下隧道总体设计的重要因素，要求在隧道总体设计中予以充分考虑，以保证方案的合理性。同时，水下隧道一般建设难度大、工程造价与风险较高，只有通过多方案的综合比选，才能使之达到最优。

5.1.3 应根据项目技术标准、区域地质条件、水文条件、临近环境条件，考虑施工安全性、技术可行性、经济合理性、环境适应性等因素，经比较论证后确定水下隧道施工工法。

条文说明

水下隧道施工工法的合理性是整个工程方案合理性的基础，其可行性与合理性需通过充分比较与论证才能最终确定。该项工作一般在预可或工可阶段完成。

5.1.4 隧道建筑限界、断面形式、横断面布置及衬砌方案应综合考虑公路等级、设计速度、施工工法、设备布置、防灾和救援等要求确定，并应与隧道的平面、纵断面设计相协调，满足行车安全舒适、运营管理费用低、维修管理方便的要求。

5.1.5 隧道总体布置、土建结构、通风排烟、供配电照明、给排水消防、综合监控等运营管理系统及附属设施等，应能满足隧道正常运营、防灾救援、管理维护等方面的需要。

5.1.6 应结合隧道的地质条件、施工工法及工程方案等制订施工监控量测方案，必要时应结合结构特点及环境条件制定运营阶段的结构安全监测方案。钻爆隧道应制订超前地质预报方案。

条文说明

施工期间的监控量测、钻爆隧道超前地质预报是水下隧道建设的必要环节。对于重要的水下隧道，地质条件、环境条件及结构形式复杂时，运营阶段的结构安全监测是保障隧道运营安全的重要措施。

5.2 隧道位置选择

5.2.1 水下隧道应避免穿越地质或环境条件极为复杂的区域以及对环境敏感的建筑物。隧道之间、隧道与相邻建(构)筑物之间存在相互影响时，应在设计与施工中采取必要的技术处置措施；应避免穿越水域深槽以及江(河)河床变化较大的不稳定地段。必须穿越且对隧道可能产生不利影响时，应采取可靠的工程技术措施。

条文说明

公路水下隧道的建设条件极为重要，直接影响隧道建设的难易程度、工程造价及施工工期，甚至决定工程的成败。本条要求水下隧道位置避开地质条件极为复杂、环境条件极为复杂的区域及敏感建筑物，同时河床和海床的稳定对水下隧道的施工安全与运营安全影响较大，要求在确定隧道轴线位置时予以充分考虑。

5.2.2 钻爆隧道位置选择应遵循下列原则：
1 应选择在相对坚硬完整、连续稳定的岩石地层中穿越。

2 应避免穿越大型断裂破碎带、风化槽、不整合接触带以及软弱夹层地带。避开有困难时，宜调整平面线位，使隧道轴线垂直或以较大角度通过。

3 应避免穿越岩溶发育区、煤系地层、富含瓦斯及天然气等有害气体的地层，并应避免通过易涌水、涌泥及涌沙等地质条件复杂的地层。

条文说明

钻爆隧道能适应各种地形地质条件，当地质条件较差时施工过程中可能存在较大突水突泥风险，严重影响施工安全、施工工期及工程造价，因此要求尽量避开易涌水、涌泥、涌沙等地质条件复杂的地层。

5.2.3 盾构隧道位置选择宜遵循下列原则：
1 选择在软弱均匀的地层穿越。
2 避开河(海)床冲淤严重、极不对称及不稳定的区段。
3 避开软硬不均地层、含坚硬大孤石的地层、卵砾石地层、岩溶地层及含不明地下障碍物的区域等。

条文说明

盾构隧道广泛适用于各种软弱地层，特别是浅覆土和富含地下水的地层。当需要穿越岩石地段时，隧道施工速度降低，施工成本及风险急剧增加，因此要求尽量避免穿越软硬不均地层、含坚硬大孤石等地层。

5.2.4 沉管及堰筑隧道位置选择应遵循下列原则：
1 应考虑地质条件、水文条件、通航条件、施工组织和水域生态环境等因素。
2 应规避锚地、船舶调头区、港口码头、特定保护区等区域，并应满足两岸接线工程、水利防洪、水域航运、船舶作业及环境保护等要求。
3 宜避开陡变或不稳定的岸线、急弯河道、局部深槽、冲刷严重的水域。
4 河段水流速度宜小于2.5m/s。
5 沉管隧道水深宜小于30m，堰筑隧道水深宜小于10m。

条文说明

沉管及堰筑隧道埋置深度较小，断面形状适应性强，隧道结构为预制或现浇，质量及防水可靠性较高。沉管及堰筑隧道的隧址一般多选在河床比较平坦、水流速度不大的位置。如水流速度大于3m/s，水流方向极不稳定，或河床有深沟，地形陡峭，都会造成施工困难。

沉管隧道适用水深范围大，最深记录达到水下61m，但适宜水深最好在30m以内，以利于下沉和管节对接；水深超过40m时，矩形钢筋混凝土管节的沉放对接较为困难，也难以实现水下水压对接形成临时密封(如 GINA 止水带选型困难),因此本条建议沉管隧道水深不大于30m。

5.2.5 洞口位置选择应综合考虑堤坝安全、施工工法、地形地质条件、水文、接线工程和生态环境等因素,并应符合下列规定:
 1 应避开对废气、噪声等环境因素较为敏感的地带。
 2 应避免对驳岸、大坝、防洪堤、防洪墙、港口、码头等既有构筑物的不良影响。
 3 洞口距河流永久稳定岸坡的距离不宜小于50m,同时应满足相关管理部门的要求。

条文说明

水下隧道洞口位置选择需根据不同工法,分清主次,全面衡量,在确保隧道稳定性、安全性的前提下,综合考虑工程造价及工期等因素。

水下隧道洞口要求有利于隧道施工和环境保护,避免对驳岸、码头等既有构筑物的不良影响,并尽量避开岸线陡变、急弯河道、河床不稳定、局部深槽等施工困难水域。同时,地表水对洞口倒灌的影响及隧道对周围既有构筑物的影响是洞口位置选择的重要考虑因素。

5.2.6 洞口防洪应按比百年一遇洪水位高0.5m的标准设计。若洞口防洪无法满足要求时,应在隧道口设置防淹设施。

条文说明

洞口高程的规定主要是为防止极端情况下隧道被淹。当洞口所处区域防洪设施能够达到隧道设防标准时,洞口防洪按内涝水位设计;当达不到隧道设防标准时,按溃堤后水位设计。洞口防淹设施指洞口防淹闸门及防淹围护堤坝等。

5.3 隧道线形设计

5.3.1 水下隧道的平纵线形应根据施工工法、地形条件、地质条件、水文条件、路线走向和沿线障碍物等因素确定。隧道内外平纵线形应相互协调,与两岸路网连接顺畅。

5.3.2 钻爆及堰筑隧道宜采用直线或不设超高的平曲线。受条件限制时可采用设超高的平曲线,但不得采用需横向加宽的小半径曲线。

条文说明

从使用目的、施工、竣工后的维修管理等方面考虑，钻爆及堰筑隧道线形推荐采用直线。要求隧道平面线形尽量设计成直线，主要基于以下考虑：

(1) 取直线有利于行车安全；

(2) 取直线对隧道通风有利；

(3) 小半径曲线通常需设置超高甚至加宽，增加施工难度，不易保证施工质量。

5.3.3 盾构隧道宜采用直线或不设超高的大半径平曲线，必须采用设超高的平曲线时，超高值不宜大于4%。盾构隧道平曲线半径不宜小于50D（D 为隧道外径），并不得采用需加宽的平曲线。

条文说明

盾构隧道采用小半径平曲线时，会大大增加施工控制难度。目前国内外盾构最小平曲线半径一般按照50D控制。若盾构隧道需局部加宽，则会导致整个隧道均需加宽，将大大增加隧道施工难度及工程造价，因此在此限制盾构隧道采用加宽的平曲线。

5.3.4 沉管隧道平面线形宜为直线。受条件限制时可采用不设超高的大半径曲线，但应对管段浮运和沉放的不利影响、曲线偏压对接头稳定及防水产生的不利影响进行分析论证。

条文说明

沉管隧道平面线形如需采用曲线时，要与沉管分节长度、布置，沉放的稳定性相协调，特别要对接头防水性能加以重视。

5.3.5 水下隧道纵断面线形应考虑隧道工法、施工安全、行车安全、工程规模、通风方案、营运费用等方面要求，隧道内最大纵坡应符合现行《公路工程技术标准》（JTG B01）的有关规定，城市中的水下隧道可按现行《城市地下道路工程设计规范》（CJJ 221）的有关规定执行。

条文说明

水下隧道的坡度一般较大，以便尽可能以较短距离到达水下最深点，以缩短隧道长度。因此，水下隧道的线形选择要根据地质、地形条件及隧道的最大坡度条件确定。隧道内纵坡的最小值一般以隧道建成后洞内水（包括漏水、涌水、渗水等）能自然排泄为原则，同时考虑到隧道施工误差，要求不小于0.3%。水下隧道最大允许纵坡一般由隧道交通量决定，欧洲修建水下隧道时，考虑河（海）床较深，纵坡最大值达7%；根据挪威的统计资料，最大纵坡一般在6%~8%，最大可达10%。但对于大纵坡的隧道，欧洲往往采取交通管制，禁止排污较大的货车、柴油车驶入，或增大机械通风规模。最大纵坡的确定需系统分析纵坡与汽车排污量的关系，基于我国已有建设经验及现实国情，要求隧道最大纵坡不大于6%。特殊情况下，要求根据不同类型的隧道，对行车安全、环境影响及运营费用等进行综合论证后确定。

城市中的水下隧道往往受制于接线、交通量、规模、环境的限制，纵坡可能突破现行《公路工程技术标准》（JTG B01）的要求。目前上海、北京、广州、武汉运营的水下隧道都有采用较大纵坡的案例，且运营状况良好，因此，在城市的水下隧道参照《城市地下道路工程设计规范》（CJJ 221），更符合工程建设的实际需求。

5.3.6 钻爆隧道纵面设计应符合下列规定：
1 宜选择单层厚度大、强度高、完整性好的岩层作为隧道顶板。
2 隧道最小埋置深度应综合考虑河（海）床地质与水文条件、围岩物理力学性质、围岩注浆加固与预支护及各种辅助作业实施的难易程度等情况，必要时应经专题研究后确定。
3 隧道顶部覆盖层厚度在硬质岩石地段不应小于$1.0B$（B为隧道开挖跨度），软质围岩地段不应小于$1.5B$。

条文说明

水下钻爆隧道的最小岩石覆盖层厚度是影响水下隧道造价和安全的最重要的设计参数之一。一般来说，隧道坡度决定以后，最小岩石覆盖层厚度就是决定水下隧道长度的主要因素。水下隧道顶板合理安全厚度的影响因素比较复杂，国内不少学者和研究人员做了大量的研究工作，采用的方法主要有挪威经验曲线、顶水采煤经验、隔水岩柱经验及数值分析法等。其中挪威经验曲线方法最简便，适合在初步查明地质基础上的一个初步线位的拟定，结果偏于保守；顶水采煤经验、隔水岩柱经验能较准确地确定水下隧道最小顶板厚度，在地质详勘探明地质条件之后，可作为一定的参考依据；数值分析法所得到的结果最为精确，但需要在工况场地条件、工程地质条件和水文地质条件等外在条件基本准确的条件下，才能建立较好的还原施工现状的模型，通常采用断裂损伤和流固耦合等有关理论。

水下钻爆隧道的最小岩石覆盖层厚度各国规定并不统一。例如：挪威公路隧道设计规范规定要大于50m，若小于50m，则必须进行详细的地质勘探及特别分析，并报告国家公路管理局批准。但实际上，挪威很多海底公路隧道的最小岩石覆盖层厚度都小于50m，最小的只有23m。因此，除经济上的考虑外，钻爆岩石隧道最小埋置深度建议根据现场情况做相关试验来最终确定。在深度很大和某些特殊地层内，地热可能成为问题，但通常可适当加强通风予以控制。含有少量瓦斯的沉积岩可用相同的方法处理，含有大量瓦斯的地层可采用排放稀释，以利于工程经济。

由于水下地质勘察工作的开展远比在陆地上困难得多，地质资料中的误差和不确定因素会造成许多意外，从这个意义上讲，事先很难确定一个绝对安全的最小岩石覆盖层厚度。同时，也要认识到最小岩石覆盖层厚度并没有技术上的限制，但当岩石覆盖层厚度较薄时，所需投入和建设周期相应会提高，因此最小岩石覆盖层厚度需在安全性和经济性上综合考虑。

5.3.7 盾构隧道纵面设计应符合下列规定：
1 应考虑规划航道深度、河床冲刷及航道疏浚的影响。
2 通航水域的最小覆盖层厚度应大于通航船只抛锚入土深度要求。
3 施工期间顶部覆盖层厚度在水域段不宜小于 $1.0D$（D 为隧道外径），运营期间最小覆盖层厚度应满足隧道抗浮及结构稳定要求。
4 始发及到达工作井附近的覆盖层厚度不宜小于 $0.5D$。

条文说明

盾构隧道覆盖层厚度的要求是在考虑了盾构施工阶段和隧道正常运营阶段的安全性基础上提出的。隧道顶部的覆盖层厚度根据国内外盾构工程经验，盾构工作井处最小覆盖层厚度为 $0.5D$。水域段施工风险相对较大，最小覆盖层厚度建议不小于 $1.0D$。

5.3.8 沉管及堰筑隧道纵面设计应符合下列规定：
1 应考虑运营期可能出现的最大冲刷、最大回淤，保证沉管隧道满足抗浮安全要求。
2 覆盖层顶面高程应满足远期规划的航道及航运要求，且不宜高于最低冲刷高程。
3 管段顶部回填覆盖层高出河床或高于预测冲刷最低高程时，应采取抗冲刷措施保证沉管隧道的安全。
4 覆盖层厚度应满足隧道抗浮及通航船只抛锚要求。

条文说明

沉管隧道纵面设计中，通过选用合适的纵坡，减少水陆交接处管段上覆土厚度，以利于控制工程规模及隧道纵向不均匀沉降。堰筑隧道受地质、气象、通航条件影响较大，主要运用于水深不大或有枯水期出现的江河、湖泊。由于明挖施工，隧道埋深并没有内在的限制，因此主要考虑平面线形连接及工程经济等因素。

5.3.9 水下隧道与既有隧道或地下构筑物距离较近或交叉时，其合理间距应根据地质条件、地下水发育程度、结构安全性、地层变形控制要求以及施工工艺等综合研究确定。

条文说明

在考虑距离较近或交叉隧道的净距时，因作用于隧道上的荷载已与单条隧道情况完全不同，为防止由于相互影响引起地面较大下沉、隧道较大变形等情况的发生，需要综合考虑隧道间合理间距的问题。条件容许时，新建隧道与既有地下构筑物间可以留有较大的净距；但由于地下空间开发力度的加大，很多情况下已无法满足此要求，此时在设计中需要通过综合考虑地质条件、地下水发育程度、结构安全性、地层变形要求及施工工艺等因素，对近接的关键部位先后施工隧道的相互影响进行分析计算，并以此为依据在设计中提出相应的工程措施。

5.3.10 隧道出入口的平纵设计应考虑行车安全、洞口防洪等要求。接地点附近可设置为反向坡，防止地面水汇入隧道内。

5.3.11 长度大于1 000m的水下隧道，应在洞口外的中央分隔带设置转向联络道，利于紧急救援或特殊情况下隧道双向通行的交通组织。

5.4 隧道横断面设计

5.4.1 隧道横断面在满足行车安全、事故疏散迅速、日常维护检修方便等方面的要求下，应根据使用功能进行明确分区；应充分利用空间，合理布置运营设备和安全疏散设施，控制断面的规模尺寸。

条文说明

水下隧道受特殊环境限制，施工难度相对较大，后期进行扩建的可能性较小。此外，由于资金、技术等条件的限制，隧道的规模往往有限，因而，要高效、合理地利用水下隧道资源，使其适应公路交通可持续发展的要求。对隧道空间的充分利用一般集中体现在横断面设计中，即在有限的结构断面中合理组织隧道功能，最大限度地提高隧道通行能力和行车安全性。水下隧道空间利用的两个基本原则：一是在保证行车与疏散安全的基础上，提高空间利用的合理性，适应功能使用要求；二是提高空间利用率，增加车辆通行能力和预留设备布置余量，为可持续发展提供条件。

5.4.2 公路水下隧道的建筑限界应符合现行《公路工程技术标准》(JTG B01)的规定，建筑限界内不得有任何部件侵入，并应符合下列规定：

1 隧道内限制大型车通行时，建筑限界高度可取4.5m。
2 检修道高度小于或等于25cm时，其宽度宜包括余宽；检修道高度大于25cm时，其宽度不应包括余宽，且余宽应与路面同高。
3 隧道处于设超高的平曲线上或特长隧道的纵坡大于3%时，左侧侧向宽度宜加宽。
4 服务隧道、紧急逃生通道、车行横通道、人行横通道等附属通道的建筑限界应根据使用要求确定。

条文说明

公路水下隧道的建筑限界，不仅要提供汽车行驶的空间，还要考虑汽车行驶的安全、快捷、舒适和防灾等，因此要求设计中需要充分研究各种车道与公路设施之间所处的空间关系，任何部件(包括通风照明、安全监控和内装饰等附属设施)均不得侵入隧道建筑限界之内。水下隧道建筑限界高度、宽度根据隧道功能、连接道路的等级确定。建筑限界高度，隧道功能为客货车两用并通行超大型车一般取5.0m；客运为主，货运为辅隧道一般取4.5m。当限制大型车通行时，可经过专项分析论证，采用更小的建筑限界，以节约建设费用。

5.4.3 隧道内轮廓设计应符合隧道建筑限界的规定，为隧道通风、照明、消防、监控等营运管理设施及内部装修提供安装空间，考虑施工误差、测量误差、结构受力变形及后期沉降的影响，并应符合下列规定：

1 钻爆、沉管或堰筑隧道的净空断面，与行车限界线最小间距不宜小于10cm，与检修道限界线最小间距不宜小于5cm。

2 盾构隧道的净空断面，与行车限界线最小间距不宜小于15cm，与检修道限界线最小间距不宜小于10cm。

条文说明

考虑设备管线及被动防火设施安装需要，盾构隧道的结构内壁与建筑限界角点之间需要保留不小于15cm的净距。当有可靠措施保证结构内轮廓不侵入限界时，富裕量可适当降低。

5.4.4 高速公路和一级公路水下隧道宜双侧设置检修道，其他等级公路水下隧道应根据隧道的长度、交通量及交通安全等因素确定检修道或人行道的设置方案，并应符合下列规定：

1 长度大于1 000m的水下隧道不宜在行车道管廊内设置人行道。
2 隧道设计速度大于80km/h时，右侧检修道宽度不宜小于1m。
3 仅单侧设置检修道的隧道，检修道宜设置在隧道左侧或服务隧道(逃生通道)一侧，方便检修与逃生。
4 盾构隧道及设有管线管廊的沉管隧道可取消行车孔内的检修道。

条文说明

本条是主要针对隧道防灾与救援，结合当前工程实例给出的规定。

5.4.5 隧道内检修道或人行道高度宜为25~40cm，最大高度不应大于80cm。人行道高度大于或等于50cm时，外侧应设置安全护栏。

条文说明

检修道及人行道为隧道纵向逃生通道，如果太高将影响人员逃生及消防设备的取用，其设置主要基于以下几点：

(1) 养护人员、隧道使用者可以在与交通相互不干扰的情况下处理紧急事件。

(2) 人行道的路缘石可以阻止车辆爬上检修道，是步行者的安全限界，同时是保证隧道设备的安全限界。

(3) 从交通管理和安全行走角度出发，检修道的路缘石可作为驾驶员的行驶方向线。

(4) 检修道除安全功能外，其下部空间还常被用来安装管道、缆线等。

5.4.6 隧道横断面布置宜符合下列规定：

1 沉管隧道及堰筑隧道宜采用整体式结构，钻爆隧道及盾构隧道宜采用并行双洞方案。

2 长度大于5km的钻爆隧道宜设置独立服务隧道，并利用人行及车行横通道与行车隧道连接，方便维护管理及紧急逃生。

3 盾构隧道宜利用断面下部空间设置独立逃生通道。

4 长度大于1 000m的沉管隧道及堰筑隧道宜在结构中部或两侧设置独立的逃生通道。

条文说明

服务隧道指与主洞分离设置，在建设与运营期服务于行车主洞的隧道，其作用一般为超前地质预报、防灾救援、电力消防或给排水等其他功能中的一种或多种组合。

5.4.7 钻爆隧道的服务隧道应综合考虑对行车隧道内地下水及废水的收集、与横通道交叉段的处理、检修及人员逃生等因素，其设计高程宜低于行车隧道，净空断面应能满足通行专用救援车辆的要求，与行车隧道净间距不宜大于30m。

5.4.8 设置为并行双洞的钻爆隧道及盾构隧道的左右洞净距应符合下列规定：

1 钻爆隧道净距在岩石地段不宜小于1倍开挖跨度，在土质地段不宜小于2倍开挖跨度。

2 盾构隧道净距不宜小于1倍开挖直径。

3 设置有横向联络通道的并行双洞隧道，其净距不宜大于开挖跨度或直径的3倍。

条文说明

高速公路、一级公路的水下隧道推荐设计为上、下行分离的独立双洞。独立双洞的最小净距，需按对两洞结构彼此不产生有害影响的原则，结合隧道工法、路线线形、围岩地质条件、断面形状、几何尺寸、工期要求等因素确定。水下采用钻爆法、盾构法施工的隧道由于影响因素众多，而且十分复杂，采用标准值来明确量化双洞间的最小净距比较困难。条文中的取值是根据目前国内外工程实践给出的经验值。

5.4.9 路面横坡应结合隧道内路面排水方案确定。隧道单向行车时，应取单面坡，坡度应根据隧道长度、平纵线形等因素综合分析确定，宜采用 1.0%~2.0%，且建筑限界底边线与路面重合；隧道双向行车时，可取双面坡，建筑限界底边线应水平置于路面最高处，并应与路段拱坡顺接过渡。

5.5 施工筹划

5.5.1 应根据项目总体方案、隧道工法、环境条件以及施工工期等制订安全、经济、合理的施工筹划方案。施工筹划应包括建议工期、标段划分、施工及交通组织、场地布置、便道布置、施工供水供电方案、取土及弃渣场布置、施工进度计划以及环境保护对策等内容。

5.5.2 隧道施工工期应根据下列条件综合分析确定：
1 隧道规模：隧道长度、独头掘进长度、断面大小等。
2 隧道工法：钻爆、盾构只能单向或双向掘进，沉管隧道、堰筑隧道可以平行展开施工。
3 施工场地布置及敏感建（构）筑物分布状况及处置措施等。
4 不良（软弱）地质条件对钻爆隧道及堰筑隧道的影响，岩层及复合地层对盾构隧道及沉管隧道的影响。
5 临近环境条件。

条文说明

隧道施工安全与建设质量需有合理的施工工期作保证，本条强调隧道合理施工工期要根据工程实际条件分析确定。

5.5.3 隧道施工标段划分及场地布置应遵循下列原则：
1 应根据隧道长度、场地条件、工期要求等确定施工标段划分或施工场地的布置方案，必要时可设置施工辅助导坑，力求均衡高效。
2 应考虑便道、施工用水用电以及周边环境等对施工的影响，宜减少各标段或各施工场地之间的相互干扰。
3 应考虑隧道地质条件、隧道纵坡、弃渣场和土石方平衡等对施工标段划分的影响。

5.5.4 应对水下隧道主要施工设备、特殊（特有）的施工工艺及大型临时设施等提出要求，并应符合下列规定：

1 钻爆隧道应给出监控量测方案、超前地质预报方案、突发风险处置预案等。

2 盾构隧道应根据地质条件、断面大小、水深及埋深等进行初步盾构机选型。

3 沉管隧道应考虑干坞选址及布置方案、管节预制条件、浮运方案及沉放方案和通航要求等。

4 堰筑隧道应给出围堰周边的施工便道及施工场地布置方案。

条文说明

由于水下隧道的特殊性，施工过程中需大量使用专门施工设备及特有施工工艺等，对隧道工期、造价及质量影响显著，本条强调在设计过程中要充分重视，合理选用。

5.5.5 钻爆隧道需要设置施工辅助坑道时，应结合工期要求、工程地质条件、施工方法以及辅助坑道的后期利用等要求，对其设置目的、作用、必要性及经济性进行分析论证。

6 结构设计

6.1 一般规定

6.1.1 隧道结构设计应考虑施工工法、横断面布置、地质条件、施工工艺、埋置深度、使用条件以及环境条件等因素，遵循安全耐久、质量可靠、技术先进、经济合理的原则选择结构形式，通过工程类比和结构分析计算确定结构参数。

6.1.2 结构方案应根据水下隧道施工工法及地质条件确定，并应符合下列规定：
  1 钻爆隧道应采用曲边墙拱形断面，暗挖施工地段应采用复合衬砌。围岩分级为Ⅳ～Ⅵ级或渗水量较大时，衬砌应设置仰拱。
  2 盾构隧道应采用圆形断面；应采用钢筋混凝土预制管片，横通道交叉口等特殊部位宜采用钢管片。
  3 沉管隧道宜采用矩形断面；宜采用预制钢筋混凝土管节。
  4 堰筑隧道宜采用现浇钢筋混凝土矩形断面。

条文说明

水下隧道结构形式与施工工法有较大的关系：

(1)钻爆隧道供选择的衬砌形状有曲边墙衬砌和直边墙衬砌。公路水下隧道一般跨度较大，且需要承受较大的地层压力及水压力，曲墙衬砌与直墙衬砌相比线形顺畅，受力较合理，对围岩的适应能力较强，运营阶段有利于通风。

(2)盾构隧道根据其断面形状分为单圆盾构、复圆盾构(双圆、三圆或多圆盾构)、非圆盾构(椭圆、矩形、马蹄形、半圆等盾构)。盾构隧道采用圆形截面能有效承受外部压力，施工时有利于盾构掘进和管片制作、拼装。

(3)沉管隧道的结构一般在干坞内预制，质量可靠性较高，结构断面一般采用矩形，也可以采用圆形，具体根据隧道宽度、功能要求、所处建设条件及施工工艺综合确定。

(4)堰筑隧道一般用于软土地层开挖深度不大、对环境保护要求不高的工程，采用矩形断面可以提高断面的利用率。

6.1.3 水下隧道结构设计应减少隧道施工过程中及建成后对周边环境的不利影响，

应考虑隧道周边环境变化对隧道结构的作用。

条文说明

当隧道接线两端通过市区，会遇到与既有的建筑物处于接近的情况，有时还需要下穿建筑物或既有交通要道等。水下隧道的设计，在经济合理的条件下，力求把隧道施工及建成后对人类生活环境、构筑物、地下管线、地下水及总体环境的影响降到最低。

6.1.4 水下隧道结构计算宜采用基于极限状态的分项系数法，分别按施工阶段和使用阶段进行强度、刚度和稳定性计算，并应对使用阶段的变形及裂缝宽度进行验算。

条文说明

随着隧道结构设计方法的发展，将极限状态设计法引入水下隧道结构设计是趋势。本规范对设计使用年限内的结构设定极限状态，分别按施工阶段与运营阶段进行分析，对荷载、材料、结构计算等各自的不确定因素设定安全系数，确认隧道是否达到极限状态，从而评价其安全性。

6.1.5 水下隧道各部分结构应根据其重要性进行安全分级。结构安全等级可按表 6.1.5 的规定进行划分。

表 6.1.5　隧道结构安全等级

结构安全等级		隧 道 结 构
一级	主体结构	行车隧道结构、洞门、车道板、地下泵房、地下风机房等
二级	一般结构	钻爆隧道初期支护、服务隧道结构、风道结构、遮光棚等
三级	次要结构	边水沟、电缆沟、临时支护等

条文说明

在本规范中，按隧道结构破坏后果的严重性，即危及人的生命、造成经济损失、对社会或环境产生影响等，划分为三个结构安全等级。

划分结构安全等级的原则是，同一工程结构内的各种结构构件一般与结构采用相同的安全等级，但允许对部分结构构件根据其重要程度和综合经济效果进行适当调整。如提高某一结构构件的安全等级所需额外费用很少，又能减轻整个隧道结构的破坏从而大大减少人员伤亡和财物损失，则可以将该结构构件的安全等级较整个结构的安全等级提高一级；相反，如某一结构构件的破坏并不影响整个结构或其他结构构件，则可以将其安全等级降低一级。

6.1.6 水下隧道应考虑沉船、地震、火灾及爆炸等偶然作用对隧道结构安全的影响。

条文说明

偶然作用是指在设计使用年限内不一定出现,而一旦出现其量值很大,且持续期在多数情况下很短的作用。水下隧道由于处于特殊的环境条件,即使偶然出现的破坏也会造成严重的经济损失及社会影响,因此要关注偶然作用对水下隧道的影响。

6.2 作用及其组合

6.2.1 水下隧道设计采用的作用应按表6.2.1选用,设计过程中应选择对隧道结构安全与耐久性起关键作用的作用进行组合分析。

表6.2.1 作用分类

编号	作用分类		作用名称
1	永久作用		竖向及水平岩土压力
2			水压力
3			结构自重
4			装修或设备自重
5			地面建筑物的影响力
6			地面超载
7			混凝土收缩及徐变作用
8			结构基础变位作用
9	可变作用	基本可变作用	地面车辆影响力
10			隧道内车辆及人群影响力
11			水位变化(潮汐)及波浪的影响力
12			风机等设备引起的动荷载
13		其他可变作用	温度作用
14			地面施工影响力
15			隧道施工影响力(顶推力、注浆压力等)
16	偶然作用		地震作用
17			爆炸力
18			火灾影响力
19			撞击力
20			沉船及抛锚影响力

条文说明

设计使用的作用一般按发生作用的频度、持续性和变化程度分类。竖向及水平岩土压力、水压力、结构自重、装修或设备自重等属于作用的变动小到可以忽略不计的、会持续发生作用的荷载,是设计时需要考虑的基本作用。地面车辆影响力、隧道内车辆及人群影响力、水位变化(潮汐)及波浪的影响力、风机等设备引起的动荷载等,虽然不是持续作用,但也是设计时始终考虑的基本作用。温度作用、地面施工影响力、隧道施工影响力(顶推力、注浆压力等)等是连续变化或频繁发生、不可忽视的作用,需要根据隧道使用目的、施工条件和布局条件等加以考虑。地震作用力、爆炸力、火灾影响力、撞击力、沉船及抛锚影响力等作用,在使用期间发生作用频度极小,但是一旦发生,其影响非同小可。

水下隧道各类作用对结构的影响程度与隧道施工工法相关。水下隧道埋置深度浅,地质条件较差时,地震、火灾、沉船等偶然作用对结构影响显著。需要充分重视盾构隧道及沉管隧道的施工影响力。

6.2.2 隧道水土压力计算应符合下列规定:

1 隧道上方覆盖层为软土或回填土石,且隧道埋置较浅时,竖向土压力宜按全部覆土厚度计算;地层条件较好时,可对竖向土压力进行折减。

2 水土压力合算时,地下水位以上的土体应采用天然重度,地下水位以下的土体应采用饱和重度;水土压力分算时,地下水位以下的土体应采用浮重度。

3 永久侧向土压力应按静止土压力计算。

条文说明

水下隧道岩土压力大小及计算方法与施工工法相关,如深埋盾构隧道在硬质土地段或岩石地段,竖向土压力一般按太沙基公式或承载拱公式计算,浅埋盾构隧道一般按全覆土计算。

6.2.3 隧道下穿冲淤幅度变化较大的河道时,土压力应考虑设计使用年限内河床改道、深泓变化、覆盖层冲刷及淤积的影响。

6.2.4 20年一遇洪水位条件下的水压力可按永久荷载计算,20年一遇洪水位至设计最高或最低水位产生的水压力可按可变荷载计算,并应按300年一遇洪水位条件下产生的水压力、冲刷及淤积等情况对结构强度及抗浮进行校核。

条文说明

我国现行的防洪标准分为设计一级标准和设计、校核两级标准两种情况。根据防护对象的不同,水下隧道防洪标准采用设计一级或设计、校核两级。这里的设计标准是指当出现小于或等于这种标准的洪水(设计洪水)时,可以保证防护对象的安全或防洪设施的正常运行。校核标准是指遇该标准相应的洪水(校核洪水)时,采取非常用的措施,在保障主要防护对象和主要建筑物安全的前提下,允许次要建筑物不同程度的损坏及次要防护对象受到一定的损失。对于技术复杂、修复困难的水下隧道,由于工程的重要性，其防洪标准一般采用设计、校核两级执行。

6.2.5 陆域地段的隧道结构，地面超载可取 10~20kPa；隧道上方为车行道路时，地面超载可取 20~30kPa；施工期间地面有特殊使用要求或运营期间地面有特殊使用规划时，地面超载应按实际情况计算。

条文说明

地面超载对隧道结构设计的影响主要体现在施工期及运营期两方面。

施工期：①上部混凝土施工荷载导致下部混凝土结构超载；②施工中材料堆放超过结构设计荷载；③施工设施基础坐落于隧道结构上超过结构设计荷载。如：有些盾构隧道工程中泥水系统由于地面条件所限，布置于施工隧道上方，其庞大的自重荷载及设备振动荷载造成的地面超载，对周围土体产生扰动，从而影响施工过程。

运营期：隧道上部和破坏棱体范围的设施及建筑物压力要考虑现状及以后的变化，凡规划明确的，均依其设计方案确定；凡不明确的，均在设计要求中予以规定。如隧道上方规划道路的地面交通超载、规划假山堆载及邻近建筑物建设规划等。

6.2.6 公路水下隧道的偶然作用应符合下列规定：
1 地震对结构的作用应按现行《公路隧道抗震设计规范》(JTG 2232)取值。
2 隧道需要考虑人防功能时，人防荷载应根据人防管理部门核准的设计抗力等级进行计算。
3 火灾影响力应根据隧道内交通工程系统所确定的设计火灾规模进行计算，并应保证隧道结构在设计火灾工况下可修复。
4 隧道结构可能遭受船舶或汽车撞击时，应根据撞击物体的质量、速度及撞击效应综合考虑其作用效果，验算结构强度及稳定性。
5 隧道下穿通航水域，且覆盖层厚度小于 1 倍隧道开挖宽度时，应考虑沉船及抛锚影响力的作用，其大小应根据隧道水深、覆盖层厚度、地质条件以及通行船舶或船锚大小等因素综合确定。

条文说明

本条对偶然作用的计算给出了规定：
(1)人防荷载按现行《人民防空工程设计规范》(GB 50225)的规定计算确定。
(2)沉船荷载与沉船制动时间与沉船的大小、外形、速度与相对密度、沉船接触河床时姿势以及河床、沉管隧道和沉船本身的刚度等有关。锚击通常在浅埋水下隧道顶板上用混凝土保护层防护，也使用石块保护层。

6.2.7 水下隧道结构计算应分别按承载能力极限状态基本组合(ULS)、承载能力极限状态偶然组合(ALS)和正常使用极限状态标准组合(SLS)进行计算与验算，并应符合下列规定：

1 隧道主体结构应按最不利作用组合进行校核。
2 计入地震或其他偶然作用时，可不验算结构的变形及裂缝宽度。
3 基坑围护结构兼作上部建筑物基础时，应进行竖向承载能力、地基变形及稳定性计算。

条文说明

本条规定水下隧道结构采用极限状态法验算。

(1)由于不同工法隧道的建造都是多步骤复杂施工过程，且在运营阶段的荷载工况与施工阶段也有不同，设计中一般针对施工和运营过程中的荷载组合进行分析，特别强调某些关键荷载的作用工况不能忽视。

(2)由于偶然荷载作用时间短暂，不要求对正常使用阶段极限状态进行验算。

(3)围护结构充当主体结构时，其竖向承载能力、地基变形及稳定性计算非常重要。因此设计过程中要弄清围护结构与主体结构的受力关系，分别按施工期与运营期工况进行验算。

6.2.8 水下隧道承载能力极限状态基本组合(ULS)、承载能力极限状态偶然组合(ALS)和正常使用极限状态标准组合(SLS)的作用分项系数可按表 6.2.8 选取。

表 6.2.8 作用分项系数

编号	作用分类		作用名称	作用分项系数 γ_f		
				ULS	ALS	SLS
1	永久作用		竖向及水平岩土压力	1.35	1.0	1.0
2			水压力	1.1	1.0	1.0
3			结构自重	1.35	1.0	1.0
4			装修或设备自重	1.35	1.0	1.0
5			地面建筑物的影响力	1.2	1.0	1.0
6			地面超载	1.2	1.0	1.0
7			混凝土收缩及徐变作用	1.35	1.0	1.0
8			结构基础变位作用	1.2	0.5	1.0
9	可变作用	基本可变作用	地面车辆影响力	1.4	—	0.5
10			隧道内车辆及人群影响力	1.4	1.0	0.5
11			水位变化(潮汐)及波浪的影响力	1.4	1.0	—
12			风机等设备引起的动荷载	1.4	1.0	—
13		其他可变作用	温度作用	1.4	1.0	1.0
14			地面施工影响力	1.4	—	—
15			隧道施工影响力(顶推力、注浆压力等)	1.4	—	—

表6.2.8(续)

编号	作用分类	作用名称	作用分项系数 γ_f		
			ULS	ALS	SLS
16	偶然作用	地震作用	—	1.0	—
17		爆炸力	—	1.0	—
18		火灾影响力	—	1.0	—
19		撞击力	—	1.0	—
20		沉船及抛锚影响力	—	1.0	—

注：1. 永久作用对结构的承载能力有利时，其分项系数可降低0.2。
　　2. 水压力对结构的承载能力有利时，其分项系数可取1.0。
　　3. 竖向土压力与水平土压力应按相互独立的荷载进行组合。
　　4. 偶然作用相互之间不应组合。
　　5. 有条件时，可根据作用的概率分布确定作用分项系数。

条文说明

公路工程结构承载能力极限状态设计，对持久设计状况和短暂设计状况采用作用的基本组合，对偶然设计状况采用作用的偶然组合。按正常使用极限状态设计时，按作用的标准组合验算结构构件的容许应力、变形、裂缝宽度。在某些情况下，如果根据经验判断，上述三项中的某项能毫无疑问地得到满足，则只作其他项目的校核，或不进行校核。

表中的作用分项系数主要参考现行《建筑结构荷载规范》(GB 50009)确定。

6.2.9 水下隧道结构应进行施工阶段结构安全性分析，其作用应符合下列规定：
1 施工阶段可不计入偶然作用。
2 钻爆隧道应计入施工开挖引起的荷载变化。
3 盾构隧道应计入盾构顶进压力、回填注浆压力及其浮力。
4 沉管隧道应计入浮运期间各种作用组合以及沉放期间水土压力的变化。
5 堰筑隧道应计入基础浇筑封闭后水压力的变化。

条文说明

施工阶段荷载组合分析重点需明确：各种工法隧道施工过程中可能出现的作用形态及分布；这些作用引起的结构内力与使用阶段作用引起的结构内力存在叠加的可能性；结构强度安全系数检查引用的内力值是各种工况及使用阶段内力的包络线。

6.3 结构计算

6.3.1 水下隧道结构计算必须根据施工中各阶段及使用过程中可能出现的环境条件

进行，并应考虑各类作用组合、地质差异及周边条件变化对结构的不利影响。结构计算应符合下列规定：

1 隧道结构计算模式与计算工况应根据其工作条件、施工工序及受力特点确定。

2 内部结构需承受车辆荷载时，计算及构造应符合现行公路桥涵设计规范的相关要求。

3 地层对结构的弹性抗力应根据结构形式、地层特性、加固方法以及施工工艺等因素确定，并应考虑结构内力对弹性抗力的敏感程度。

4 采用地下连续墙或桩板墙围护的结构，可根据其与隧道结构的结合面处理方式，按叠合墙或复合墙计算。

条文说明

（1）本条强调水下隧道结构计算具有以下特点：

①结构的主要构件常兼有临时结构和永久结构的双重功能，其结构形式、构件组成、刚度、支承条件和荷载情况在结构形成过程中不断变化。

②结构受力与施工方法、施工工序及工程措施密切相关。

③新施作的构件是在既有结构体系已产生变形和应力的情况下设置的，荷载效应有连续性。基于此，本规范强调要根据结构实际受力过程进行其内力和变形分析；此外，使用阶段分析时要考虑施工阶段在结构体系中已产生的内力和变形，即考虑受力的连续性。

（2）在《公路工程技术标准》（JTG B01—2014）中，汽车荷载规定为公路-Ⅰ级和公路-Ⅱ级两个级别。汽车荷载组成分为车道荷载和车辆荷载。内部结构框架体系整体计算采用车道荷载。当汽车荷载作为隧道完工后作用于衬砌内侧的内部荷载时，其结构的局部加载采用车辆荷载。

（3）地层对结构的弹性抗力是表征围岩与衬砌联合工作时围岩分担荷载的能力，反映了围岩的综合物理力学性质，是隧道衬砌设计中重要的参数之一。

（4）围护结构和内衬结构组成的结构体系又大体分为单一墙、复合墙和叠合墙体系。单一墙体系是将围护结构直接作为主体结构的侧墙，不另作参与结构受力的内衬墙。复合墙体系是围护结构和内衬结构之间设置防水隔离层；叠合墙体系则是围护结构与内衬墙之间有钢筋接驳器联结，两者可视为整体墙。

6.3.2 隧道横断面结构计算应根据设计区段中最不利条件确定，宜对下列关键断面进行分析计算：

1 覆盖层最薄及最厚的断面；

2 水位或地下水位最低及最高的断面；

3 下穿建筑物、道路附加荷载大的断面；

4 偏压荷载较大的断面；

5 横向地形或地质变化较大的断面；

6 临近既有或规划的建造物断面。

6.3.3 遇下列条件时，结构宜进行纵向强度与变形计算：
1 隧道埋置深度沿纵向变化较大；
2 基础地质条件沿纵向变化较大；
3 上部附加荷载沿隧道纵向分布变化较大；
4 结构单元纵向分段长度与跨度之比大于2。

6.3.4 遇下列情况时，结构宜按空间受力进行分析计算：
1 结构单元与上部建筑物或构筑物设计为整体；
2 结构单元基底地质条件沿纵向变化较大；
3 结构单元上部覆土厚度或其他荷载沿纵向变化较大；
4 结构单元的断面形状沿纵向变化较大；
5 结构单元空间受力作用明显。

6.3.5 设计阶段应对影响结构承载能力及运营安全的大型预留孔洞、重大设备预埋件等重要部位进行局部计算。

条文说明

大型预留孔洞、重大设备预埋件部位一般为结构的薄弱位置，对结构承载能力及运营安全有一定的影响，有必要进行局部计算，以保证结构的安全。

6.3.6 抗震设计应符合现行《公路隧道抗震设计规范》(JTG 2232)的规定。

6.3.7 钻爆隧道的支护结构计算应符合下列规定：
1 应考虑周边土体对结构的弹性抗力。
2 采用限排复合衬砌或全封闭复合衬砌时，二次衬砌应按承担水压力设计，其大小应根据分析计算确定。
3 仰拱未设置防水层时，仰拱应按初期支护与二次衬砌共同承担设计水压力考虑。
4 Ⅳ～Ⅵ级围岩地段应对施工过程中初期支护结构的强度进行校核。

条文说明

本条对钻爆隧道结构分析给予规定。
1 隧道衬砌是在围岩的主动压力和被动抗力同时作用下进行工作的。弹性抗力是指当隧道结构在荷载作用下发生变形时周边岩体或土体限制结构变形的能力，因此当围岩对隧道支护结构的变形具有约束作用时，需要考虑围岩对结构的弹性抗力作用。

2、3 对于钻爆隧道衬砌，水压力是影响结构安全的重要因素，而承受水压力的大小取决于防排水方式的设计：如果衬砌完全不排水，则衬砌承受的水压力为全水头；如果衬砌为全排水，则可以认为衬砌背后不承受水压。一般情况下，隧道衬砌均设计为限量排放，衬砌及仰拱背后水压力介于上述两种极端情况之间。

6.3.8 盾构隧道的结构计算应符合下列规定：

1 应考虑周边土体对结构的弹性抗力。
2 结构计算应考虑管片间的连接方式及环与环间的拼装方式(通缝或错缝)的影响。
3 应对关键地段的隧道结构进行内力及变形计算。
4 应考虑断面内部结构对衬砌可靠性的影响。
5 内部设置二次衬砌时，应考虑水压力作用在不同界面时对结构可靠性的影响。
6 应考虑管片承受壁后注浆压力及盾构千斤顶推力等施工荷载和地质不均匀及曲线对千斤顶推力分布的影响。

条文说明

本条对盾构隧道结构分析给予规定。

2 管片接头对衬砌内力分布会造成一定的影响。衬砌环计算对接头的处理常用的方法有两种：第一种是将衬砌环看作刚度均匀的结构，但考虑到接头的存在，将结构的刚度进行折减；第二种是将接头看作可以承受轴力和一定弯矩的弹性铰。

3 关键地段指的是结构受力不利的地段，如覆土厚度很大的地段，水位很高或很低的地段，地质或覆土厚度变化很大的地段等。

4 内部结构作用于衬砌环上的荷载随隧道的使用目的而异。车辆荷载、内部支撑作用、隧道内的悬挂荷载等会对衬砌的强度和变形产生影响的内部荷载，需要根据实际情况设定荷载进行计算。未设置二次衬砌时，底板的支撑部分和其他附属设施会直接设置在管片上，管片上需要设置锚固设施，一般根据实际设定荷载进行设计。

5 双层结构式衬砌设计工况有下列几种，第一种工况是地层荷载和水荷载等外荷载都直接作用在管片衬砌上，适用于管片衬砌防水完好的场合；第二种工况全部地层荷载和部分水荷载直接作用在管片衬砌上，其余水荷载则直接作用在二次衬砌上，适用于管片衬砌出现防水渗漏的场合。

6 随着盾构隧道向大截面大深度发展，千斤顶的推力和壁后注浆压力等施工荷载的影响增大。由于高水压的作用，千斤顶推力增大，施工荷载会损害结构部件并使其产生漏水，从而影响衬砌的使用性能。当前，随着管片宽度加大及管片分块数减少，引起管片大型化，当采用急曲线、大纵坡等线形时，施工荷载很容易超限损坏管片。

6.3.9 沉管隧道的结构计算应符合下列规定：

1 应满足浮运、沉放及运营等阶段的抗浮要求。

2 应进行施工期及地震条件下结构纵向分析，验算节段接头及管节接头的可靠性。
3 应考虑基底地质条件及地基处理方式的差异对管节沉降变形的影响。
4 应考虑冲淤、抛锚、沉船等对隧道的影响。

条文说明

本条对沉管隧道结构分析给予规定。
1 沉管起浮与抗浮是一对矛盾，符合浮力设计要求的最佳管节横断面，要求使干舷高度较为适度，沉放所需压载水量较少，钢筋混凝土用量较为经济。
2 结构纵向分析的目的是了解隧道纵向拉压与弯曲地震应力，以及地震时接头处的相对位移，需要把隧道与地基土作为一个整体来分析。

6.3.10 堰筑隧道的结构计算应符合下列规定：
1 应满足结构施工及运营阶段的抗浮要求。
2 应对不同水位条件下围堰及基坑支护稳定性、基底隆起及渗流稳定性进行分析。
3 结构分析过程中应考虑基坑支护方式及地基处理方式的影响。

条文说明

本条对堰筑隧道结构分析给予规定。
处于高地下水位中的堰筑隧道结构，由于结构覆土浅、结构大而深，尤其是从隧道向地面过渡的敞口段，需要满足其抗浮稳定性。基坑稳定性检算的内容要求根据围护结构类型、工程地质和水文地质条件确定，同时还需考虑地基处理方式。

6.3.11 隧道需考虑沉船、火灾、爆炸等偶然作用影响时，应根据设计荷载特征进行分析，并应符合下列规定：
1 隧道主体结构应考虑火灾状况下的结构安全。
2 对于通航水域，浅埋盾构隧道、沉管隧道以及堰筑隧道应考虑沉船对结构安全的影响。
3 特长水下隧道应考虑爆炸力对支护结构安全的影响。

条文说明

本条就特殊荷载对结构的影响给予规定。
1 火灾对隧道衬砌的损害会降低衬砌结构的安全性，威胁隧道日后的安全运营，甚至造成隧道坍塌。处于高水压、软弱地层等情况下的盾构隧道、沉管隧道，火灾可能导致隧道密封及防水失效，使隧道发生涌水甚至坍塌。火灾后隧道结构的修复和重新组织交通，需要花费大量的人力和物力，特别是对于高水压条件下的受损衬砌（如管片、沉管隧道接头等），更换、修复非常困难，某些情况下甚至无法修复。

2 盾构隧道、沉管隧道及堰筑隧道埋置较浅，沉船影响较大，因此需要进行相关验算。

6.4 结构验算

6.4.1 隧道支护结构应同时对结构承载能力极限状态及正常使用极限状态进行验算，并应符合下列规定：

1 隧道支护或结构构件出现下列状态之一时，应认为超过了承载能力极限状态：
　　1）整个结构或结构的一部分作为刚体失去平衡，如洞门或基坑支护倾覆等。
　　2）支护结构或连接因超过材料强度而破坏（包括疲劳破坏），或因过度变形而不适于继续承载，如衬砌开裂或出现过大收敛变形。
　　3）支护结构转变为机动体系，如衬砌结构坍塌失稳等。
　　4）支护结构或结构构件丧失稳定，如初期支护局部压屈等。
　　5）地基丧失承载能力而破坏，如基础出现过大沉降或地基出现滑移等。

2 隧道支护或结构构件出现下列状态之一时，应认为超过了正常使用极限状态：
　　1）影响正常使用或外观的变形，如超过规定的挠度、收敛变形或差异沉降。
　　2）影响正常使用或耐久性能的局部破坏，如应力过大产生开裂。
　　3）影响正常使用的振动，如风机基础或行车道板震动过大。

条文说明

　　承载能力极限状态可理解为结构或结构构件发挥允许的最大承载功能的状态。结构构件由于塑性变形而使其几何形状发生显著改变，虽未达到最大承载能力，但已彻底不能使用，也属于达到这种极限状态。

　　疲劳破坏是在使用中由于荷载多次重复作用而达到的承载能力极限状态。

　　正常使用极限状态可理解为结构或结构构件达到使用功能上允许的某个限值的状态。例如，某些构件要控制变形、裂缝才能满足正常使用要求。因过大的变形会造成隧道衬砌结构破坏等后果，过大的裂缝会影响结构的耐久性，过大的变形、裂缝会造成使用者心理上的不安全感。

6.4.2 隧道结构应按本规范附录 D 进行承载能力极限状态校核计算，结构上的作用组合应符合式(6.4.2)的规定：

$$\gamma_0 \gamma_1 S(\gamma_f f_r, \alpha_k) \leqslant R\left(\frac{f_k}{\gamma_m}, \alpha_k, c\right) \tag{6.4.2}$$

式中：$S(\cdot)$——与作用在结构之上的荷载相关的作用效应函数；
　　　$R(\cdot)$——与结构材料强度及几何尺寸相关的结构抗力效应函数；
　　　f_r——作用在结构之上的作用组合标准值；
　　　f_k——结构材料性能的标准值；

α_k——结构的几何参数标准值;

c——结构的极限约束值;

γ_0——结构重要性系数,见表6.4.3;

γ_1——结构附加安全系数,见表6.4.4;

γ_f——作用在结构之上的荷载分项系数,见表6.2.8;

γ_m——结构材料性能的分项系数,见表6.4.5。

条文说明

为了使所设计的结构构件在不同情况下具有比较一致的可靠度,本规范采用了多个分项系数的极限状态设计表达式,即根据各种极限状态的设计要求,采用有关的荷载代表值、材料性能标准值、几何参数标准值及各种分项系数等表达。

6.4.3 结构重要性系数 γ_0 应按表6.4.3取值。

表6.4.3 结构重要性系数 γ_0

结构安全等级	重要性系数
一级	1.1
二级	1.0
三级	0.9

条文说明

水下隧道不同安全等级所对应的结构类型,在本规范第6.1.5条中作了规定。不同安全等级的结构有其不同的目标可靠度指标,不同安全等级在计算上是以结构重要性系数来表达,以体现不同情况的水下隧道的可靠度差异。表中的结构重要性系数是根据《公路工程结构可靠性设计统一标准》(JTG 2120—2020)确定的。

6.4.4 结构附加安全系数 γ_1 应按表6.4.4取值。

表6.4.4 结构附加安全系数 γ_1

结 构 类 型	附加安全系数
钻爆隧道的现浇结构	1.1
堰筑隧道、明洞、棚洞、洞门等的现浇结构	1.05
盾构隧道、沉管隧道的预制结构	1.0

条文说明

结构附加安全系数相当于桥涵结构中的构件工作条件系数。考虑到水下隧道结构有别于地面结构的特殊性,对于暗挖法隧道结构施工质量可靠性较差,安全系数需要取较大值，而盾构及沉管隧道结构采用工厂化预制，质量可靠性较高，安全系数适当减小，因此采用附加安全系数的设计方法进行调整。

6.4.5 结构材料性能的分项系数 γ_m 应按表 6.4.5 取值。

表 6.4.5　结构材料性能的分项系数 γ_m

强度类型		分项系数
钢筋混凝土	混凝土抗压强度	1.45
	混凝土抗拉强度	1.60
	钢筋抗压强度	1.25
	钢筋抗拉强度	1.25
	钢绞线及钢丝	1.50
钢结构	抗压强度	1.25
	抗拉强度	1.25

条文说明

结构材料强度标准值除以材料性能分项系数可得到材料强度设计值。考虑到不同种类材料强度值的离散性，故采用其不同的分项系数。表中所列分项系数是参照《公路钢筋混凝土与预应力混凝土桥涵设计规范》（JTG 3362—2018）及《铁路隧道设计规范》（TB 10003—2016）确定的。

6.4.6 按正常使用极限状态设计时，应按荷载效应的正常使用状态标准组合（SLS）按式（6.4.6）验算结构构件的容许应力、变形及宽度。

$$S_d \leq C \quad (6.4.6)$$

式中：C——结构构件达到正常使用要求所规定的限值；
　　　S_d——正常使用极限状态的荷载效应（变形、裂缝和应力等）设计值。

条文说明

水下隧道正常使用极限状态的验算内容一般为变形验算和裂缝控制验算。

由于结构构件达到或超过正常使用极限状态时的危害程度不如承载力不足引起结构破坏时大，故对其可靠度的要求适当降低。按正常使用极限状态设计时，不再考虑结构重要性系数 γ_0。

6.4.7 钢筋混凝土及预应力混凝土构件应进行裂缝宽度验算。裂缝宽度应按本规范附录 C 计算，裂缝宽度限值应符合表 6.4.7 的规定，并应符合下列规定：

1　偏心受压构件 $e_0/h_0 < 0.55$ 时，可不验算裂缝宽度。
2　结构内外侧工作环境条件差别较大时，应分别确定裂缝宽度限值。

表 6.4.7　钢筋混凝土构件表面裂缝宽度限值(mm)

环境作用等级	普通钢筋混凝土构件	预应力钢筋混凝土构件
Ⅰ-A、Ⅰ-B	0.20	0.1
Ⅰ-C	0.15	0.1
Ⅱ-C	0.20	0.1
Ⅱ-D	0.15	0
Ⅱ-E	0.10	0
Ⅲ-C	0.15	0.1
Ⅲ-D	0.15	0
Ⅲ-E、Ⅲ-F	0.10	0
Ⅳ-C	0.15	0.1
Ⅳ-D	0.15	0
Ⅳ-E	0.10	0
Ⅴ-C	0.15	0.1
Ⅴ-D、Ⅴ-E、Ⅴ-F	0.10	0

注：1. 环境作用等级应按本规范附录 B 确定。
　　2. 对裂缝宽度无特殊外观要求的，保护层设计厚度超过 30mm 时，可将保护层厚度取为 30mm 计算裂缝的最大宽度。

条文说明

裂缝宽度的限值，是指在作用(或荷载)短期效应组合并考虑长期效应组合影响下构件的垂直裂缝，不包括施工中混凝土收缩过大、养护不当及渗入氯盐过多等引起的其他非受力裂缝。混凝土裂缝宽度主要影响钢筋的锈蚀过程，但是，国内外在该方面尚未取得一致的试验数据。通常认为，一般环境下(Ⅰ类)混凝土表面的宏观裂缝宽度只要不是过大(如不大于 0.3mm)，对钢筋碳化锈蚀不会发生明显影响，只是裂缝截面上的钢筋发生局部锈蚀的时间会提前，但是这种局部锈蚀很快就会停止，一直要等到保护层下的混凝土碳化并使钢筋去钝后，才会一起进入钢筋锈蚀的稳定发展期。

对裂缝宽度的限值，一般从保证结构耐久性、钢筋不被锈蚀及过宽的裂缝影响结构外观、引起人们心理上的不安等因素考虑。采取切实措施，在施工上保证混凝土的密实性，在设计上采用必要的保护层厚度，要比用计算控制构件的裂缝宽度重要得多。

试验表明，对于偏心受压构件，当初始偏心距与截面有效高度之比 $e_0/h_0 < 0.55$ 时，裂缝宽度较小，均能符合要求，故规定不必验算。

预应力钢筋若发生坑蚀，会加速应力腐蚀，因此，需要严格限制裂缝宽度。

6.4.8　隧道结构变形应符合表 6.4.8-1 及表 6.4.8-2 的规定。

表6.4.8-1 受弯构件的容许挠度

构件类型		容许挠度(m)
吊车梁		$L_0/600$
结构跨度	$B_0 \leq 5m$	$L_0/250$
	$5m < B_0 \leq 8m$	$L_0/300$
	$B_0 > 8m$	$L_0/400$

注：1. 表中 L_0 为构件净计算跨度，B_0 为结构跨度。
    2. 为悬臂构件时，表中的容许挠度应乘以2.0。

表6.4.8-2 盾构隧道结构容许收敛值

隧道外径	容许收敛(m)
$D \leq 8m$	$D/500$
$8m < D \leq 12m$	$D/400$
$D > 12m$	$D/300$

注：表中 D 为盾构隧道外径。

条文说明

本条对隧道结构的变形给予规定。

（1）水下隧道钢筋混凝土和预应力混凝土受弯构件，在正常使用情况下的挠度，可以根据给定的构件刚度用结构力学的方法计算。受弯构件在使用阶段的挠度要考虑长期效应的影响。

（2）对于盾构隧道结构，为了取得较好的经济效益，在工程地质条件较好、周围土层能提供一定抗力的前提下，衬砌结构可以设计得柔一些。但衬砌环变形的大小对结构受力、接缝张角、接缝防水、地表变形等均有重大影响，故对衬砌结构的变形作出必要的控制要求。

（3）根据工程实践经验，小直径盾构直径收敛值通常取0.2%，大直径盾构收敛值通常取0.3%，综合盾构直径的影响，规定了不同直径盾构隧道的直径收敛限制，便于工程应用。

6.4.9 火灾工况下结构验算应符合下列规定：

1 火灾事故设防规模应根据本规范第13.1.4条确定。

2 对受力钢筋，在设计火灾时间内表面温度不应高于250℃。

3 对不可更换的橡胶止水带，在设计火灾时间内不应高于70℃，或连续一小时不应高于100℃，且最高温度不应高于150℃。

条文说明

本条对隧道火灾工况的验算给予规定。

建筑耐火性能采用材料燃烧性能和构件耐火极限进行判定，隧道火灾特点以及隧道火灾试验研究表明，隧道主体结构在火灾早期发生结构爆裂，会造成结构强度迅速退化，使隧道中安装的设施设备因隧道衬砌承载能力降低而脱落、坠毁，影响设施设备的正常使用，并会使疏散逃生和灭火救援人员受伤致死，水底隧道会因漏水造成灾难性后果。世界道路协会（PIRAC）WG6 工作组的报告中规定"火灾中，当隧道内还有逃生疏散或救援人员时，重型设备的最低要求是不能坠落"。

本条综合考虑了火灾状态下建筑钢材在强度、弹性模量、变形性能等方面的高温性能，以及橡胶止水带的温度使用范围。

6.4.10 处于软弱土或人工填土中的浅覆土隧道，应进行抗浮安全验算。水下隧道抗浮验算应符合下列规定：

1 隧道填土厚度或埋深小于1倍洞室高度时，宜进行抗浮验算。
2 抗浮验算应仅考虑恒载的作用效应。
3 覆土厚度应考虑设计年限内的变化，如疏浚、冲刷以及后期人工开挖等因素。
4 覆盖层处于地下水位以上时应按天然重度的标准值计算，处于地下水位以下时应按浮重度计算。
5 隧道基底土体在地震时可能出现液化时，应按液化后土体的重度计算浮力。

条文说明

对于浅覆土隧道，通常情况下，作用于衬砌的合成水压是浮力。如果拱顶处合成垂直土压和静止荷载比浮力大，其差值以垂直土压的形式作用于衬砌底部（地基反作用力）。如果浮力大于拱顶处的合成垂直土压和静止荷载，隧道将会漂浮起来。这种现象易出现在隧道的覆土厚度小、地下水位高及地震时容易发生液化的地基中，由于这种情况的出现引起后果严重，需特别防范。

6.4.11 抗浮验算可根据式(6.4.11-1)、式(6.4.11-2)进行：

$$\frac{W_s + W_a + F_z}{F_f} \geq K_f \tag{6.4.11-1}$$

$$F_f = \gamma_b \gamma_w V \tag{6.4.11-2}$$

式中：F_f——浮力设计值(kN)；

γ_b——浮力作用分项系数，取 1.0；

γ_w——水或液化土体的重度(kN/m³)；

V——计算单元中计算水位以下隧道结构封闭外轮廓的体积(m³)；

W_s——隧道结构自重标准值(kN)；

W_a——隧道上覆土层的有效压重标准值(kN)；

F_z——抗浮力设计值(kN);

K_f——抗浮安全系数,按本规范第6.4.12条确定。

条文说明

本条假设隧道受到浮力为其排开同体积水或液化土体的重量,根据隧道静力平衡条件,得到抗浮设计的公式。

6.4.12 钻爆隧道及盾构隧道使用过程中的抗浮安全系数不应小于1.2,在施工过程中的抗浮安全系数不应小于1.1;沉管隧道及堰筑隧道使用过程中抗浮安全系数不应小于1.15,在施工过程中的抗浮安全系数不应小于1.05。对地震液化及其他超设计标准工况进行抗浮校核时,抗浮安全系数可取1.05。

条文说明

关于隧道抗浮安全系数,尚无统一规定,本条根据相关规范及工程实践经验确定。目前,不同规范对抗浮验算有不同的规定。根据《道路隧道设计规范》(DG/T J08-2033—2008)的规定,盾构隧道的抗浮安全系数,施工阶段取1.1,使用阶段取1.2;沉管隧道的抗浮安全系数,沉放、对接阶段取1.02,使用阶段取1.2。《地铁设计规范》(GB 50157—2013)规定:"抗浮安全系数当不计地层侧摩阻力时不应小于1.05;当计及地层侧摩阻力时,根据不同地区的地质和水文地质条件,可采用1.10~1.15的抗浮安全系数。"《给水排水工程管道结构设计规范》(GB 50332—2002)规定:"对埋设在地表水或地下水以下的管道,应根据设计条件计算管道结构的抗浮稳定。计算时各项作用均应取标准值,并应满足抗浮稳定性抗力系数不低于1.10"。

《给水排水工程构筑物结构设计规范》(GB 50069—2002)规定,构筑物在基本组合作用下的设计稳定抗力系数 K_s 上浮时不小于1.05,验算时,抵抗力应只计入永久作用,而可变作用和侧壁上的摩擦力不应计入;抵抗力和滑动、倾覆力应均采用标准值。

对于水下隧道结构,其线路较长,场地条件及地下水位的变异性较大;与单体地下建筑物相比,其侧壁摩擦所能提供的安全储备偏低,同时,由于防水等影响,对差异变形要求较严格。本规范根据不同类别的水下隧道结构特点,参照各地工程实例,分别按不同工法隧道与不同施工阶段,推荐采用相应抗浮安全系数作为设计最低限值。

6.4.13 未设置仰拱的暗挖隧道支护结构或明挖暗埋隧道应进行地基承载能力验算,结构基础承载力应符合式(6.4.13-1)及式(6.4.13-2)的要求。

$$P_{av} < [P] \quad (6.4.13\text{-}1)$$

$$P_{max} < 1.2[P] \quad (6.4.13\text{-}2)$$

式中:P_{av}——正常使用极限状态标准组合(SLS)下结构基底平均应力(kPa);

[P]——基底土体承载能力的容许值(kPa)；

P_{max}——正常使用极限状态标准组合(SLS)下结构基底最大应力(kPa)。

6.5 结构耐久性

6.5.1 应根据隧道所处环境条件，并考虑结构所处位置及衬砌内外环境条件的差异，按现行《公路工程混凝土结构耐久性设计规范》(JTG/T 3310)相关规定，对水下隧道结构进行耐久性设计。环境作用类别及其作用等级应符合本规范附录B的规定。

条文说明

环境作用是导致水下隧道材料和结构性能退化的根本原因。同一结构所处环境不同，其性能退化程度也不同。因此，在隧道设计前需充分调查和勘察结构所处环境的类型，确定对结构及其材料有损害物质的成分与含量。调查工作包括气象、水文条件、场地使用历史等，工程地质勘察包括地下水文和水质情况、地层矿物组成及其溶出性和腐蚀性。

6.5.2 隧道结构所采用的各类材料应与使用环境相适应，可结合结构重要性、可维修性及环境作用等级，采取附加防护措施，并应符合下列规定：

1 混凝土或钢筋混凝土构件应具有抵抗腐蚀性离子渗透的能力。
2 金属结构与构件可不考虑冻融环境(Ⅱ类)的影响。
3 普通钢材和非合金铝等金属材料不宜用于海洋氯化物腐蚀环境(Ⅳ类)及化学腐蚀环境(Ⅴ类)，必须使用时应采取附加防腐蚀处理措施。
4 采用聚合物类有机材料的结构或构件应避免直接暴露于高温或紫外线直射环境。
5 考虑结构表面防护层(防水层或其他防护层)对结构耐久性的有利影响时，应保证防护层的完整性及耐久性。

条文说明

即使隧道结构选用了与所处环境类型相适应的结构材料，隧道结构的性能仍然会随其服役时间的延续而退化。因此，除合理的结构耐久性设计外，还需要根据结构的重要性、可维修性及环境作用等级，有针对性地采取附加保护措施。

隧道工程结构除大量采用混凝土外，还会使用钢材、铝合金、聚合物等材料。混凝土材料适应的环境类别广泛，但金属材料则一般不用于腐蚀性环境(Ⅴ类)，极端的温度条件(如Ⅱ类)会降低有机聚合物类材料的性能。因此，设计时需选取与环境类型相适应的结构材料及附加防护措施的材料。

金属结构的附加防护措施包括表面电镀、防锈漆、防腐涂层、牺牲阳极等；钢筋混凝土结构中的钢筋防护方式包括恰当设置混凝土保护层、直接保护钢筋、选用不锈钢钢筋或在混凝土中添加钢筋阻锈剂等外加剂；混凝土表面的防水涂层、防腐蚀面层等也可以使构件免受有害离子的侵蚀。

6.5.3 采用混凝土结构时，满足耐久性要求的混凝土最低强度等级应符合表 6.5.3 的规定。

表 6.5.3 满足耐久性要求的混凝土最低强度等级

环境作用等级	设计使用年限		
	100 年	50 年	25 年
A	C30	C25	C25
B	C35	C30	C25
C	C40	C35	C30
D	C45	C40	C40
E	C50	C45	C45
F	C50	C50	C50

条文说明

混凝土的强度等级与耐久性之间并不存在一一对应关系，但在原材料保持不变的前提下，混凝土强度的高低在一定程度上反映混凝土的密实性。鉴于强度指标仍是工程现场检验混凝土质量的最简便方法，而对混凝土水胶比与密实性的测定相对复杂，一般也不列为常规的质量检验项目。

国内外混凝土耐久性都将强度作为随环境类别、环境作用等级及设计使用年限而变化的主要控制指标。考虑到水下隧道结构的重要性，从便于设计和施工质量控制的角度，对不同环境类别、同一环境作用等级的指标要求取高值。本规范结合公路水下隧道的特点，对《混凝土结构耐久性设计标准》(GB/T 50476—2019)的相关规定作了适当简化。

6.5.4 在无氯盐的环境条件下，环境作用等级为 A、B、C 级时，所采用的混凝土强度等级可低于表 6.5.3 的要求，但强度等级不应低于两级。采用的混凝土强度等级比表中规定的低一级时，相应的保护层厚度应比规定值增加 5~10mm；采用的混凝土强度等级比表中规定值低两级时，相应的保护层厚度应增加 10~15mm。

条文说明

尽管采用现代混凝土技术可以很容易地配制出强度等级 C60 以下的混凝土，考虑到水下隧道现行工法的适应性和混凝土原材料的可获取性，对于环境作用等级低于 C 级时，混凝土的强度等级要求可以适当降低，但耐久性要求不能降低。因此，当混凝土的强度等级降低(密实度下降)时，要求增加混凝土的保护层厚度，以达到同等的抗渗透能力。

6.5.5 在冻融环境下，结构混凝土应符合下列规定：

1 混凝土抗冻性的耐久性指数 DF 不应低于表 6.5.5 的规定。对厚度小于 150mm 的薄壁构件，表中的 DF 数值应增加 5。

表 6.5.5 混凝土抗冻性的耐久性指数 DF(%)

设计使用年限	100 年			50 年		
环境条件	中度水饱和	高度水饱和	盐冻	中度水饱和	高度水饱和	盐冻
严寒地区	70	80	85	60	70	80
寒冷地区	60	70	80	50	60	70
微冻地区	60	60	70	45	50	60

注：1. 耐久性指数 DF 为 300 次快速冻融循环后的动弹性模量与初始值的比值。如在 300 次冻融循环以前，试件的动弹性模量已降到初始值的 60% 以下或重量损失已超过 5%，则以此时的循环次数 N 计算 DF 值，并取 DF = (N/300) × 0.6。快速冻融循环试验方法可参照水工试验标准，试件自现场或模拟现场混凝土构件中取样。如在试验室制作，试件的养护温度及龄期需按实际工程情况选定。对于盐或化学腐蚀环境，试验时用于浸泡试件的水，需采用与实际工程环境中相同成分和浓度的水。

2. 高度水饱和指冰冻前长期或频繁接触水或潮湿土体，混凝土内高度水饱和；中度水饱和指冰冻前偶受雨水或潮湿，混凝土内水饱和程度不高；盐冻腐蚀指接触除冰盐及盐碱、海洋或其他化学物质时受冻。

2 环境作用等级为 D、E、F 级的混凝土构件应掺用引气剂。冻融环境作用等级为 C 级的混凝土可不加引气剂，但此时的混凝土强度等级不应低于 C40。

3 冻融环境下混凝土胶凝材料中的粉煤灰掺量不宜超过 30%，且所用粉煤灰的含碳量不宜大于 2%。

条文说明

混凝土的冻融损伤发生在混凝土内部含水量比较充足的位置。通常认为，这与混凝土毛细孔隙水结冰时的结晶压积聚有关，如果混凝土毛细孔隙中有足够的空气，就能释放冰冻产生的压力，因此混凝土引气剂有助于导入气孔以防止冻害。

6.5.6 用于氯盐腐蚀环境中的钢筋混凝土构件，其混凝土 28d 龄期的氯离子扩散系数 D_{RCM} 值，应符合表 6.5.6 的规定。

表 6.5.6 混凝土中的氯离子扩散系数 D_{RCM}（28d 龄期，$10^{-12} m^2/s$）

结构设计使用年限	环境作用等级	
	D	E 以上
100 年	≤7	≤4
50 年	≤10	≤6

注：表中的 D_{RCM} 值，是标准养护条件下 28d 龄期混凝土试件的测定值，仅适用于氯盐环境下采用的较大掺量和大掺量矿物掺和料的混凝土。对于其他组分的混凝土以及更长龄期的混凝土，应采用更低的 D_{RCM} 值作为抗氯离子侵入性能的评定依据。

条文说明

氯盐环境下，氯离子扩散系数是用来评价混凝土离子扩散能力的一项重要指标，其测试方法可以按 ASTM C1202 *Standard Test Method for Electrical Indication of Concrete's Ability to Resist Chloride Ion Penetration*、《公路工程混凝土结构防腐蚀技术规范》(JTG/T B07—2006)确定。

对于 F 级环境作用等级，需要通过增加保护层厚度提高结构防护能力。

6.5.7 不同强度等级混凝土 56d 电通量应满足表 6.5.7 的要求。

表 6.5.7 不同强度等级混凝土 56d 电通量(C)

混凝土强度等级	设计使用年限		
	100 年	60 年	30 年
<C30	<1 500	<2 000	<2 500
C30～C45	<1 200	<1 500	<2 000
≥C50	<1 000	<1 200	<1 500

条文说明

电通量主要用来评价混凝土抵抗外界各种有害离子侵蚀的能力，其测试方法可以按现行《普通混凝土长期性能和耐久性能试验方法标准》(GB/T 50082—2009)规定的电通量法进行检验，《铁路混凝土结构耐久性设计规范》(TB 10005—2010)参考 ASTM C1202 (说明表 5.4.2)规定了不同使用年限、不同环境作用等级的铁路混凝土的电通量。

6.6 构造要求

6.6.1 公路水下隧道必须根据所处环境条件、埋置深度、结构受力情况等，确定结构的施工缝、伸缩缝、沉降缝、钢筋保护层厚度、最小配筋率及混凝土抗渗性能等参数。

条文说明

本条借鉴现行国内外相关规范的规定，强调各种构造要求在结构设计中的重要性，是从水下隧道结构的施工与使用要求出发，以确保质量、安全等予以考虑的。一般通过合理的构造措施来充分保证结构的使用安全与使用年限。

6.6.2 同一隧道结构单元不能一次性浇筑完成时，应根据设计施工工艺要求在先、后浇筑混凝土单元之间设计施工缝。防水混凝土结构应连续浇筑，宜少设置施工缝。需留置施工缝时，应符合下列规定：

1 仰拱或底板及拱部或顶板不应留纵向施工缝。

2 边墙部位的水平施工缝应高出底板表面不小于 300mm，不应留在剪力或弯矩最大处，也不应留在底板与侧墙交接处。边墙不应留垂直施工缝。

3 边墙有孔洞时，施工缝距孔洞边缘不应小于 300mm。

4 拱墙结合处的水平施工缝，可留在拱部或顶板与边墙接缝线以下 150～300mm 处，但应注意加强防水措施。

5 承受动力作用的设备基础不应留置施工缝。

6 施工缝处应设可靠的防水措施。

条文说明

施工缝并不是一种真实存在的"缝"，而是因后浇注混凝土超过初凝时间，而与先浇注的混凝土之间存在的一个结合面。本规范考虑施工缝的位置设置对结构受力、防水可靠性及施工方便等因素的影响后给出相关要求。

6.6.3 隧道宜沿纵向设置环向伸缩缝，现浇结构的环向伸缩缝纵向间距不应大于 30m。受气温影响较大的洞口段伸缩缝的间距宜缩小。伸缩缝间距大于 30m 时，应采取下列措施：

1 混凝土浇筑应采用后浇带分段施工。

2 应采取纵向预应力措施。

3 应采取能减小混凝土伸缩的措施。

条文说明

伸缩缝是为防止隧道结构由于气候温度变化，使结构产生裂缝或破坏而沿隧道长度方向的适当部位竖向设置的一条构造缝。伸缩缝将隧道基础以上的边墙及拱部结构相互分割，使隧道结构在温度变化时沿纵向自由伸缩，以消除温度应力。

6.6.4 上部覆土厚度变化较大区段、地基地质条件变化较大地段及结构形状变化较大位置应设沉降缝。各类隧道沉降缝的设置应符合下列规定：

1 钻爆隧道洞口段沉降缝间距宜为 10～20m，地质变化较大地段应设置多处沉降缝，间距宜为 10～15m，软弱围岩地段沉降缝间距宜为 20～30m。Ⅰ～Ⅲ级围岩地段可不设置沉降缝。

2 盾构隧道在始发与到达工作井附近以及地质变化较大的地段、埋置深度急剧变化的地段或地基处理差异较大的过渡地段应连续设置多处沉降缝。

3 沉管隧道沉降缝间距宜与管节长度一致。

4 堰筑隧道或明洞的沉降缝间距宜为 20～40m。

5 沉降缝应与伸缩缝统一考虑，并应做好防水设计。

6 应采取可靠的措施，确保沉降缝两边的结构不产生影响行车安全和正常使用的差异沉降。

条文说明

当隧道结构相邻部分的跨度、荷载和结构形式差别很大而地基又较弱时，隧道结构有可能产生不匀均沉降，致使某些薄弱部位开裂，为此要求在适当位置设置沉降缝。隧道沉降缝设置需要充分考虑施工工法、地质条件、基坑支护、结构断面尺寸及埋置深度等因素。

6.6.5 水下隧道结构的钢筋保护层厚度应符合下列规定：

1 钢筋混凝土构件的最小保护层厚度应根据环境作用等级及设计使用年限按表6.6.5确定。

表6.6.5 钢筋混凝土构件的最小保护层厚度(mm)

环境作用等级	设计使用年限		
	100年	50年	25年
A	30	25	25
B	40	30	30
C	50	35	35
D	60	45	40
E	70	50	45
F	75	55	50

注：海底隧道的保护层厚度应增加5~10mm。

2 结构厚度大于500mm时，保护层厚度应大于40mm。
3 边水沟、电缆沟等部件的保护层厚度可取25mm。
4 受力钢筋的混凝土保护层厚度不应小于钢筋的公称直径。

条文说明

钢筋混凝土保护层的作用是保障使用环境和荷载作用下，筋材与混凝土之间具有良好的黏结性能。使用环境除这里提到的各类腐蚀与侵蚀作用外，还有火灾高温、冲刷等，在目前的认识水平下可以合理确定荷载作用下的钢筋保护层厚度，对于其他环境作用尚不存在可用的设计模型。

表中所设定的保护层最小厚度，主要参考了《混凝土结构耐久性设计标准》(GB 50476—2019)、《海港工程混凝土结构防腐蚀技术规范》(JTJ 275—2000)和《公路工程混凝土结构耐久性设计规范》(JTG/T 3310—2019)的规定，也参考了我国已建工程的耐久性现状与国外新建大型工程的耐久性设计实例。

板式构件最外层的箍筋或分布筋最早受到侵蚀,箍筋的锈蚀可引起沿箍筋的环向开裂,而墙板式分布筋的锈蚀除引起开裂外,严重时还会发生保护层的成片剥落,因此,在确定钢筋保护层的最小厚度时要求考虑到最外侧的分布筋和箍筋的需要。不同于板式构件的梁、柱等条形构件,其角部受力钢筋同时受到来自两个相邻侧面的环境侵蚀,所以后者的保护层最小厚度要大于前者。

边水沟、电缆沟的环境作用等级一般为 C 级以下,又容易维修与更换,一般不采用过厚的保护层。

6.6.6 结构中受力钢筋的混凝土保护层厚度大于 50mm 时,可按下列规定对保护层采取防裂构造措施:
1 设置防裂钢筋网或纤维网。
2 添加聚合物纤维。
3 表面施作具有防腐蚀功能的保护层。

条文说明

本条参考欧洲规范 EN1992-1-1:2004 的有关规定,为抵抗混凝土的收缩和温度变化在现浇层内引起的约束应力,控制裂缝宽度和防止表层混凝土碎裂、坠落,提出了厚保护层混凝土构件的防裂构造要求。

6.6.7 隧道主体结构采用钢筋混凝土构件时,其受力钢筋的最小配筋百分率应符合下列规定:

1 轴心受压构件、偏心受压构件全部受力钢筋的配筋百分率不应小于 0.5,混凝土强度等级 C50 以上时不应小于 0.6;同时,一侧钢筋的配筋百分率不应小于 0.2。大偏心受拉构件的受压区按计算需要配置受压钢筋时,其配筋百分率不应小于 0.2。

2 受弯构件、偏心受拉构件及轴心受拉构件的一侧受拉钢筋的最小配筋百分率应满足式(6.6.7)的要求,同时不应小于 0.20。

$$\mu_{\min} = 45 f_{tk}/f_{sk} \tag{6.6.7}$$

式中:$\mu_{\min}$——最小配筋百分率(%);
f_{tk}——混凝土抗拉强度标准值(MPa);
f_{sk}——钢筋抗拉强度标准值(MPa)。

3 偏心受拉构件中的受压钢筋,应按受压构件一侧纵向钢筋考虑;受压构件的全部纵向钢筋和一侧纵向钢筋的配筋率以及轴心受拉构件和小偏心受拉构件一侧受拉钢筋的配筋率应按构件的全截面面积计算;受弯构件、大偏心受拉构件一侧受拉钢筋的配筋率应按全截面面积扣除受压翼缘面积$(b'_f - b)h'_f$后截面面积计算。

条文说明

本条关于受弯构件、偏心受拉构件及轴心受拉构件的一侧受拉钢筋的最小配筋率采用了配筋特征值(f_{tk}/f_{sk})相关的表达形式,即最小配筋率随混凝土强度等级的提高而相应增大,随钢筋受拉强度的提高而降低;同时规定了受拉钢筋最小配筋率的下限。钢筋沿构件截面周边布置时,"一侧纵向钢筋"系指沿受力方向两个对边中一边布置的纵向钢筋。

规定受压构件最小配筋率的目的是改善其脆性特征,避免混凝土突然压溃,并使受压构件具有必要的刚度和抗偶然偏心作用的能力。

6.6.8 水下隧道主体结构采用预应力混凝土构件且受弯时,最小配筋率应符合式(6.6.8)的要求;部分预应力混凝土受弯构件中普通受拉钢筋的截面积,其配筋百分率不应小于0.30。

$$M_{ud} \geq M_{cr} \tag{6.6.8}$$

式中:M_{ud}——受弯构件正截面抗弯承载能力设计值;
M_{cr}——受弯构件正截面开裂弯矩值。

条文说明

本条规定了预应力构件中各类预应力受力钢筋的最小配筋率。其基本思路遵循"截面开裂后受拉预应力筋不致立即失效"的原则,目的是使构件具有一定的延性,避免无预兆的脆性破坏。

6.6.9 隧道主体结构受力钢筋的配置应符合下列规定:
1 钢筋直径不应小于16mm,也不宜大于32mm。
2 钢筋间距不应小于100mm,也不应大于300mm。
3 内外侧均宜配置钢筋。
4 应配置连接内外侧钢筋的箍筋。

条文说明

本规范中建议纵向受力钢筋直径d不小于16mm。工程实践表明,选用直径相对较粗的钢筋,可以减少纵向弯曲,防止纵筋过早压屈。工程实际中,一般在12~32mm范围内选用。

本条所指钢筋间距即为同侧相邻钢筋之间的中心距。根据工程经验,纵向钢筋的间距过小,混凝土浇筑、振捣不便,容易引起蜂窝、孔洞等不密实缺陷。

6.6.10 钢筋混凝土隧道衬砌结构内应设置垂直于主筋的分布钢筋,并应符合下列规定：

1 分布钢筋可设置于主筋的内侧，当主筋保护层厚度大于40mm时，分布钢筋宜布置于主筋的外侧。

2 分布钢筋的直径不应小于8mm，间距不应大于300mm，单位长度内截面积不宜小于$0.1h_0$。

3 结构具有明显双向受力特征时，应增加分布钢筋或根据计算确定分布钢筋的用量。

条文说明

考虑到混凝土衬砌中存在温度、收缩应力而致的结构开裂，根据工程经验规定了分布钢筋直径、间距及配置。

6.6.11 水下隧道衬砌结构应采用防水混凝土或防水钢筋混凝土结构。采用防水混凝土的结构时，应符合下列规定：

1 结构厚度不应小于250mm。

2 迎水面裂缝宽度不应大于0.2mm，并不应出现贯通裂缝。

3 迎水面钢筋的保护层厚度不应小于50mm。

4 衬砌结构最小厚度可按表6.6.11确定。

表6.6.11 衬砌结构最小厚度（mm）

外水压力设计值 （MPa）	防水混凝土抗渗等级		
	P8	P10	P12
<0.2	250	—	—
0.2~0.3	350	300	—
0.3~0.4	450	400	350
0.4~0.5	—	500	450
0.5~0.6	—	—	550

条文说明

由于水下隧道处于地下水异常丰富的环境，甚至处于高压地下水环境，为了确保隧道内良好的运营条件以及衬砌结构的耐久性，因此要求衬砌结构采用防水混凝土或防水钢筋混凝土。

混凝土的抗渗性可以用抗渗等级或渗透系数来表示（我国标准采用抗渗等级）。抗渗等级是以28d龄期的标准试件，按标准试验方法进行试验时所能承受的最大水压力来确定。《混凝土质量控制标准》（GB 50164—2011）根据混凝土试件在抗渗试验时所能承受的最大水压力，分为P4、P6、P8、P10、P12五个等级。

7 钻爆隧道

7.1 一般规定

7.1.1 钻爆隧道应采用复合式衬砌,设计参数应根据使用要求、地质条件、隧道埋置深度、施工及运营期间结构受力、环境作用等级、运营期渗水量控制要求等因素综合分析确定。

7.1.2 钻爆隧道防排水设计应遵循以堵为主、限排为辅、多道设防、综合治理的原则,保证隧道结构和营运设备的正常使用及行车安全。

条文说明

水下隧道一般为 U 形坡,无法自然排水,需采用机械排水,排水量直接影响后期运营费用,而完全限制地下水的排放又会带来建设成本的提高,故要求同时考虑水压荷载及经济性因素,遵循"以堵为主"的原则,控制地下水排放量。

7.1.3 应结合埋置深度、地质条件及衬砌结构类型等因素,确定作用于隧道衬砌结构上的水压力大小。

条文说明

钻爆法水压力大小与静水高度、隧道防排水方式、隧道开挖后的渗水量大小、初期支护封闭后的渗水量的大小、二次衬砌实际排放量的大小等密切相关,需要全面综合考虑。

7.1.4 钻爆隧道应进行可靠的辅助施工措施设计,并对施工过程中可能出现的风险进行施工安全保障措施和应急预案设计。

条文说明

水下钻爆隧道与山岭隧道的最大不同是水下隧道处于近乎无穷水体的下方,一旦出现坍塌、突水突泥等工程事故,其后果比山岭隧道严重得多,因此隧道一般需采取稳妥的辅助施工措施保证施工安全,并且制定完善的事故应急预案。

日本青函海底隧道在修建期间先后发生 4 次不同程度的涌水、涌泥事故。其中 1976 年 5 月 6 日在隧道吉岗端海底段平行导坑开挖施工过程中发生一次最大涌水事故，涌水后隧道被淹、平行导坑沉淀大量泥沙，抽排水 150d，抢险和修复工作耗时共 162d。翔安隧道在建设期间初步统计大大小小发生过 50 起坍塌、涌水、变形异常等事故，可以说水下隧道施工安全无小事，设计需要给出较为完善的安全保障措施及应急预案的处理方案，施工期间务必把施工安全风险监管放在首要位置，提升施工安全风险防范和规避事故发生能力，才能保障水下隧道安全顺利建造成功。

7.1.5 水下钻爆隧道应进行以超前钻探为主的超前地质预报设计，并制订完善的监控量测方案。

条文说明

鉴于目前超前地质预报技术的发展水平，还没有一种能解决所有地质问题的预报手段，对于水下隧道需针对不同地段的地质情况和预报目的，选择有针对性、适应性强的方法和设备，采取以工程地质分析为核心，直接探测与间接探测相结合、现场量(探)测与理论分析相结合，多种手段取长补短、相互验证的综合预报体系。从目前预报手段看，超前钻探是最直观、最有效的判定前方地质情况手段，因此，本条提出水下隧道采用以超前钻探为主的超前地质预报。

7.1.6 钻爆隧道宜选取有代表性的地段对影响结构安全的荷载、环境参数、结构内力和变形、区段出水量等进行长期监测，评估结构安全状况。

条文说明

水下钻爆隧道国内建成的较少，设计施工经验较少，因此施工期间需进行衬砌内力、接触压力、拱架内力、水压力等监测，核实结构受力体系，保证结构安全。当前，对实际运营期间水压力荷载的变化及周边其他环境条件的改变对结构安全性的影响缺乏实测数据，因此，建议选取一些有代表性的地段进行长期监测，一方面对本工程提供运营安全评估依据，另一方面为今后类似工程提供参考。

7.2 衬砌结构

7.2.1 钻爆隧道衬砌结构可分为全封闭复合衬砌、限排复合衬砌及排放复合衬砌三种类型，衬砌的选用应符合下列规定：
1 静水头压力较小且在 Ⅴ、Ⅵ 级围岩地段，宜采用全封闭复合衬砌。
2 静水头压力较小且在 Ⅰ～Ⅲ 级围岩地段，宜采用排放复合衬砌。
3 在渗水量较大的 Ⅲ、Ⅳ 级围岩地段，宜采用限排复合衬砌。

4 静水头压力较大地段，应通过地层注浆减少围岩的总渗水量，根据渗水量大小可采用限排复合衬砌或排放复合衬砌。

条文说明

隧道工程对地下水的处理方式可以分为两大类型：全封闭方式和排放方式（限制排放或全排放）。其中，全封闭方式由于衬砌要承受同地下水水头基本相当的水压力，因此当隧道埋置较大、地下水水头较高时，隧道一般都不采用全封闭方式。结合结构安全及经济性两方面考虑，一般认为双车道隧道适用于静水头压力小于70m地段，三车道隧道适用于静水头压力小于60m地段。排导方式是在衬砌背后设置排水盲管及透水填层，对地下水进行排放，从而减小作用在衬砌的水压力荷载，使得衬砌结构经济合理，但由于地下水排放量的增加，会造成运营期间管理难度及费用的提高，因此对于围岩渗透性较强地段，往往需通过地层注浆，减小渗水量。另外，需考虑排放系统的可检修和防堵塞设计，以保持排水能力，避免衬砌受力模式的改变。

7.2.2 全封闭复合衬砌的二次衬砌设计应符合下列规定：
1 应承担全部水压力，宜采用钢筋混凝土结构。
2 水压力较大时，断面形状应接近圆形。
3 仰拱与边墙脚应采用较大半径曲线连接。

条文说明

全封闭复合衬砌原则上不考虑围岩水流入隧道内，因此外水压力大小为静水头高度，边墙和仰拱将是受力的最大部位，设计过程中需予以重点关注。

7.2.3 限排复合衬砌的二次衬砌设计应符合下列规定：
1 宜设置仰拱。
2 二次衬砌可设置为等截面或变截面。静水压力较大时，宜采用变截面形式。
3 在Ⅰ～Ⅲ级围岩地段，可通过减少二次衬砌上的水压力后采用素混凝土结构。

条文说明

限排复合衬砌需要将围岩水引入隧道内，根据数值计算及实际观测，边墙处由于设置了排水口，水压力在此处将急剧减小，因此二次衬砌可以采用等截面断面形式。当静水压力较大时，为防止排水管的堵塞而造成水压力增加，建议采用变截面形式较为安全。

7.2.4 排放复合衬砌的二次衬砌设计应符合下列规定：
1 排放复合衬砌的二次衬砌可采用无仰拱的结构断面形式。

2 应加强排水构造，确保衬砌背后地下水能长期、顺畅地排放。

条文说明

排放复合衬砌需要将围岩水长期、顺畅地引入隧道内，防止围岩水过多地流入隧道内而造成运营期间的排水困难，或因围岩水过多造成排导不畅引起结构水压力与设计水压力不一致，要求该类衬砌在地质较好且渗水量较小的地段采用。当排水系统不畅时，会导致二次衬砌承担过大水压力而破坏。

7.2.5 钻爆隧道支护参数可采用工程类比法初步拟定，采用荷载—结构法对不同荷载组合作用下衬砌结构内力与强度进行分析计算，并通过地层—结构法考虑渗流效应与衬砌支护相互耦合作用进行分析校核。

条文说明

在含水围岩内开挖隧道，毛洞围岩和衬护结构在施工和运营期的稳定与安全很大程度上将受地下水渗流作用的制约。如何了解渗流导致围岩稳定条件的进一步恶化，是一项重要的工程设计问题。需对围岩渗流场与洞周围岩开挖二次应力场两者间的耦合相互作用计算分析，得出施工期和运营期的渗流场、应力场、位移场、塑性区的变化特征。

7.2.6 初期支护应能保证施工安全和控制地层变形，并应符合下列规定：
1 应根据地质条件、初期支护排水构造及施工工序确定初期支护结构参数，并应考虑地下水渗流对初期支护及洞室稳定的影响。
2 Ⅳ～Ⅵ级围岩应根据开挖及临时支撑拆除工序对初期支护的结构安全进行校核。

条文说明

水下隧道的初期支护参数要能确保施工期间的安全，同时初期支护结构对地表沉降的控制也十分重要，需要防止过大的沉降形成围岩的渗水通道，因此，水下隧道的初期支护参数较山岭隧道强。

7.2.7 钻爆隧道初期支护的喷射混凝土应符合下列规定：
1 强度等级不应低于C25。
2 厚度不应小于80mm。
3 可添加钢纤维或合成纤维。

7.2.8 钻爆隧道的锚杆设计参数应根据地质条件、隧道断面尺寸、使用部位、施工条件等合理选择，并应符合下列规定：
1 宜选用全长黏结型锚杆或预应力注浆锚杆。

2 锚杆长度不宜短于 2.5m，间距不宜大于 1.5m。
3 锚孔内水泥砂浆强度等级不应低于 M30。

7.2.9 在围岩条件较差地段，初期支护应设置钢架。钢架可采用型钢或钢筋格栅，并应符合下列规定：
1 钢架的类型、纵向间距应与锚杆支护及超前支护相适应。
2 钢架的纵向间距不宜大于150cm，也不宜小于50cm。
3 钢架应按设计开挖工序分节段制作，节段与节段之间应连接牢固，压力较大处节段之间连接宜增设加筋肋板或加强钢筋。
4 应根据开挖方法设置可靠的锁脚锚杆。

7.2.10 处于腐蚀性地下水环境中的支护结构应符合下列规定：
1 处于E、F级腐蚀环境下的初期支护不宜作为永久支护。必须作为永久承载结构时，锚杆、钢支架、钢筋网等应做防腐蚀处理。
2 处于D、E、F级环境下的钢筋混凝土二次衬砌，混凝土宜添加阻锈剂。

条文说明

1 对处于E级和F级腐蚀环境的初期支护，只能作为施工期的临时支护结构；其他环境类型作用等级为E级时，可以将初期支护当作永久支护的一部分，以充分发挥围岩的结构作用，但是，需要对初期支护的各个组成部分进行防腐蚀处理。环境作用等级为D级时，初期支护均可以作为永久支护结构的一部分，但需要重视锚杆的防锈蚀保护。

2 二次衬砌结构是钻爆法隧道的永久结构，环境作用等级为D、E、F级时，对于钢筋混凝土二次衬砌，要求采取措施防止钢筋锈蚀。

7.2.11 水下钻爆隧道应严格限制支护结构的变形与收敛，预留变形量可按表7.2.11选用，并可根据现场监控量测结果进行调整。

表7.2.11 预留变形量（mm）

围岩级别	双车道隧道	三车道隧道
Ⅱ	—	10～30
Ⅲ	20～50	30～60
Ⅳ	30～50	40～60
Ⅴ	40～60	50～80

条文说明

相对于普通山岭隧道，水下隧道的埋深一般要小得多，隧道开挖施工易引起地表变形,在海或河床位置和隧道周围分别会产生拉破坏区和塑性区,当两破坏区连通时就很容易造成隧道突水。突水通常由地层结构界面滑移、地层过渡变形和地层坍塌等3种方式诱发,但最终都以地层变形表现出来。因此,对于水下隧道软弱围岩地段预留变形量的要求需严格控制。

7.2.12 作用在初期支护及二次衬砌上的外水压力可根据式(7.2.12)计算。

$$P_w = \beta(h_w - h_s)\left[1 - \left(\frac{Q_s}{Q_0}\right)^\alpha\right]\gamma_w \quad (7.2.12)$$

式中:P_w——地下水压力荷载(kN/m^2);

h_w——设计最高水位高程(m);

h_s——水压力计算点高程(m);

β——地下水压力修正系数,可根据围岩渗透情况按表7.2.12确定;

Q_s——施作衬砌后洞室在设计水头作用下的渗流量(m^3/s);

Q_0——未施作二衬时洞室在设计水头作用下的渗流量(m^3/s),初期支护指裸洞状态,二次衬砌指初期支护封闭完成后的状态;

α——限制地下水排放时地下水压力折减系数,可根据围岩渗透系数确定:

对于Ⅱ~Ⅲ级地质条件较好的围岩,$\alpha = 0.5 \sim 1.0$;

对于Ⅳ级围岩,$\alpha = 1.0 \sim 1.5$;

对于Ⅴ级及其以下地质条件较差的围岩,$\alpha = 1.5 \sim 2.0$;

γ_w——地下水重度(kN/m^3)。

表7.2.12 地下水压力修正系数 β

地下水活动情况	修正系数 β
洞壁干燥或潮湿	0~0.2
沿结构面有渗水或滴水	0.1~0.4
沿裂隙或软弱结构面有大量滴水、线状流水或喷水	0.25~0.6
严重股状流水,沿软弱结构面有小量涌水	0.4~0.8
严重滴水或流水,断层等软弱带有大量涌水	0.65~1.0

条文说明

在结构计算中,如何确定合理的外水压力设计荷载是非常重要的一个问题。翔安隧道作为国内的第一条海底隧道,曾通过专用的水压力试验压力容器进行了模型试验,研究了同排导系统相应的阻尼及稳定水头排水的情况、衬砌承受水压力的大小及分布规律,最后得出排放量大小与水压力的关系曲线。通过该模型试验,得到了以下结论:

(1)若衬砌采用全封闭防水,无论是否采用围岩注浆减小围岩渗透性,都不能降低最终作用在衬砌上的水压力,在计算水压力时要求采用同地下水位相应的量值,不能折减。

（2）采用排导系统能有效卸载。

①采用盲管 $\phi10cm$，出水口直径为 $2\phi10cm$，间距小于10m或局部地段 k 大的可以注浆，注浆圈厚5m，$k<10^{-3}cm/s$，基本可以不计算水压力。

②采用 $\phi5cm$ 盲管排水、环向布置间距10m，出水口 $2\phi10cm$，水压力折减系数取0.4。

由于岩土工程的复杂性，隧道的外水压力作用一般也是很难确定的。根据围岩的渗透系数、岩层结构、地质构造、渗流类型、衬砌形式、补给水源、排水或出水点等条件，通过渗流计算来确定作用在衬砌上的外水压力可能比较准确。但是，由于计算工作量较大，计算参数确定的难度，这种计算对重要工程或重要地段是必要的，但对所有水下隧道就不现实。而用结构力学法计算，就需要先确定作用在衬砌外表面上的外水压力，然后按面力计算。

7.2.13 对全封闭复合衬砌，作用在二次衬砌上的外水压力宜按全部静水头高度计算，初期支护应考虑施工阶段的地下水渗流压力的影响。

7.2.14 对限排复合衬砌，二次衬砌的设计外水压力不宜小于总水头的25%，且不应低于100kPa。

条文说明

作为限排复合衬砌，要求的排水量大小与实际总渗水量的比值难以精确量化，且随时间变化，渗水量往往会发生改变，因此，本条规定了计算水压力的最小值。

7.2.15 排放复合衬砌的二次衬砌可不考虑外水压力，但应以50~100kPa(拱顶)水压力按正常使用极限状态标准组合进行结构验算。

7.2.16 仰拱初期支护与二次衬砌之间未设防水层时，可将其视作整体结构共同受力。

7.3 衬砌防水

7.3.1 应根据隧道开挖方法、结构特点、水压大小及容许渗水量等因素，制订钻爆隧道衬砌的防排水方案。

条文说明

水下隧道建成后，如果出现渗漏，轻则影响美观、使用不便，重则影响结构安全、引发交通事故。水下隧道防排水是系统工程，在保证结构安全可靠的基础上，衬砌排水方案要充分考虑防水要求，保证二者的协调性。地下工程防水质量的优劣与设计、选材、施工、监理等环节都有关系，只有这几个环节都管理好，才能确保地下工程防水质量。

7.3.2 隧道的二次衬砌应达到二级防水标准，配电房等特殊地段应达到一级防水标准，具体要求可按附录 E 表 E-1 确定。

7.3.3 隧道的二次衬砌应采用防水混凝土，防水性能应根据外水压力大小及结构厚度按本规范第 6.6.11 条确定。

7.3.4 隧道允许的排放量应根据隧道跨度、长度、地质条件、静水头高度分区段综合确定，隧道平均排放量宜小于 $5L/(m^2 \cdot d)$；任意 50m 范围内的局部地段，平均排放量不应大于 $8L/(m^2 \cdot d)$。

条文说明

水下隧道的允许排放量根据其项目特点具体情况具体分析，需在结构安全的前提下，使运营可靠、费用合理。青函隧道海底段排放量为 $0.2736m^3/(m \cdot d)$，挪威海底隧道规范规定允许的渗水量为 $300L/(km \cdot min)$，即 $0.432m^3/(m \cdot d)$，本条允许的排放量借鉴挪威海底隧道规范要求而定。考虑到不同隧道断面大小不一，排放量采用开挖断面面积确定。

7.3.5 隧道渗水量较大时，宜通过注浆保证施工期间的安全和减轻运营期间的排水压力。注浆防水方式应符合下列规定：
1 在软弱或破碎围岩地段，应通过超前注浆，在隧道洞室四周形成注浆堵水圈，封闭围岩裂隙和渗流通道。
2 设置钢架的初期支护地段宜进行补充注浆，将地下水封闭于初期支护外。
3 未设置钢架的初期支护地段应及时对围岩进行注浆封堵。
4 二次衬砌背后应进行回填注浆，且回填应密实。
5 注浆材料宜采用纯水泥浆液等在地下水长期作用下强度不显著降低的材料。

条文说明

注浆主要有两个目的，一是保证隧道施工安全；二是减轻运营期间的排水压力，对于水下隧道需重视第二目的的作用。
1 注浆圈的形成可以减少外水进入结构体系，并有助于在小排量条件下有效地降低衬砌的外水压力，其折减系数与隧道排水率（隧道设计排水量/渗透到隧道衬砌背后的地下水量）呈线性关系。

2 钢架施工时，由于喷射混凝土难以喷密实及初期支护与围岩之间容易形成空洞，通过充注浆可以有效防止施工期间的渗漏水及控制地层变形，而且所形成的注浆加固圈的渗透系数大幅度降低，为"限量排放"提供了可能，由此也可以提高结构的耐久性。

3 部分岩质裂隙较发育地段，推荐采用长导管注浆，降低渗水。

4 挂设防水板前需核查是否满足设计所要求的防水等级，否则，需采取其他工程措施。

7.3.6 全封闭、限排、排放复合衬砌之间应采取隔水措施，防止不同防水分区之间地下水相互连通，并应符合下列规定：

1 对地下水封闭要求高的衬砌应向封闭要求低的衬砌延伸 15~20m。

2 不同衬砌类型之间隔水措施的纵向长度宜为 8~12m。

3 在地质条件较好的地段可取消初期支护与二次衬砌之间的无纺布，并在防水层与初期支护之间设置软质橡胶等防串流垫层。

条文说明

同一水下隧道设置了不同的防排水衬砌类型时，需保证结构上围岩较差的衬砌类型向较好的衬砌类型进行延伸。同时，不同衬砌类型尤其在不同的防排水衬砌类型之间要设构造措施截断地下水在纵面上的流动，以避免实际水压力工况与计算水压力工况的不一致。隔水措施主要考虑采用不同防排水形式的结构之间水的串流和渗透系数较大围岩之间的渗流。

7.3.7 隧道防水层应符合下列规定：

1 应选用强度高、延性好、耐老化的合成高分子类防水卷材。

2 卷材外观质量、品种规格应符合现行国家标准或行业标准。

3 全封闭复合衬砌段防水卷材宜采用双面自粘型材料。

4 排水复合衬砌及限排复合衬砌的防水卷材宜采用单面自粘性类型。

条文说明

本条参照现行《地下工程防水技术规范》(GB 50108—2008)要求制定。自粘型防水卷材的优点是浇筑的混凝土能与卷材黏结层固化反应，使卷材与结构层黏结为一体，中间无窜水隐患；即使卷材局部遭遇破坏，也会将水限定在很小范围内，提高了防水层的可靠性。

7.3.8 水下钻爆隧道仰拱不设防水层时，边墙处防水板端头应采取可靠的防水封闭措施。

条文说明

水下隧道对二次衬砌混凝土防水性能要求较高，即使是全封闭衬砌，不设仰拱防水板也能达到要求的封闭效果。仰拱内设置有排水系统，少量的渗水也能通过排水管迅速排走，不影响路面行车安全。

从另一个角度考虑，由于钻爆法隧道仰拱部分水压力更大，较拱部更为平坦，往往也需要让其结构与初支、围岩共同受力变形以承担水压力。因此，如非特殊要求，水下钻爆法衬砌仰拱下方不设置防水板。

拱墙部设置的防水板，需与未设防水板的仰拱之间做好封闭措施，旨在防止仰拱地下水通过防水板与二次衬砌之间的空隙回水至拱部，而降低防水板的使用效果。

7.3.9 隧道二次衬砌的施工缝、变形缝应采取可靠的防水措施，设置要求可按附录E表E-2确定。变形缝处采取的防水措施应能满足接缝两端结构产生差异变形及纵向伸缩时的防水要求。

7.3.10 隧道排水设计应符合下列规定：

1 全封闭复合衬砌段二次衬砌外可不设置环向排水管。

2 排水复合衬砌及限排复合衬砌的二次衬砌外排水管的布置方式和管径应根据地质情况、总静水压力、二次衬砌抗水压能力综合确定。

3 结构计算计入水压力折减时，应保证排水系统的长期有效性或具有可维护性。

4 仰拱未设防水层时，路面基层应采取有效的排水措施，防止地下水渗流至路面影响行车安全。

条文说明

围岩水排放率的多少与水压力的折减是呈线性关系的，因此，二次衬砌背后排水管的通畅与否非常关键，排水系统需要方便检查、维修。

7.4 特殊处治设计

7.4.1 渗水量较大、围岩无法自稳地段，宜进行帷幕注浆设计。帷幕注浆可根据地质条件、渗水程度及纵向长度等因素，选用全断面帷幕注浆、半断面帷幕注浆或周边帷幕注浆等方案，并应符合下列规定：

1 帷幕注浆范围应根据隧道埋深、地下水压力及注浆固结体强度通过计算确定，加固范围不宜小于开挖轮廓线外5m，每循环加固长度不宜超过40m，每循环宜搭接5~10m。

2 帷幕注浆压力和浆液扩散半径应根据地下水静水压力、地层强度、地层渗透能力等因素确定，初始注浆压力应大于静水压力，终压宜为静水压力的2~3倍，最大可达 3~5 倍。

    3　注浆材料应根据地层特性及耐久性要求选择。

    4　注浆孔间距应根据浆液扩散半径确定，应相互重叠，不应出现注浆"盲区"。

    5　帷幕注浆工作面应通过加固开挖面或施作现浇混凝土的方式设置止浆墙，并应对注浆工作面进行封闭处理。

条文说明

    水下段出现的围岩风化严重，无自稳能力或自稳定能力差时，开挖容易发生涌水突泥和坍塌，为保证施工安全，需采用帷幕注浆加固和堵水。影响帷幕注浆方案选择的因素主要有地质条件、隧道埋深、设计要求、施工方法、机械设备等，其中地质条件对注浆堵水方案影响最大，在地质条件方面主要考虑开挖面稳定情况、水压力、涌水量、泥沙含量等。根据类似工程经验，注浆方案可按表7-1选择。

表 7-1　帷幕注浆方案的选择

注浆方案	适用条件			
	地层情况	探孔最大出水量(m^3/h)	水压力(MPa)	水中泥沙含量(kg/m^3)
全断面帷幕注浆	整个断面无法自稳	≥20	≥0.3	≥100
半断面帷幕注浆	局部断面无法自稳	≥20	≥0.3	≥100
周边帷幕注浆	周边土体无法自稳	≥10	≥0.2	≥10

7.4.2　隧道通过围岩自稳能力较差、开挖可能产生坍塌的地段时，可采取洞内管棚支护措施。管棚支护设计应遵循下列原则：

    1　管棚钢管宜采用直径 80~180mm 的热轧无缝钢管，环向间距宜为 30~50cm，外插角宜为 1°~3°。

    2　管棚每循环长度不宜小于 16m，也不宜大于 40m。采用多循环长管棚时，每循环之间搭接长度不应小于 3m。

    3　管内应填充水泥砂浆，必要时钢管内可设置钢筋笼。

条文说明

    管棚支护与普通山岭隧道洞口大管棚支护要求基本相同，但在洞内设置管棚时，需设置扩大的管棚工作室。工作室的大小需结合设备情况选择，同时注意扩大段的结构安全。

    水下隧道管棚注浆一般采用前进式注浆，钢管内可以设置钢筋笼，加强刚度，减少后期开挖的沉降量。

7.4.3　地下水的渗流对开挖面稳定影响较大时，可结合帷幕注浆采取超前钻孔排水措施疏干开挖区域的地下水。超前钻孔排水设计应根据水量大小确定，保证孔内的渗水迅速排出洞外。水量较小时，排水孔可仅在开挖面下部两侧布置；水量较大时，排水孔宜在开挖面上多点布置。

7.4.4 可根据土层的岩性、渗透性、分部开挖断面高程、隧道顶的地面条件选取井点降水措施，降低地下水位及初期支护上的水压力，减少施工难度。

条文说明

井点降水有轻型井点、喷射井点、电渗井点、管井井点、深井井点等类型。当地面相对空旷，一般选用轻型或深井井点降水，当条件受限制时可以在洞内采用轻型井点降水。对采用了降水措施的地段，一般需要加强回填注浆和结构防排水措施，防止后期回水的影响。由于隧道的埋深原因，地表设置的井点降水一般采用深井井点；洞内由于需要进行开挖等施工，一般采用简便的轻型井点降水。

洞内轻型井点降水一般采用稳定流承压非完整井理论，洞内轻型井点降水比深井降水目标更明确，设备更简便，造价更便宜，井群长度通常为12~15m，随掘进而前进。

降水是满足施工开挖的要求，需重视降水结束后结构自身的防水要求。

7.4.5 掌子面临时封闭可采取锚喷支护封闭、袋装土挡土墙封闭或现浇混凝土挡土墙封闭等措施。下列地段宜采取掌子面临时封闭措施：
1 地质条件较差、掌子面难以自稳的地段；
2 施工期间发生塌方、需对前方坍塌土体注浆的地段；
3 需要严格控制开挖面前方地层变形的地段。

条文说明

无论采取哪种临时封闭措施，均需注意方法的有效性、施工的可操作性及后期拆除的方便性和可重复利用性。掌子面、临时仰拱及导坑喷锚加固尽量少用或不用钢筋拱架及钢筋网喷射混凝土，建议采用塑料锚杆及化学纤维喷射混凝土等新材料，以方便拆除。

7.4.6 变形异常的软弱围岩地段应及时增设临时仰拱进行断面封闭，临时仰拱可采用型钢拱架、锚喷等形式。

7.4.7 隧道穿越可能出现突水突泥的风化深槽或其他特殊不良地质地段时，应设置临时防水闸门。防水闸门设计应遵循下列原则：
1 应选择在地质条件较好地段，门框与围岩的连接应牢固可靠。
2 与不良地质段距离不宜小于50m。
3 防水闸门宜采用内置型钢骨架、外贴钢板的可拆卸重复利用结构。

4 防水闸门及门框四周应安装挤压式防水橡胶密封条。
5 风水电管宜布设于闸门内,且应便于拆卸。

条文说明

水下隧道施工中的最大威胁是掘进中的突水突泥,一旦出现此类事故,将对人员安全和工程造成极大的损失。因此,除采用各种有效的工程措施保证施工和结构的安全以外,还需对可能出现的意外提前准备并制定应急措施,将损失减小到最小。主要应急措施包括防水闸门、排水设备、救护系统和逃生路线规划等。防水闸门是迫不得已的最后一道防线,可以限制灾害范围扩大。

防水闸门的设计需要本着牢靠、便捷的特点,并与周边围岩有着较好的连接。其设置位置需要与不良地质段有个安全距离,同时也可以给不良地质的处理预留施工场地。防水闸门是个应急手段,需保证随时可以启用。当初期支护封闭后,结构安全性基本能得到保证,此时可以考虑拆除防水闸门。

7.5 开挖工序设计

7.5.1 钻爆隧道的各类衬砌均应进行施工开挖工序设计。开挖方法可根据地质条件及隧道跨度等条件,按表 7.5.1 的规定选用。

表 7.5.1 施工开挖方法分类

施工方法		适用条件	
		双车道隧道	三车道隧道
全断面法		Ⅱ级	—
台阶法	长台阶法	Ⅲ~Ⅳ级	Ⅱ~Ⅲ级
	短台阶法	Ⅳ~Ⅴ级	Ⅲ~Ⅳ级
	留核心土短台阶法	Ⅴ级	Ⅳ级
分部开挖法	单侧壁导坑法	Ⅳ~Ⅴ级	—
	双侧壁导坑法	Ⅴ级	Ⅳ~Ⅴ级
	CRD 开挖法	Ⅴ级	Ⅳ~Ⅴ级

条文说明

由于三车道以上的大跨度隧道断面大,而隧道相对埋深不大,爆破控制不好易出现坍塌事件,故不采用全断面法。

7.5.2 岩石质量较好的硬岩地段可采用全断面法施工。采用全断面施工时,初期支护应及时跟进,充分发挥围岩的承载作用。三车道以上的大跨度隧道不宜采用全断面法开挖。

7.5.3 岩石质量较差地段及经注浆等地层改良措施的Ⅳ~Ⅴ级围岩地段，宜采用台阶法施工。台阶法施工时下半断面的开挖和封闭应采用左右两侧交错落底，避免上部初期支护两侧拱脚同时悬空，落底长度宜控制在1~2m范围内，不应大于3m。可采取扩大拱脚、打设拱脚锚杆、加强纵向连接等措施。

7.5.4 Ⅳ~Ⅴ级围岩地段的双车道隧道宜采用单侧壁导坑法施工，且应符合下列规定：
1 侧壁导坑断面形状应近于竖向为长轴的椭圆，跨度宜接近整个隧道跨度的1/2。
2 侧壁导坑宜采用上下台阶法开挖。
3 左右导坑施工时，前后拉开距离宜为1.5~2倍导坑跨度。

条文说明

当掌子面需要采用较大药量进行爆破开挖时，由于爆破的冲击，侧壁支护的极易发生偏位，影响支护效果，因此，设计是否采用该方法需要慎重考虑。左右导坑的距离是基于保证两导坑开挖不相互影响提出的。

7.5.5 地表沉降控制要求较高的三车道隧道，并采用双侧壁导坑法施工，并应符合下列规定：
1 侧壁导坑断面形状应近于竖向为长轴的椭圆，跨度宜接近整个隧道跨度的1/3。
2 左右导坑施工时，前后拉开距离不宜小于1倍导坑跨度。
3 中导洞拱部掘进应在左右导洞仰拱封闭成环后进行。

7.5.6 地表沉降控制要求较高且地层软硬变化频繁的地段，宜采用CRD工法施工，并应符合下列规定：
1 各开挖分部内的台阶错开长度宜控制在3~5m，不应超过1倍导坑跨度。
2 隧道初期支护封闭距离掌子面应控制在3倍跨度以内。封闭时间应控制在30d以内。
3 隧道遇到特殊情况必须停止掌子面开挖时，应先封闭上半断面临时仰拱。

条文说明

CRD工法强调各施工部及时封闭成环，本条从时间和距离上给出规定。

CRD分四部开挖，目前国内有两种施工顺序，如图7-1所示，分别是①②③④及①③②④，研究表明：

（1）在此特定隧道围岩条件下，CRD1、CRD2超前与CRD1、CRD3超前相比，各施工部的开挖引起拱顶下沉量的比例基本相同，但前者所引起的CRD1、CRD3拱顶下沉量分别高出后者约70%、45%。

（2）两种施工工序的 CRD1 水平收敛趋势是完全相反的，但其绝对收敛趋势是相同的，而 CRD1、CRD2 超前时的量测结果比 CRD1、CRD3 超前时高于 15%。

（3）采用 CRD1，CRD2 超前的施工方式所产生的结构内力也略大于 CRD1，CRD3 超前时的结果。

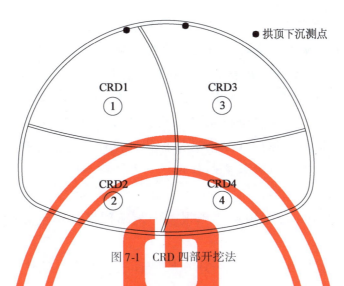

图 7-1　CRD 四部开挖法

7.5.7 应在沉降和收敛稳定后拆除临时支护，并应及时进行二次衬砌的浇筑。应对拆撑后的拱顶下沉增量及收敛变形量进行监测，并判定其是否稳定。

条文说明

临时支护对整体结构的稳定性具有较好的作用，其拆除时间在施工过程中要谨慎对待。本条要求在沉降和收敛稳定后才能进行拆除，同时，后续二次衬砌的浇筑准备工作要充足，尤其是仰拱的浇筑需跟上。临时支护拆除后，拱顶一般会有 3～6mm 的位移，属于正常现象，如位移较大，则会危及结构安全，故要求监测工作不能停止。

7.6　超前地质预报及监控量测

7.6.1 超前地质预报及监控量测方案应根据水下钻爆隧道的地质条件、开挖跨度、环境条件、施工开挖方法以及施工组织等因素制订。

7.6.2 超前地质预报应遵循地质调查与物探相结合、物探与钻探相结合、长短探测相结合、洞内与洞外相结合、构造探测与水文探测相结合的原则，并应符合下列规定：

1　应对拱顶岩层厚度、覆盖层厚度及地下水分布情况进行探测与分析。
2　超前钻孔应采取防突水涌泥的措施。

条文说明

超前地质预报根据预报方法的实施难易程度，按先易后难、循序渐进的原则进行。采用物探手段时先进行中、长距离预报，在获取地质信息基础上再采用短距离预报手段进行详细探测。

1 由于岩层厚度的不确定性，在施工爆破时，开挖面外较薄的岩层尤其是拱顶，可能被高压水击穿，发生灾难性事故，因此，地质探测要重视对岩层厚度的探测，可以采用物探方法或钻探方法。施工爆破钻孔时，也可以将局部钻孔适当加深，核实岩层厚度。

2 地质钻机在钻进过程中，通过液压推进钻杆，如果揭穿高压含水层，将会导致冲出钻杆，推动钻机。钻孔时要做好止浆墙及固定好孔口管，设置孔口防突装置，防止发生毁坏性事故。孔口防突原理可以根据钻机特性设计，它能保证钻杆在钻进过程中不受阻碍，而一旦被高压水冲出时起夹制作用。

7.6.3 超前地质预报可分为短距离预报、中距离预报及长距离预报，预测方法的选择宜符合下列规定：

1 预报长度不超过30m时，宜采用地质调查法、地质雷达法、小于30m的地质超前钻探等。

2 预报长度为30~100m时，宜采用弹性波反射法、30~100m地质超前钻探等。

3 预报长度为100m以上时，宜采用弹性波反射法、100m以上地质超前钻探等。

7.6.4 采用红外探测法定性探测地下水分布情况时，宜符合下列规定：

1 在隧道拱顶、拱腰、边墙、隧底等位置宜布置3~5条测线。

2 每条测线布3~5个测点，测点间距宜为5m。

3 测线宜自掌子面向洞口布设，长度不宜少于50m。

4 连续预报时前后两次宜重叠5m以上。

条文说明

红外探测法是通过测试岩体红外辐射场的变化来判断掌子面前方一定范围内有无含水构造，占用施工时间短，有较高的定性判别准确率，但不能定量推测水量大小、水体宽度、水压等参数指标。

7.6.5 监控量测的内容、密度和频率应结合隧道地质条件、地下水渗流情况及开挖方法等因素确定；应加强软弱围岩地段的周边位移、拱顶下沉和底部隆起监测的密度与频率，应按开挖工序布设监测点。

条文说明

水下隧道采用分部开挖时，拱顶下沉测点设在每个开挖分块的拱部，每个分部至少布置一条水平测线。在施工过程中需对临时支护结构的安全度以及合理的拆撑时机进行监测，根据监测数据及时评估特殊结构隧道支护结构的稳定性，提出临时支护实施与拆除的建议。

7.6.6 洞室周边位移监测断面间距可按表7.6.6取值。

表7.6.6 监测断面间距

围岩级别	Ⅱ	Ⅲ	Ⅳ	Ⅴ
监测断面间距(m)	30~50	20~30	10~20	5~10

7.6.7 软弱围岩地段宜对衬砌内力、接触压力、拱架内力、围岩内部位移进行监测，每一代表性地段宜设置1~2个衬砌内力监测断面，每断面可布置3~6个测点，仰拱宜布置测点。

条文说明

为了解水下隧道荷载作用情况以及结构受力特性，需要进行一些受力监测，监测项目需要根据具体地质情况选择性采用。衬砌内力监测主要包括初期支护内力、二次衬砌内力等内容，可以采用混凝土应变计、钢筋计或电阻应变片监测衬砌内力。接触压力监测主要包括围岩与初期支护之间接触压力、初期支护与二次衬砌之间接触压力等内容，接触压力可以采用压力盒监测。拱架内力可以采用钢筋计、电阻应变片量测。围岩内部位移可以采用单点、多点杆式或钢丝式位移计监测。

7.6.8 应根据静水压力大小、衬砌结构类型、围岩地质情况，对软弱围岩地段初期支护背后水压力、围岩内孔隙水压力以及地下水渗水量进行监测，及时评估初期支护及二次衬砌的安全性，并预测隧道建成后的总渗水量。

条文说明

渗水量的监测是水下隧道施工的关键工序，需要根据全线隧道地质情况、衬砌结构形式及施工情况划分好区段，并结合受力监测数据评估结构安全度和隧道储水、排水能力。

8 盾构隧道

8.1 一般规定

8.1.1 盾构隧道应根据地形、地质及环境等条件，结合隧道相关施工技术要求，合理确定始发、到达位置及埋置深度。

条文说明

盾构隧道的始发、到达和埋置深度对施工安全和工程造价的影响很大，在此予以强调。

8.1.2 盾构隧道平、纵面应根据区域地形地质条件及水文条件，结合盾构设备的开挖方式、机械性能综合拟定。

条文说明

盾构施工以其安全、高效、能适应复杂地质条件而被广泛应用。盾构按开挖面的闭合程度，分为开敞式、半开敞式和密封式；按开挖方式分为手掘式、挤压式和机械式（刀盘旋转切削）；按开挖面稳定和密封方式分为泥水式和土压式。不同的盾构设备对地质条件和水文条件的适应性不同，盾构对均匀地质适应性较好，因此隧道平纵面需充分考虑这一特点，让盾构尽量在均匀地层中通过。

8.1.3 盾构隧道的防水设计应结合管片结构特点、拼装方法、维修更换条件，在满足结构耐久性要求的前提下，确定标准合适、措施可靠、经济合理的防水设计方案。

条文说明

盾构法隧道防水设计的关键是制订合理的防水标准，针对不同的防水标准采取与之相应的可靠措施，才能做到防水方案经济合理。

8.1.4 盾构隧道工作井井位布置及后续明挖段设计应满足盾构机吊运、组装、始发、掘进、到达、解体的需要，并应考虑施工过程对周边环境的影响。

条文说明

盾构施工通常采用的始发方式包括整体式始发和分体式始发两种，不同的始发方式对盾构机的吊运、拼装、始发负环及反力架等方面的要求均有所不同，上述不同工况对工作井及后续明挖段的净空要求也不同。始发与到达方式需要充分考虑施工场地周边的环境、建构筑物的分布，在确保盾构施工安全的前提下，减少盾构施工对周边环境的影响。

8.1.5 盾构隧道始发与到达附近地段宜采取地基加固、止水措施，保证盾构始发、到达段的掘进姿态和开挖面稳定。

条文说明

盾构始发与到达为避免地层失稳及防止突水涌泥一般需对地层进行预加固处理。地层加固方法和加固范围一般根据洞门的结构和拆除方法、尺寸和埋深，并考虑地形地貌、水文地质条件、环境要求和对地下管线与地面建筑物的影响因素选用。

8.1.6 盾构设备的选型应满足隧道地层条件、工程建设环境和项目技术特点的要求，并应结合工程特点对盾构设备提出具体的技术要求。

条文说明

隧道作为地下隐蔽工程，常常面临地质条件、地层分布与土体性质难以准确把握，水文条件复杂多变的情况，而不同的地质类型具有不同的工程特性，尤其是对不同土质所采取的开挖方法和对开挖面土层的稳定措施，又具有各自的技术要求，因此只有采用相应合理的盾构类型，才能保证工程安全和可靠。除地质因素外，盾构机选型还受到公路技术标准、隧道的预定交通功能与特殊要求、隧道长度及线形、施工控制水平、预案措施、辅助工法、工期与制造成本等多种因素控制。

盾构机选型要在充分认识各种不同类型盾构机的优缺点及其适用场合的基础上，充分调查拟通过区域的地质地层分布、岩土物理力学性质参数、岩土界面起伏状态、基岩物理与力学性质、水文条件、锚地、航道航运、水底基础设施、附近场地利用、环保、灾害性天气等相关情况后综合确定。

8.2 管片结构

8.2.1 盾构隧道的衬砌结构可采用单层衬砌、双层衬砌或局部双层衬砌的形式。在满足隧道结构受力、防水、耐久性及施工等要求的前提下，宜选用单层装配式钢筋混凝土衬砌。

条文说明

盾构隧道一般采用管片拼装的一次衬砌，必要时在其内部浇注混凝土二次衬砌。一次衬砌一般作为承重的主要结构，二次衬砌主要是为了补强、防渗、防蚀、抗震和修正轴线等因素而修筑的。总结国内外大型盾构隧道实例，单、双层衬砌结构均有采用。实践证明，采用具有一定接头刚度的单层装配式钢筋混凝土衬砌是成功的、合理的。圆隧道的变形、接缝张开量及混凝土衬砌裂缝开展、防水效果等，均控制在预期的要求内，此外采用单层衬砌具有施工工艺单一、工程实施周期短、投资省的优势，因此，水下盾构法公路隧道推荐采用单层装配式钢筋混凝土衬砌。

8.2.2 盾构隧道宜采用预制钢筋混凝土平板型管片，在连接通道或废水泵房等特殊地段，可采用钢管片、铸铁管片或钢与钢筋混凝土的复合管片。

条文说明

管片的结构形式包括管片的材料和管片的断面形状。管片根据断面形式分为箱型、平板型和波纹型等。平板型管片由于手孔较小，管片截面削弱较小，管片能够承受较大的盾构推力，在水下盾构公路隧道中较多采用。管片按照材质的不同主要分为钢筋混凝土管片、铸铁管片、钢管片和复合管片等。钢筋混凝土材料由于相对成本较低、抗压强度高、材料耐久性能好，因此多作为管片的首选材料。

8.2.3 管片的几何设计应符合下列规定：
1 衬砌管环可采用直线环或楔形环，楔形环宜设置为双面楔形，楔形量应满足隧道轴线平曲线最小半径的要求。
2 双车道盾构隧道的管片环宽度不应小于1 200mm，三车道盾构隧道的衬砌环宽度不应小于1 500mm。
3 管片厚度应根据隧道直径、埋深、工程地质及水文地质条件、施工阶段及使用阶段的荷载情况等确定，宜为$(0.040\sim0.055)D$（D为隧道外径）。
4 管片环应根据管片制作、运输、盾构设备、施工方法和受力要求等因素进行分块，双车道隧道分块数不宜少于6块，三车道隧道不宜少于9块。
5 封顶块插入方式应根据封顶块圆心角确定，对小封顶块管片宜采用轴向插入方式，对大封顶块管片宜采用径向与轴向混合的插入方式。

条文说明

本条对管片衬砌的几何设计进行了规定。
1 为了满足盾构隧道在曲线上偏转及纠偏的需要，需设计楔形衬砌环。楔形量按最小平曲线半径计算，并考虑拼装误差与衬砌旋转对曲线拟合的要求，并为机械设备今后的使用预留一定的空间。
2 管片宽度确定需考虑管片生产水平、管片吊装和运输能力、路线的曲线半径、盾构施工要求、盾构设备要求和管片纵向和横向抗变形要求等因素。

  3 管片厚度一般先通过工程类比和经验初步确定，后根据管片结构计算进行校核和调整。

  4 管片的分块要与施工时盾构推进系统相匹配，尽量避免出现盾构千斤顶撑靴压纵缝的情况，同时管片分块在设计中要考虑衬砌管环的整体受力情况，尽量减少分块对整体承载能力的削弱。

  5 封顶块的拼装方式有径向插入型、轴线插入型和两者并用的混合型。径向插入型由于管片自锁能力差，目前已较少采用；轴向插入型、轴向插入与径向插入混合型成为目前盾构隧道封顶快拼装方式的主要类型。确定封顶块插入类型时需综合管片分块方式、盾构设备推进油缸行程、封顶块管片拼装时所需的最小施工间隙等综合确定。一般来说，封顶块圆心角较小时，管片采用轴向插入即可满足要求。封顶块圆心角较大时，如采用轴向插入型，则封顶块梯形斜边与隧道轴线的角度较大，既不利于盾构施工期推进油缸作用力的传递，也不利于隧道环向轴力的传递，而径向与轴向混合的插入方式可以减小梯形斜边与隧道轴线的夹角，改善管片力学性能。

8.2.4 管片建筑材料应符合下列规定：

  1 隧道主体结构宜采用钢筋混凝土材料，有特殊需要时可采用金属材料。

  2 主体结构中钢管片宜选用 Q235 或 Q345 钢，球墨铸铁管片宜选用 QT400。

  3 连接件的机械性能等级应符合受力要求，并应具有较好耐腐蚀性和抗冲击韧性，表面应进行防腐蚀处理。

  4 钢管片、球墨铸铁管片施工或运营过程中遇低温工作环境，应采用与之相适应的材料等级。

8.2.5 处于腐蚀性地下水环境中的钢筋混凝土管片，应符合下列规定：

  1 应对预制管片和接缝防水密封垫进行耐久性设计。

  2 处于氯盐腐蚀及化学腐蚀环境时，管片应采取防腐蚀措施。

  3 环境作用等级为 E、F 级时，管片的外侧应附加防护涂层，或采用双层衬砌。

条文说明

  盾构隧道结构一般采用钢筋混凝土预制管片，局部采用铸铁管片或钢管片，国外也曾广泛应用复合管片。管片的预制生产在工厂完成，质量可控程度高。钢筋混凝土管片的混凝土强度等级一般在 C50 以上，可以用于大多数环境类别。

  从运营盾构隧道的病害调查看，盾构隧道结构的缺陷主要有局部掉块、局部开裂、接缝错台、接缝张开、接缝或螺栓孔渗水、衬砌环变形、纵向不均匀沉降等。属于耐久性的病害主要是接缝（包括衬砌环缝、纵缝、连接通道接缝、竖井结构间接缝等）、管片螺栓孔（或注浆孔）渗水，因此，盾构隧道耐久性设计的重点是各种接缝的防水设计。

8.2.6 盾构隧道结构作用组合除应包括本规范第 6.2.1 条规定的作用外，尚应包括下列作用：
1 管片壁后注浆压力；
2 管片壁后注浆材料硬化期间的管环浮力变化；
3 盾构推进千斤顶作用在管片上的压力；
4 可预见的地面荷载变化；
5 可预见的盾构周边区域其他施工的影响。

条文说明

盾构掘进的同时需要对管片进行壁后注浆，注浆压力为0.2~0.4MPa，注浆材料在注入-硬化过程中对管环的浮力会不断变化，在此过程中，管片的受力也会发生变化。盾构掘进时，千斤顶作用在管片结构上，需进行局部承压能力的验算。此外，管片结构设计时通常将传力区域设置在管片结构端部的截面中部范围，减少管片边缘部位的应力集中，同时在管片边角也常采用倒角处理较少掉角、破损的情况发生。

8.2.7 盾构法隧道结构计算应考虑地层情况、衬砌构造特点及施工工艺影响，空间受力作用明显的结构宜按空间结构进行分析。采用通缝拼装的衬砌结构，可取单环按弹性匀质圆环或弹性铰圆环模型进行计算；采用错缝拼装的衬砌结构，宜按环间弯矩纵向传递模型或梁-弹簧模型进行计算。

条文说明

常用的盾构隧道衬砌计算模型如图8-1所示。

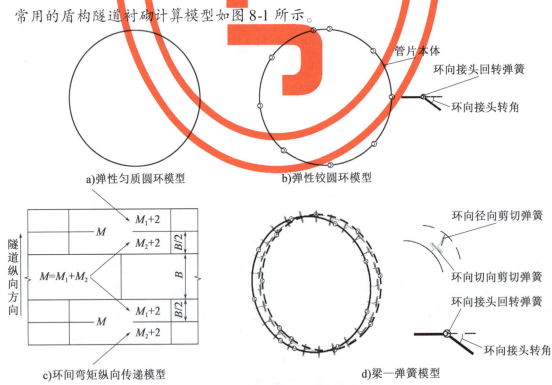

图8-1 盾构隧道结构计算模型

8.2.8 衬砌环可根据使用要求，分为始发环、到达环、标准环、变形缝环等类型，始发、到达的衬砌环宜采取纵、环向拉紧措施，首环、末环衬砌应预留与工作井连接的相关构造。

条文说明

为适应衬砌环在不同工程地质、水文地质及覆土厚度地段的防水、止水及纵向变形等方面的要求，通常在纵向变形明显地段设置变形缝，在始发、到达环与洞门交接处采取可靠的防水及连接措施，衬砌环的各种构造要求也有所不同。为了方便管片的预制及工期筹划，需要根据衬砌环的使用要求，预先确定始发环、到达环、标准环、变形缝环等衬砌类型的使用情况，根据衬砌环沿纵断面的布置，合理组织管片的生产。

在盾构始发掘进过程中，为防止负环管片拆除后，正洞管片失去反力松弛，需将已经拼装的管片安装纵向拉紧装置。在盾构到达的过程中，为了防止管片随盾构向前移动，使管片纵向环缝拉开，需要在到达衬砌环间采取拉紧措施。

8.2.9 管片构造应符合下列规定：
1 管片衬砌块与块、环与环间宜采用螺栓连接。
2 连接螺栓可采用直螺栓、斜螺栓或弯螺栓。
3 管片的端肋及环肋宽度应与相应的环向螺栓和纵向螺栓的最大受力性能相匹配。
4 管片宜采用错缝拼装，错缝拼装时应避免邻接通缝的情况发生，且衬砌环环面上宜设置合适的抗剪构造。
5 管片边角应设计为不易损坏的倒角形状。
6 管片应根据要求设置管片型号、定位标记、主筋位置等方便施工的标记符号。

条文说明

1 管片接头需承受管片间弯矩、轴力和剪切力，其结构性能对管环整体性能影响很大。管片的连接方式有三种：螺栓连接、销钉连接、构造连接。国外三种连接方式均有采用，而用螺栓连接较多，国内盾构隧道均用螺栓连接。

2 螺栓连接方式主要包括直螺栓连接、弯螺栓连接和斜螺栓连接。直螺栓连接对精度要求不高，但其开手孔较大，对管片截面削弱较大。弯螺栓连接对精度要求较高，开手孔较小，对管片截面削弱较小，但容易变形，拼装麻烦，用料多。斜螺栓对管片截面削弱最小，开手孔最小，耗钢量最省，施工也最方便，但对螺栓和预埋件精度要求最高。

3 为保证混凝土衬砌环不被局部高应力损坏，螺栓一般先于混凝土进入屈服状态。

4 通缝与错缝的差异主要是由管片间接头刚度和地层软硬决定的。当刚度很大，地层较为坚硬时，两种接头形式的区别很小。当地层软弱而且管片间接头刚度较小时，通缝和错缝的差异较大。在这种条件下，考虑到衬砌结构变形以及防水问题，优先采用错缝拼装。

5 管片运输和拼装过程中管片的边角易被碰撞损坏，影响管片美观，严重时会影响管片功能，因此设计中通常将管片边角设计为不易损坏的倒角形状。

6 管片预制时就预留各种标记方便管片运输和拼装，给施工人员操作带来极大的方便。

8.2.10 管片精度应满足下列要求：

1 单块管片制作的允许偏差：宽度 ±0.5mm（错缝拼装时宜为 ±0.4mm）；厚度 ±1.0mm；弧、弦长 ±1.0mm；纵、环向螺栓孔孔径及孔位 ±1.0mm。

2 整环拼装检验的允许偏差：相邻环的环面间隙小于1.0mm、纵缝相邻块间隙为小于1.5mm、对应的环向螺栓孔不同轴度小于1.0mm、衬砌环外半径 -0.0～+3.0mm，内半径 -3.0～+0.0mm。

3 管片沟槽误差控制与防水材料、剪切构造等要求相匹配。

8.2.11 盾构隧道与工作井宜采用刚性连接，在盾构隧道临近工作井的区域应设置多道变形缝；隧道区间段宜根据纵向变形计算结果，选择在纵向内力较大、变形较大的位置设置变形缝。

条文说明

盾构段与工作井结构形式不同，隧道结构刚度在纵向存在突变的情况，为防止隧道较大的不均匀纵向变形，需要采取能够适应较大纵向变形的构造措施。在覆土深度有突变、地质条件有较大变化处和结构刚度发生突变的一定区域范围内，要求管片环间采取能够适应较大纵向变形的构造措施。

8.2.12 横通道与行车隧道连接处宜采用刚性连接。横通道两端和行车隧道前后均应设置变形缝。

条文说明

盾构隧道与横通道连接部位，为防止差异沉降对结构产生的不利影响，同时保证隧道结构不漏水，通常在连接部位附近设置变形缝。

8.2.13 采用矿山法开挖的横通道应采用全封闭复合衬砌，并应符合下列规定：

1 行车隧道开口部可采用铸铁管片、钢-混凝土复合管片或钢筋混凝土管片。

2 水下段地层加固可根据地层条件选用冻结法、预注浆加固或两者组合等方法。

条文说明

盾构隧道水下段的横通道所处地段地下水丰富、地质条件较差，为确保横通道的施工安全，一般需要在开挖前对通道部位进行地层加固，形成可靠的超前支护及止水帷幕。水下盾构隧道与周边地层地下水的水力联系密切，管片衬砌及接缝均采取了可靠的防水措施。为了与行车隧道的防水相适应，横通道一般采用全封闭复合衬砌。

8.2.14 盾构掘进过程中应同步进行壁后注浆，注浆材料宜根据地层性质、盾构类型和工程环境要求确定，并通过现场试验调整优化。同步注浆量宜按式(8.2.14)计算。

$$Q = \frac{\pi(D^2 - d^2)L\lambda}{4} \quad (8.2.14)$$

式中：Q——注浆量(m^3)；

λ——充填系数，根据地质条件和施工情况确定，稳定性较好的地层可取1.3~1.8，不稳定地层可取1.5~2.5；

D——盾构的开挖直径(m)；

d——预制管片外径(m)；

L——每次充填长度(m)。

8.3 防水设计

8.3.1 盾构隧道应充分利用衬砌的自防水能力，采用高抗渗性能混凝土，管片的接缝应满足防水设计要求。

条文说明

在设计中有必要确定合适的防水等级、防水标准、并提出防水技术要求。盾构法隧道通常采用装配式衬砌，接缝数量尤其多，又不可能同衬砌自防水一样预先获得检测。因此，衬砌接缝防水是重点。

8.3.2 盾构隧道防水设计应遵循以结构自防水为根本、以接缝防水为重点、多道防线、综合治理的原则，加强隧道与工作井连接部位等特殊地段的防水设计，保证隧道整体防水效果。

条文说明

盾构隧道管片一般不设外防水层，隧道防水主要依靠衬砌结构本身的自防水性能。盾构隧道渗漏水一般易出现在环片自身小裂缝和环片接缝处，因此盾构隧道的防水主要是管片的防水。所谓综合治理是指盾构防水不仅从防水的设计和施工着手，还要从衬砌的结构设计、管片拼装质量和控制隧道后期不均匀沉降等多方面进行综合治理。

8.3.3 盾构隧道防水等级不应低于二级，可按本规范附录 E 表 E-1 确定，防水方案、材料及构造设计应根据外水压力及设计使用年限选用。

8.3.4 盾构隧道结构承受设计水压力时，管片应具有相应的防水抗渗能力，管片接缝在设计的最大张开量和错位量条件下应保持相应的防水能力。

条文说明

结构自防水是管片防水的根本，管片结构需采用防水混凝土，要求管片具有相应的防水抗渗能力。管片尺寸误差、接缝防水材料厚度误差及施工误差等都会造成管片接缝的张开与错动，张开量与错位量的大小直接影响接缝的防水设计，需要根据张开量与错动量的不同选择与之相适应的接缝防水材料，并提出相应的止水性能要求。

8.3.5 管片接缝防水设计应遵循下列原则：
1 应设置防水密封垫。
2 螺栓孔应设置防水密封圈。
3 重要地段宜附加嵌缝材料密封。
4 特殊地段应在衬砌背后注入堵水材料。

8.3.6 管片接缝的橡胶密封垫材质和断面构造形式，应与材料耐久性要求、制作工艺相适应，其性能指标应符合本规范第 4.3.3 条的规定。

条文说明

管片接缝防水中弹性密封垫防水是最重要也是最可靠的防水措施。对弹性密封垫的功能要求是在比实际最大水压更大的水压下，密封垫能够在衬砌结构变形时不渗漏，同时自身容许变形能够充满环缝，且密封垫与密封槽的接触应力要大于设计水压力。为确保橡胶密封垫的耐久性，设计中还需要关注其应力松弛特性。

8.3.7 橡胶密封垫的止水性宜通过模拟一字缝、T 字缝和十字缝拼装（如有十字缝）的水密性试验验证。设计最大外水压力不大于 0.6MPa 时，要求在大于或等于 2 倍的最大外水压作用下，接缝张开量或错位量达到最大设计值时，24h 不应产生渗漏；设计最大外水压力大于 0.6MPa 时，应进行专项研究。

条文说明

由于隧道管片埋深一般相差较大，对密封垫的防水要求也可以根据不同的水压力而有所差别，因此试验检测的水压力也可以有差别，试验所采用的接缝张开量在最大计算变形量得出结果的基础上确定。

8.3.8 密封垫在闭合压缩状态下，管片接缝沟槽应满足管片混凝土沟槽稳定。采用纵向插入拼装管片弹性橡胶密封垫时，宜采取提高密封垫抗拉断能力的措施，并控制插入摩阻力。

8.3.9 同一隧道内的密封垫内部构造或材质性能宜根据水压力变化分段进行相应调整。

条文说明

由于隧道管片结构上常分为深埋段、中埋段、浅埋段，设计中密封垫亦可以作相应调整。具体可以对密封垫的试样指标要求、断面构造、开孔孔径和孔位等局部作优化调整。

8.3.10 环境作用等级为 E 级、F 级的盾构隧道，应在管片背侧和密封垫外侧的环、纵缝面增加外防水防腐蚀涂层。涂层宜为环氧和改性环氧涂料等封闭型、水泥基渗透结晶型或硅氧烷类等渗透型材料。

条文说明

腐蚀性介质中的混凝土氯离子扩散系数即使达到要求，从保证结构耐久性出发，也需有加强防腐蚀措施。管片外防水涂层需要能提高混凝土抗渗性、耐腐蚀、耐磨损及便于施工等设计要求。

8.3.11 密封垫的宽度与高度应与设计的盾构隧道管片错位量、张开量相适应，并应符合下列规定：

1 密封垫接触面的宽度可取最大错位量的3倍。在管片环、纵缝设有凹凸榫时，密封垫接触面宽度可比同样条件下不设凹凸榫时小。

2 管片衬砌接缝在出现最大计算变形量时，仍应保持在最大水压力下不渗漏。管片环间接缝最大张开量可按式(8.3.11)计算。

$$\delta \geqslant \frac{BD}{\rho_{\min} - \frac{D}{2}} + \delta_0 + \delta_s \quad (8.3.11)$$

式中：δ——管片环间接缝最大张开量(m)；

$\rho_{\min}$——隧道纵向变形曲线最小半径(m)；

B——管片环宽(m)；

D——隧道外径(m)；

δ_0——生产及施工误差造成的环缝间隙(m);
δ_s——隧道后期变形等引起的接缝张开量(m)。

8.3.12 管片环、纵缝内侧应设嵌缝槽。变形缝、始发、到达和连接通道、交叉工程区段等变形量大的区域宜整环嵌缝。

8.3.13 在盾构进工作井始发和到达井圈范围内,应采用安全可靠的防水结构。在盾构工作井预留的洞圈内,宜设置帘布橡胶密封圈与压板或气囊组成的洞圈密封装置。

8.3.14 盾构隧道与工作井的连接接头、盾构隧道与横通道的连接接头、盾构隧道环向变形缝的防水宜采取刚柔结合的措施,满足防水要求。

8.3.15 采用双层衬砌的盾构隧道其内层衬砌的防水等级应高于外层衬砌,两层衬砌之间可设防水层,并应做好防水层间的搭接和内层衬砌接缝的止水。

8.4 始发与到达设计

8.4.1 宜利用工作井内空间,布置消防楼梯、电梯及管线、通风机房、变电所、泵房等隧道附属用房,工作井内净宽可按式(8.4.1)计算确定。

$$B_j = D + 2b + T \tag{8.4.1}$$

式中:B_j——工作井内净宽(m);
D——盾构机外径(m);
b——盾构机拼装预留操作空间(m),一般根据盾构不同大小取 1.0~2.0m;
T——施工误差(m),可取 0.3~0.5m,与工作井围护方式及深度有关。

条文说明

采用盾构法施工时,一般需在盾构推进的始端和终端设置工作井。工作井按用途分为盾构始发井和到达工作井。盾构始发井是用于组装调试盾构,隧道施工期间作为管片、其他施工材料、设备、出渣的垂直运输及作业人员的出入通道。井的平面净尺寸需满足上述各项的要求。一般情况下在盾构两侧各留 1.0~2.0m 作为盾构安装作业的空间。盾构的前后需留始发和到达口封门拆除、初期推进时出渣、管片运输和其他作业所需的空间,井的长度需比盾构主机长 3.0m 以上。到达工作井宽需比盾构直径大 1.5m 以上,井的长度需比盾构主机长 2.0m 以上。根据盾构的安装、拆除作业、洞口与隧道的接头处理作业等需要,确定洞口底至工作井底板顶面的最小高度。

8.4.2 工作井主体结构宜采用现浇钢筋混凝土框架体系结构。

8.4.3 盾构始发、到达段地基处理应根据洞门结构和拆除方法、洞口尺寸和隧道埋深，考虑临近环境条件、地质条件及对地下管线与地面建筑物的影响等因素，选用旋喷法、搅拌法、冻结法、降水法或组合加固等方法。

条文说明

水下盾构公路隧道盾构工作井经常遇到强透水性地层和高水头压力，因此基坑工程中的防渗与止水尤为重要。即使是地下连续墙支护结构，在接头处采取坑外防渗注浆等措施，也可以提高其防渗止水的可靠性。

8.4.4 工作井端墙预留洞口的直径应满足盾构始发和到达的施工精度要求，可按式(8.4.4)计算确定。

$$D = H \cdot \tan\alpha + D_s/\cos\alpha + \triangle e + \triangle s + \triangle g \tag{8.4.4}$$

式中：D——工作井预留洞口直径(m)；

H——井壁洞口厚度(m)；

α——隧道轴线与洞口轴线的夹角(采用平面或纵坡夹角的值)(°)；

D_s——盾构的外径(m)；

$\triangle e$——设计规定的始发或到达工作井预留口直径大于盾构外径的差值(m)，始发井取0.10m，到达工作井取0.20m；

$\triangle s$——测量误差(m)，一般为0.10m；

$\triangle g$——盾构基座高程误差(m)，一般为0.05m。

8.4.5 盾构始发基座应有足够的强度、刚度和安装精度，满足盾构设备组装和掘进的要求。反力架强度和刚度应满足盾构始发推力的要求，反力架与管片之间的连接应满足强度、刚度、稳定性要求，并满足管片精确定位的要求。

8.5 盾构机的选型

8.5.1 盾构机选型应遵循下列原则：
1 应保证在各种荷载作用下设备安全可靠。
2 应对工程地质、水文地质条件有较强的适应性。
3 设备各部件设计使用年限应与盾构推进距离相匹配。
4 应满足隧道横断面和隧道平、纵线形的几何要求。
5 盾构后配套设备应与主机相匹配。
6 盾构机的扭矩、推力及转速应能满足隧道地质条件及环境条件相关要求。
7 应能满足特殊工况下辅助工法的相关要求。

条文说明

盾构机选型的基本原则是将安全适应性排在首位，技术先进性排在第二位，经济性排在第三位。盾构选型是盾构法施工的关键环节，直接影响盾构隧道的施工安全、施工质量、施工工艺及施工成本，为保证工程的顺利完成，对盾构的选型工作需高度重视。

盾构设备选择的成功与否直接关系到盾构隧道能否顺利实施。盾构机选型时，首先需要注重与工程地质、水文地质的适应性，合理选择盾构机类型、盾构刀具与刀盘。

8.5.2 盾构机选型可按下列步骤进行：
1 根据工程地质、水文地质初勘情况初选盾构机类型。
2 根据设计标准、断面尺寸、地层的渗透性与颗粒分析曲线、隧道最不利荷载条件、隧道最大水头压力条件等因素再定盾构机类型。
3 根据详细的地质勘察资料，确定盾构机的主要技术参数和需要的辅助措施功能。
4 选定盾构后配套设备。
5 其他制约因素的考虑。
6 综合分析比选。

条文说明

盾构机选型一般是在对工程地质、水文地质条件研究的基础上，初选类型一般针对敞开式、半敞开式及密闭式盾构进行。水下盾构法公路隧道由于受水文地质及工程地质条件的影响，一般采用密闭式盾构。对于密闭式盾构，根据地层的渗透系数、颗粒级配、地下水压、环保要求、辅助施工方法、施工安全等因素对土压平衡盾构和泥水平衡盾构进行比选；在确定盾构基本类型后，再根据详细的地质勘察资料，对盾构的主要功能部件(如刀盘结构形式、开口率、刀具种类与配置等)进行选择和设计；然后确定盾构的主要技术参数(如盾构机推力、掘进速度、刀盘扭矩等)；最后结合其他制约因素(如设备采购、施工场地、运输条件、动力条件和资金状况等)，通过技术经济综合比选确定盾构参数。

8.5.3 盾构机选型可依据开挖土体的颗粒级配关系确定。富水地层水压力大于0.3MPa时，宜采用泥水平衡盾构。

条文说明

土压平衡盾构主要适用于黏土、粉质黏土、淤泥质粉土、粉砂层等黏稠土壤的施工。在黏性土层中掘进时，由刀盘切削下的土体进入土舱后由螺旋机输出，在螺旋机内形成压力梯降，保持土舱压力稳定，使开挖面土层处于稳定。一般而言，黏粒含量多，渣土易形成不透水的流塑体，易充满土仓，从而建立压力平衡。砾石、粗砂为泥水盾构适用的颗粒级配范围；粗砂、中砂、细砂地层适用泥水盾构，也可以经土质改良后使用土压平衡盾构。

当水压力大于0.3MPa时，采用泥水平衡盾构比较合适。如果采用土压平衡盾构，螺旋输送机难以形成有效的土塞效应，在螺旋输送机排土闸门处易发生渣土喷涌现象，引起土仓中土压力下降，导致开挖面坍塌。如因地质原因需采用土压平衡盾构，一般需增大螺旋输送机的长度或采用保压泵。

8.5.4 地层渗透系数小于10^{-7}m/s时，可选用土压平衡盾构；地层渗透系数介于$10^{-7}\sim10^{-4}$m/s之间时，可选用土压平衡盾构或泥水平衡盾构；地层渗透系数大于10^{-4}m/s时，宜选用泥水平衡盾构。

8.5.5 盾构穿越复合地层，且基岩饱和单轴抗压强度标准值大于20MPa时，盾构机宜配置滚刀。刀具、刀盘及动力系统应充分考虑地层特点及其耐磨性能。

条文说明

对于不同地层的开挖，盾构的刀具通常采用不同类型。一般认为刮刀适用于土层及部分软岩，滚刀适用于硬岩，其中单刃滚刀能用在强度很高的岩石中。在盾构刀具选择时，切岩的硬度及数量的不同，对应的刀具类型及数量也不相同：岩石硬度越大，数量越多，对滚刀的要求越高。对于少量强度大于20MPa的岩石，通过加强刮刀也能满足要求。

8.6 特殊处治设计

8.6.1 浅覆土地段应符合下列规定：
1 宜采取地层加固措施，减少施工对周边环境的影响。
2 应采取辅助措施，控制盾构掘进姿态。
3 对影响区域范围内的建筑物、地下管线等，宜采取保护措施。

条文说明

一般覆土厚度小于盾构直径D的覆土层认为是浅覆土层，施工中需要采取针对性措施：
1 严格管理开挖面压力。在掘进时，需要特别注意使用的泥浆或添加剂的性质及开挖面压力管理，尽量减小对地层的扰动。
2 浅覆土地段的壁后注浆。盾尾空隙会影响到地面或地下建筑物，要进行充分的壁后注浆管理以控制地层变形。使用有早期强度的壁后注浆材料，采用同步注浆方法进行施工。

3 穿越江河部分盾构施工地层情况变化急剧，地下水流动快，对选择盾构形式和制定施工措施非常重要，需要进行详细的地质勘察；在水底部分河床地质和水文地质条件复杂，水压力比覆土压力更大，需要根据地层的水土压力设定适合的开挖面压力；预测盾构施工对堤岸、周边结构物的影响，根据需要采用辅助工法保证堤岸周边结构的安全；除了要考虑开挖面的稳定、泥浆或添加材的泄漏或喷出外，还需要特别考虑隧道上浮问题和管片的变形问题，并采取相应措施加以解决。

8.6.2 小半径曲线地段应符合下列规定：
1 可选择适当的辅助措施，减少曲线段超挖及其引起的地层松动和增大地层抗力。
2 壁后注浆应选择体积变化小、早期强度高的注浆材料。
3 应增加施工中线、水平测量的频率，并定期检测洞内控制点。

条文说明

曲线半径小于 $50D$ 为小半径曲线，小半径曲线施工用部分外扩式超挖刀进行开挖时，超挖量大，对地层扰动大，因此要控制超挖量，适当加大回填注浆量，且选择体积变化小、早期强度高的注浆材料。在地层稳定性差的地段，可以采取化学注浆加固或高压喷射注浆施工等辅助措施。

8.6.3 地下障碍物地段应符合下列规定：
1 应查明障碍物位置及其与隧道的位置关系，制订处理方案。
2 宜从地面采取措施处理，在洞内进行处理时，应保证其安全可靠。
3 在地面拆除地下障碍物时，拆除后应进行回填。
4 在洞内人工拆除障碍物时，应采取措施保证开挖面的稳定。

8.6.4 临近建筑物及地下管线地段应符合下列规定：
1 应对临近建筑物及地下管线进行深入调查与勘察。
2 应预测评估施工的影响程度，并针对性地制订保护方案。
3 对重要的建筑物应全程监测，必要时可预先加固。
4 对重要管线可根据不同情况采取迁移或加固措施。

8.6.5 小净距隧道地段应符合下列规定：
1 应根据隧道所处的地层条件、盾构形式、隧道断面尺寸、两条隧道之间的相对位置，预测后建隧道施工对先建隧道的影响。
2 可对隧道周围的土体或既有隧道的结构进行加固。
3 可对小净距段的隧道支护结构加强，并提出施工控制建议措施。

条文说明

盾构隧道净间距小于 1.0D 时可以认为属于小净距隧道，因施工条件各不相同，一般要考虑：①后建盾构引起的地层松弛对既有隧道的偏移等；②后建盾构的推进对既有隧道的挤压和松动；③后建盾构的盾尾通过对既有隧道的松动；④后建盾构的壁后注浆对既有隧道的挤压。伴随以上现象会发生的管片变形、接头螺栓的变形和断裂、漏水、地表下沉量的增大等。当观测到异常变形时，立即停止施工，查明原因，同时根据情况，采用辅助工法进行施工。

8.6.6 卵砾石地层及复合地层地段隧道设计应符合下列规定：
1 应减少隧道进入卵砾石地层及复合地层的长度与深度。
2 应对开挖面稳定措施、同步注浆压力与注浆量等方面提出要求。
3 应按最大推力验算盾构管片结构承载能力，必要时可对管片结构加强。
4 应对常压换刀地段的选择提出要求。

条文说明

盾构在卵砾石地段施工，刀具磨耗大，更换刀具频繁。对于粒径较大颗粒的处理，其方法是在开挖面上安装特种刀具或选用带破碎机的盾构进行施工，也能采用爆破方法处理。对于采用泥水平衡盾构，需要防止进排泥管路的堵塞。

9 沉管隧道

9.1 一般规定

9.1.1 沉管隧道平面与纵面设计应综合考虑隧道运营通风方式、管节结构类型、防排水方案、接头构造、基础与地基处理方式、与两岸的连接构造、运营防灾救援、管节预制与浮运等因素，满足总体协调、结构安全耐久的要求。

条文说明

沉管隧道总体设计除按本规范第 5 章相关要求确定平面线形、纵面线形、横断面布置之外，还需综合考虑运营防灾及逃生救援等诸多因素，体现总体设计的系统性、完整性、合理性。一般先根据隧道建筑限界确定内轮廓尺寸，结合通风及防灾救援方案完成横断面布置，再分别进行隧道纵断面、平面线形设计。

沉管隧道纵断面设计高程常常受控于远期规划航道情况、河（海）床冲淤变化等因素，管顶覆土厚度一般取 1.5~2m，以保证运营期沉管有足够的安全储备，同时在发生落锚、拖锚或通航船舶失航或迷航等时不致于损伤沉管结构。

9.1.2 沉管隧道结构与接头应满足设计使用年限的耐久性要求，同时应满足隧道施工、运营、检修维护及防灾救援要求。

条文说明

沉管隧道的设计使用年限要通过采取必要的耐久性措施来实现。根据国内外沉管隧道运营经验，在正常设计和正常施工的前提下，只要运营期对管节结构和接头的养护维修到位，隧道主体结构的设计使用年限是能够得到保障的。

9.1.3 应根据沉管隧道的基础刚度差异、混凝土收缩徐变、温度变化、地震等因素，合理设计接头剪力键和止水构造。沉管段与岸上段之间、管节之间接头构造形式可保持一致，并宜采用柔性接头。

条文说明

节段接头构造相对复杂，欧洲以荷兰的研究和应用最为成熟。接头的剪力键一般选用钢筋混凝土或钢结构形式，接头通常采用 GINA 止水带和 Ω 止水带组成双道防水体系，国内外绝大多数沉管隧道采用此技术，技术工艺成熟、防水效果好、可靠性高。

根据国内沉管隧道建设经验，沉管接头首选柔性接头构造。强震和多震地区需根据抗震计算结果，在合适位置设置能够承受大变形和抗剪能力的接头构造。

9.1.4 沉管隧道防水设计应遵循结构混凝土自防水为主、外防水为辅、接头防水为重点、多道防水、综合治理的原则。在腐蚀性环境条件下，应综合考虑隧道结构防水与结构防腐蚀。

条文说明

接头是沉管隧道防水的薄弱环节，管节接头、节段接头一般采用两道防水构造，二者均需满足水密性与耐久性要求，具有适应各种工况下结构变形的能力，且便于施工。管节本体主要采取混凝土自防水技术，根据工程具体要求可以采取外加防水措施。

9.1.5 管节地基处理设计应与管节结构设计协调，基础垫层设计应与地基处理设计相协调，遵循环境影响小、施工安全、工期可控、经济合理的原则。

条文说明

沉管结构与基础之间、基础与地基之间相互作用，地基处理和基础垫层设计的主要目的是给沉管结构提供适宜的刚度和均匀可靠的支撑。在地基处理与基础垫层选型前，根据对隧道全长进行天然地基的沉降和承载力分析，初步判断地层的刚度分布情况以及识别地基处治的必要性和范围。天然地基通过合理的结构措施无法满足结构设计的要求时，才考虑对地基进行处理。基础垫层及地基处理的控制因素是隧道允许的刚度变化范围与总沉降量，而这两方面的因素是通过分析隧道管节结构（含接头）上的容许应力和接头最大允许张开量的要求来设定的。

9.1.6 沉管隧道基槽设计应考虑工程地质条件与河床或海床水文条件，并满足通航、管节浮运、沉放和地基处理等要求。管顶回填与防护设计应考虑水下基槽边坡开挖状况、河床或海床冲刷与淤积预测、管顶防船撞、防落锚及拖锚、抗震等因素。

9.1.7 管节预制场地、预制方式、寄存和舾装区、浮运航道等临时工程设计应遵循位置合适、规模适当、经济合理、安全可靠、统筹规划的原则。

条文说明

在沉管隧道的前期规划阶段需选择相对适宜的大型临时工程场址与预制方式，确保后期在征地拆迁、用水与用电、水或陆上交通方面不存在较大困难，尽可能减少工程建设的后期投资变化过大。管节浮运、沉放、对接所需的压载水箱、端封门、测量塔、拉合千斤顶等临时设施设计，在保证施工安全可靠的前提下，要考虑便于拆装、可以重复利用，以降低成本、提高施工效益。

9.2 管节结构

9.2.1 管节结构设计应根据管节长度、管节接头类型及最终接头构造与位置等因素进行，并与隧道平、纵面线形设计相匹配。

条文说明

管节设计除进行不同工况的受力与变形计算外，还需要计算管节浮运阶段的干舷高度、定倾高度等。管或节段长度确定需综合平衡工期、干坞规模、造价、裂缝控制、接头构造、风险控制、施工经验及设备装备能力等因素，并通过纵向静力与动力计算验证后确定。根据管节结构计算和工程经验，合理确定管节浇筑混凝土强度等级、板和墙厚度、配筋率等参数，保证结构受力合理、可靠耐久、施工先进、造价可控。

9.2.2 管节横断面设计应根据隧道建筑限界、通风排烟、供电照明、防灾救援、压重及路面层、营运设施安装、结构施工误差等要求进行，横断面形状宜左右对称。

条文说明

沉管隧道兼具行人或市政公用管廊通道功能时，管节横断面可以根据功能分区采用多孔结构。为便于管节预制、浮运、安装，横断面一般取对称布置形式。

9.2.3 管节应采用钢筋混凝土结构。在特殊情况下，可根据管节结构受力、结构耐久性及施工要求等因素，通过综合分析与比选后，选择钢壳混凝土结构或预应力钢筋混凝土结构。

条文说明

大部分沉管法公路隧道采用钢筋混凝土结构，国外也有应用于其他功能的钢沉管隧道或钢-混凝土组合结构沉管隧道。在环境恶劣、受力异常复杂的条件下，需对钢壳混凝土及预应力钢筋混凝土等结构形式进行深入比选，慎重考虑采用预应力钢筋混凝土结构。

9.2.4 处于氯离子及其他化学腐蚀性环境条件下的沉管隧道结构，其设计应符合下列规定：

1 环境作用等级为D、E、F级且采用普通钢筋时，宜添加钢筋阻锈剂。

2 环境作用等级为 E、F 级时，宜选用环氧涂层钢筋。
  3 环境作用等级为 F 级时，可选用不锈钢钢筋，结构应增设防护涂层。

条文说明

就钢筋混凝土沉管结构而言，需要控制管节混凝土自身的水密性，以达到提高耐久性的目标。增强钢筋混凝土表面抗渗能力的涂层有：薄涂层、厚涂层和渗透型涂层等，提高钢筋混凝土防腐蚀能力的面层有：水泥基聚合物砂浆层、玻璃钢或耐腐蚀板隔离层等。

9.2.5 管节可采用整体式结构或节段式结构，应结合沉管段长度及分段长度、地质条件、作用及组合、工期等要求合理选用。管节长度不宜大于 180m，管节浇筑分段或节段长度宜为 15~25m。

条文说明

根据浇筑方式不同，管节分成整体式与节段式。整体式管节浇筑工艺流程稳定、技术比较成熟。目前管节最大长度已达 268m，一般取 80~150m 较为合适。

节段式管节则对节段全断面一次性浇筑、增加节段接头施工步骤，且节段接头构造受力相对复杂，但是混凝土结构浇筑质量高。近年来建成的丹麦-瑞典的厄勒海峡隧道、韩国釜山巨济海底隧道均采用节段式管节。

整体式管节设计侧重于通过纵向计算来确定合理的管节长度、接头止水构造、分段长度、分段连接方式、浇筑顺序、裂缝控制等方案。节段式管节设计侧重于确定合理的节段长度、节段接头构造及止水装置、裂缝控制措施。

9.2.6 管节干舷高度取值应根据管节外形尺寸、混凝土重度、结构配筋率、水体重度、施工荷载、管节制作误差等因素确定，完成舾装后的管节干舷高度宜控制在 10~25cm，如图 9.2.6 所示。管节干舷高度可按式(9.2.6)计算。

$$H_b = H - \frac{W_s + W_f}{BL\gamma_w} \quad (9.2.6)$$

式中：H_b——管节干舷高度(m)；
　　　H——管节高度(m)；
　　　W_s——管节自重(kN)；
　　　W_f——舾装件重量(kN)；
　　　B——管节宽度(m)；
　　　L——管节长度(m)；
　　　γ_w——水体重度(kN/m³)。

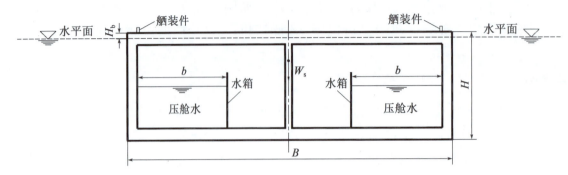

图 9.2.6 管节浮态干舷高度计算图式

条文说明

管节干舷高度是指管节在浮运状态下，露出水位线以上的高度。

混凝土的重度、水体重度的变化会很敏感地影响管节的干舷高度，管节浮运前要充分计算各种工况下干舷高度。管节干舷高度不能太大或太小，一般取 10～25cm。具体工程中，可以采取调节压载水箱蓄水高度、压顶混凝土厚度等措施调整。

9.2.7 管节定倾高度应结合施工期受到的侧向牵引力及横流力等进行稳定性验算，必要时应通过管节倾斜试验确定定倾高度。管节处于漂浮状态时，其取值不宜小于 30cm。管节横向摆动倾角 φ 小于 10°时，定倾高度可按式(9.2.7-1)计算，管节倾斜角 φ 可按式(9.2.7-2)计算。

$$\overline{MG} = \frac{J - \sum J_w}{V} - \overline{GF} \qquad (9.2.7\text{-}1)$$

$$\varphi = \sin^{-1} M_k / (\gamma_w \cdot V \cdot \overline{MG}) \qquad (9.2.7\text{-}2)$$

式中：$\overline{MG}$——定倾高度(m)；

J——浮运时管节本身对通过重力重心的铅垂线的惯性矩(m^4)；

J_w——浮运时管节内压载水箱中水体对通过重力重心铅垂线的惯性矩(m^4)；

V——管节排水体积(m^3)；

$\overline{GF}$——管节浮心 G 至管节重心 F 之间的距离(m)；

M_k——因偏心或水平力而引起的管节倾覆力矩(kN·m)。

条文说明

管节定倾高度是指管节定倾中心与重力重心之间的距离。管节处于水平状态时，管节的重力重心和浮力重心都位于管节几何对称轴上，一般重力重心在下，浮力重心在上。当管节倾斜时，管节绕重力重心旋转了很小的一个角度，此时新的浮力重心偏离管节的对称轴，故浮力矢量与管节倾斜的对称轴相交，交点称为定倾中心。如定倾中心位于重力重心的上方，则保持稳定，反之，定倾中心位于重力重心的下方，则不稳定。

在管节浮运、沉放、对接过程中因偏心力、锚拉、侧向牵引、横流或风压工况下出现较大的倾角时，可以根据船舶工程计算方法进行稳定性验算。管节露出水面线的高度（图9-1）越小，纵向弯曲应力也越小，减少干舷高度虽然能使浮运过程稳定，但会加大浮运过程的水平牵引力，同时也需加大压载水量，并且会增大管节沉没的风险。

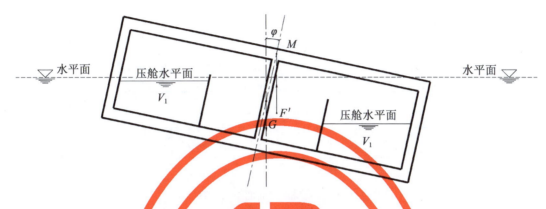

图9-1 管节浮态定倾高度计算简图

9.2.8 沉管隧道应按横向、纵向、局部三个方面分别进行静力计算和地震动力计算。作用分类及其组合除应符合本规范第6.2节的规定外，尚应考虑下列因素：

1 永久作用：回淤、施工阶段恒载、设计使用年限内的水位变化、纵向和横向不均匀地基刚度效应作用、预应力等；

2 可变作用：最高水位、最低水位状况下水位变化、波浪水流荷载、施工可变荷载、疏浚及回淤引起竖向和侧向土压的变化等；

3 偶然作用：极端高水位和波浪荷载、拖锚或落锚荷载等。

条文说明

施工阶段恒载包括压载水箱、端封门、测量塔、系缆柱等。施工可变荷载包括吊点、浮驳、施工车辆荷载等。

沉管隧道的地震动力计算一般包括下列内容：

（1）整体式管节通过地震动力分析和结构静力计算，综合确定管节结构的配筋以及接头的设计参数；节段式管节通过地震动力分析，得出岸上段与管节、管节接头与节段接头的内力与变位，为接头设计提供依据。

（2）岸上段与沉管段之间的接头，可以结合抗震计算结果、差异沉降要求、温度变化、混凝土干缩等进行专项设计。

（3）通过地震动力分析提出地基处理及基础垫层抗液化、抗震陷的技术措施。

9.2.9 管节结构横断面静力计算应考虑不同地基基床抗力系数的横向组合，合理选用各作用的分项系数。横断面结构计算可采用杆系模型，受力模式可按图9.2.9选取。

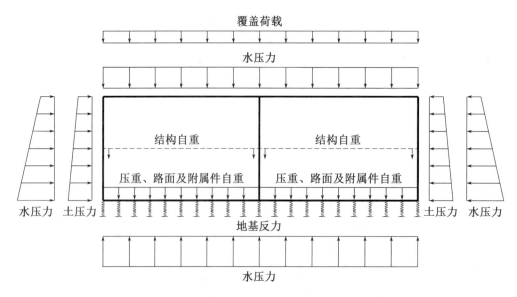

图 9.2.9 沉管隧道横断面结构计算简图

条文说明

横断面静力计算需要考虑不同地基基床抗力系数的横向组合，合理选用各作用的分项系数，对不同作用组合开展承载能力极限状态和正常使用极限状态进行计算，得出不同工况下的结构内力、变形及裂缝宽度，并结合施工工艺、经济及风险、造价等因素进行综合比选。

9.2.10 沉管隧道纵向计算可采用考虑接头刚度的弹性地基梁模型，地基可采用遵从温克尔假定的弹簧模型，并考虑不同工况下的不均匀地基基床抗力系数的纵向组合。

条文说明

沉管隧道纵向静力计算一般根据弹性地基梁理论，考虑管节及接头的影响，对整座隧道进行建立模型，分别采用能反映力-位移关系曲线的线性弹簧及非线性弹簧来模拟接头的 GINA 止水带与剪力键变形特性，管节结构用线弹性梁单元模拟，地基采用遵从温克尔假定的弹簧模型。除运营期的纵向计算外，还需对管节寄存、浮运及沉放工况下的内力及变形进行分析。管节沉放工况包括下列内容：

(1) 沉放前工况(正浮力工况)；
(2) 沉放时工况(负浮力工况)；
(3) 管节沉放至要求位置的工况；
(4) 水下对接时的工况。

9.2.11 对局部受力状态复杂的工况宜采用三维数值模型进行计算分析。

条文说明

一般对管节结构的预留孔洞、舾装件及设备安装所需的预埋件、端封门、各接头的受力构件、临时拉杆等采用三维数值模型进行局部应力计算。

9.2.12 沉管隧道应进行施工及运营阶段的沉放及抗浮安全性验算，管节抗浮沉放就位后、回填防护前的安全系数不小于1.05，水环境条件复杂时安全系数取值应增大。

条文说明

沉管隧道的抗浮安全系数要按施工的不同阶段分别考虑，沉放阶段需有足够的负浮力，保证使管节平稳下沉到基槽内。待管节沉放到位后，为使管节保持相对稳定，不至于在波浪流作用下移位，要求管节具有足够的抗浮安全系数，视具体项目的实测波流情况确定，一般不小于1.05，水环境条件复杂时安全系数取值需适当增大；运营期的回填防护完成后，抗浮安全系数一般不小于1.15。

9.3 接头及防水

9.3.1 应在沉管隧道纵向合适的位置设置接头，接头及防水设计应符合下列规定：

1 在沉管段与岸上段之间、管节与管节之间、节段与节段之间应设置接头，在沉管隧道贯通位置应设置最终接头。
2 沉管段与岸上段之间接头形式应根据纵向计算确定。
3 应根据静力计算与动力分析结果，确定剪力键及纵向限位构造措施的设计参数。
4 管节接头应采用 GINA 止水带与 Ω 止水带，形成双道密封止水，如图 9.3.1 所示。

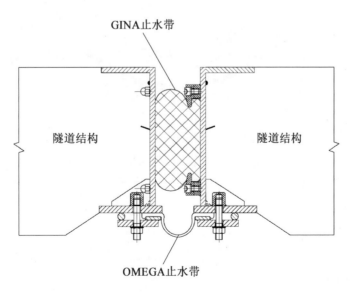

图 9.3.1 管节接头构造一般图式

5 最终接头应根据设计的岸上或水下具体位置,选用柔性连接或刚性连接方式。
6 应根据隧道抗震计算结果,选择接头设置抗震限位装置或采用可适应大变形的专用止水带。

条文说明

管节接头主要包括止水构造、剪力键及附加限位构造。管节之间接头的水密性最初是通过被压缩的 GINA 止水带来实现的。在管节对接完成之后,Ω 止水带作为次要止水构造被安装在接头的内侧。通常在接头内侧布置剪力键。允许管节接头发生转动与位移。为了降低剪力键所受荷载,在接头处的大部分不均匀沉降完成后再进行剪力键浇筑或安装。沉管隧道接头设计要充分考虑接头因基础沉降、混凝土干缩、温度变化、地震产生的位移和内力,以及接头的水密性、耐久性、抗震性和可施工性。

在沉管段基床地层性质相差大、上覆荷载变化大、管节与岸上段结合处,根据纵向静力计算和地震动力分析结果,合理设置接头位置和接头构造形式。在沉管段与两岸相接处设置柔性接头,有利于吸收温度效应带来的管节端部变形,有利于减缓地震工况对管节内力的不利影响,有利于为接头沉降预留余地从而减轻接头承受的内力值。

9.3.2 节段式管节应采用自防水混凝土。整体式管节应以混凝土自防水为主,尚宜辅助设置全外包防水层。底钢板作为底部防水层时,应与侧墙及管顶的防水卷材或涂料、两侧的钢端壳连接,形成完整的防水体系。防水层应满足设计耐久性要求。管节结构的防水还应符合现行《地下工程防水技术规范》(GB 50108)的规定。

条文说明

管节结构防水需依据耐久性和大断面结构混凝土浇筑裂缝控制要求,采取优选材料级配、控制水化热、合理养护等措施,以保证浇筑的自防水混凝土满足设计要求。

9.3.3 节段混凝土宜全断面一次浇注成型。整体式管节应在纵向与水平向施工缝处采取可靠、耐久的止水措施。管节预制完成后应在干坞内进行试漏试验。

条文说明

整体式管节混凝土浇注方式按"先底板、后内外侧墙、最后顶板"的次序分步进行,纵向则间隔 15~25m 留有后浇带,后浇带处的纵向钢筋不断开,施工时要合理控制混凝土入模温度与混凝土浇注过程的内外温差,防止因温差效应出现大范围混凝土开裂。

9.3.4 GINA 止水带选型及设计应符合下列规定:
1 应根据各接头位置所处的最大与最小水深、可能产生的最大变位量及管节横断面积,分段进行 GINA 止水带选型。
2 应根据温度变化、差异沉降、地震工况等发生的变形量,以及施工安装误差等因素，校核 GINA 止水带水密性的最小压缩量。

3　GINA 止水带固定方式应采用卡箍或穿孔，螺栓(母)和压件等紧固件应采取耐久性保护措施。

条文说明

　　GINA 止水带选型的决定因素是水压与最小的接头压缩量，最小的接头压缩量指管节对接后靠水压得到的最初的压缩量减去后期由于温度下降、混凝土收缩、不均匀沉降与地震活动造成的最大接头张开量。同时，在接头位移的计算中还需考虑施工允许的容许误差与 GINA 止水带刚度(由供应商确定)、额外的安全储备、橡胶材料在设计使用年限中的松弛变形等因素。水压力越大，接头就越需要更大的压缩量，以保证水密性。水浅处的接头压缩要比深水处的要小。

9.3.5　Ω 止水带的选型及设计应符合下列规定：

1　应根据管节接头所能承受的水压值、产生的三向位移量等要求进行止水带选型，确定止水带断面尺寸。

2　止水带安装后，应进行检漏测试，检漏压力应在可能作用最大水头压力的基础上留有 1.2 的安全系数。止水带接头张开量应根据标定的张开量与水压关系曲线，结合水头压力计算。

3　止水带的金属紧固件等应采取防腐蚀措施。

条文说明

　　Ω 止水带及其紧固装置都是在管节沉放后进行安装的，因此需对安装后的水密性进行现场测试。所施加的检漏水压力需与该接头处的水压力相匹配，过高的水压有可能破坏水密性，过低的水压达不到检漏的目的。检漏水压按底板处最大水压乘以 1.2 的安全系数取值。

9.3.6　接头构造应布置垂直剪力键和水平剪力键，并应满足地震、温度、地基差异沉降、差异荷载等作用下接头处受力和变形要求。剪力键设计应符合下列规定：

1　应对剪力键布置、材料、性能进行深入比选，选用便于施工、受力明确的构造。

2　应在管节端头的中隔墙或外侧墙成组设置垂直剪力键。

3　管节端头的顶板和底板应成组设置水平剪力键。

4　根据管节受力计算结果，应合理配置剪力键构造、可选用钢筋混凝土结构或钢结构。一组剪力键之间宜设置弹性支座或橡胶垫。

5　垂直剪力键所承受的垂向剪力应根据相邻管节基础刚度或荷载差异计算确定，水平剪力键所承受的水平剪力应根据地震工况下产生的最大水平剪力确定。

9.3.7 根据隧道抗震设防要求，管节接头可设置钢索或钢板型纵向限位装置。设置抗震限位装置时，应与接头处的剪力键、止水带等相协调。

条文说明

可以根据沉管隧道纵向抗震计算成果，确定是否有必要设置接头纵向限位装置以及设置的具体位置。日本和一些欧洲国家在管节接头处多采用钢索型限位索或能够承受大变形的特制止水带，国内则有的隧道采用钢索型或钢板型限位装置。

9.3.8 节段接头的一般构造如图 9.3.8 所示，其设计应符合下列规定：
1 选用双道密封止水，迎水面选取防泥沙侵入的措施。
2 设置限制变位的剪力键构造，抗震需要时设置纵向限位装置。
3 止水带满足设计使用年限内水密性与耐久性的要求。

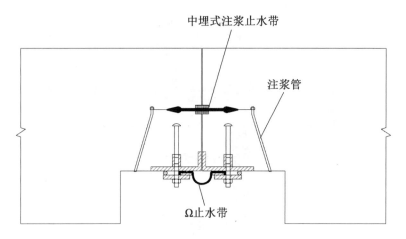

图 9.3.8 节段接头一般构造示意

条文说明

节段接头通常采用 Ω 止水带和可注浆钢边止水带两道防水体系。

9.3.9 最终接头设计应符合下列规定：
1 最终接头应选在水流流向稳定、流速较小、便于水下作业、远离航道的合适位置。
2 宜选用近岸干式施工，也可采用设止水板的水下现浇混凝土施工。
3 采用水下止水板方式的接头长度宜为 2~3m。
4 封水之前，应在水下安装纵向临时支撑或楔块，其强度与刚度应满足 GINA 橡胶止水带变形回弹的受力要求。
5 应保证潜水作业的安全和水下作业的临时水密性。
6 应采取可靠、耐久的防水措施。

条文说明

最终接头一般根据施工条件及工期安排选定,选择在水深浅、水流流向与流速基本稳定的地段,以便于施工和降低风险。最终接头的施工方法通常采用水下止水板方式,即在最终接头位置处的止水面板完成后,将接头内部的水抽出,从隧道内浇注混凝土最终实现隧道贯通。

9.4 基槽开挖

9.4.1 基槽的平面轴线、纵断面宜与沉管隧道的设计平纵面一致。临时支承垫块作为管节沉放的定位基准时,临时垫块的基底高程可作为基槽底面的设计高程。

9.4.2 基槽设计底宽可根据式(9.4.2)确定。

$$B = B_t + 2b + T \tag{9.4.2}$$

式中:B——基槽设计底宽(m);

B_t——管节最大底部宽度(m);

b——管节一侧预留量(m)。根据管节基础垫层处理方法、基础、辅助安装设备的预留空间要求,可取为1.5~2.0m;

T——施工误差,根据施工条件、水深条件、地质条件及设备而定,宜控制在0~±50cm。

9.4.3 沉管隧道采用桩基础时,可根据结构底缘高程、桩顶及桩周边预留高度综合确定基槽开挖深度。采用其他基础类型时,基槽深度可根据式(9.4.3)确定。

$$H = h_d + h_c + h_t \tag{9.4.3}$$

式中:h_d——沉管段结构底面深度(m),可作为确定基槽底高程的依据;

h_c——基础垫层所需高度(m);

h_t——基槽开挖精度(m),设计挖槽的竖向精度取决于水深、疏浚船舶施工能力,一般按照0~±0.5m考虑。

9.4.4 基槽边坡坡率设计应符合下列规定:

1 应考虑基槽开挖设备类型和施工方法等对边坡稳定的影响。
2 可采用考虑浮力效应的极限平衡法与有限元强度折减法设计边坡坡率。
3 流动性淤泥或淤泥质土层,开挖淤泥层厚度较大且水深较小时,应考虑泥沙运动。
4 水下基槽开挖深度超过1.5倍管节高度时,基槽边坡稳定性分析应包括施工与运营两种工况。
5 水下基槽边坡坡率可按表9.4.4选取。

表 9.4.4 典型地层的水下基槽边坡坡率参考值

序号	岩土性质	边坡坡率	备注
1	淤泥、淤泥质黏土	1:5~1:10	表层流动性强的浮泥应予以挖除
2	沉积黏土、粉质黏土	1:2~1:6	基槽较深时，需分级设计坡率
3	砂、砂质土及砾石土	1:1~1:5	视砂层密实程度、性质、粒径而调整
4	花岗岩、砂岩等风化基岩	1:0.2~1:1	需要水下爆破，且考虑浮运空间

条文说明

基槽边坡坡率的大小直接关系到沉管隧道的工程量和造价。迄今为止，世界上修建的 150 多座沉管隧道，水下基槽边坡坡率从 1:1 到 1:7 均有应用，变化范围较大。

9.4.5 对水文条件及地质条件复杂的深挖基槽，可通过现场试挖试验获取相关设计参数。

条文说明

基槽开挖属于施工期的临时工程，需满足隧道浮运、沉放及基础垫层施工的要求。对复杂地质条件下的深基槽可以开展试挖槽试验，以获取地区水域下成槽和清淤的经验。

9.4.6 基槽开挖设计应根据水深、水流流速及流向条件、挖泥设备等，确定水下基槽施工的超宽和超深值。

条文说明

基槽开挖精度控制值的大小需要依据工程区水深与水流条件、挖泥设备类别、型号，结合港工、水运等现行行业规范确定。沉管隧道施工时，基槽中淤泥的沉积有时是不可避免的，这给沉管施工及管节本身受力带来不利影响，故设计要明确清除基槽中的淤泥。

9.5 回填与防护

9.5.1 沉管隧道的回填可分为锁定回填、一般回填与护面层回填三部分。回填防护应满足施工期管节稳定性，运营期防冲、抗浮、防抛锚及拖锚等要求。

条文说明

锁定回填的目的是为施工阶段的管节稳定提供足够安全保证，可以分2~3层铺设（图9-2），第一层回填高度3.5~4m，条件较好时可以局部锁定。一般回填可以选用海砂与碎石，根据地材选用的便利性确定。护面层一般选择较大粒径的块石或片石，石料规格要求在水中浸透后的饱和单轴抗压强度不低于50MPa，重度不小于2 500kg/m³。为减少水流、波流对管节及防护层稳定性的不利影响，一般采用人工块体作为护面层，如扭工字块、扭王字块及四脚块体。

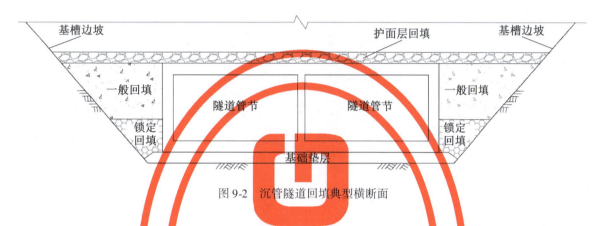

图9-2　沉管隧道回填典型横断面

9.5.2　回填与防护设计应符合下列规定：

1　应结合水力学因素及管节抗浮、抗冲刷、防锚冲击、限制侧移等功能要求，进行沉管回填结构和回填料设计。

2　回填料的材质与粒径应按选用不产生液化、透水性好的材料确定。

3　管节两侧的锁定回填应选用透水性好的碎石、砾石等，回填厚度不宜小于3m。

4　自锁定回填顶面到管顶面的一般回填，可选用透水性好的碎石等。

5　根据河床或海床冲刷及防拖锚需求，管节护面层应选用块石防护，并向管节两侧轮廓线外延伸不应小于2m。

条文说明

回填结构及回填材料是沉管隧道抗冲刷及防拖锚的重要保障，设计过程中需要选择性能稳定、不液化、便于施工的回填材料。

各部位回填的坡脚位置在纵向上与下一沉放管节端部留5~10m的安全距离，可以有效避免回填碎石对后续管节对接产生影响。

管节干舷高度较大时，可以在管节顶面设置混凝土防锚层；露出海床段的沉管隧道段，对管顶防护工程要进行专项设计。

9.5.3　根据通航功能、浮运时干舷调节、预埋件防护及防水需要，可在管节顶面覆设一层混凝土保护层作为防锚层，厚度宜为10~30cm。

9.5.4 沉管隧道在通航水域管顶露出河或海床时，宜在该地段设置水下护坦或其他构造形式进行防撞保护。防撞保护设计应符合下列规定：

1 不应影响水面船舶航行安全。
2 防护范围和构造形式应结合防冲刷、防浪和防船撞分析等确定。
3 在设有水下防护地段应设置航行警示装置。

条文说明

沉管隧道在两岸段埋深较浅，在管顶露出河或海床时，需采取措施，防止迷航、失控船舶撞击沉管隧道结构，通常做法是设置水下护坦。护坦设计需要综合考虑水面航行的船舶安全和隧道结构安全等因素。

9.5.5 管节沉放对接到位后，应及时进行两侧锁定回填、一般回填和护面层回填，回填应分段、分层、对称进行。

条文说明

管节沉放完成后需要尽快对已就位的管节在基础两侧及顶部进行逐段回填处理，回填顺序、材料、范围、厚度、坡度等按设计要求进行。回填分层、对称、均匀进行，主要是为了防止管节因两侧受力不均而产生水平横向偏移。

9.6 地基处理与垫层

9.6.1 沉管隧道的地基处理与垫层设计应满足管节沉降变形、承载力和稳定性要求。

条文说明

根据沉管隧道的水文地质、工程地质、回淤覆土分布，结合岸上段基础形式、分段考虑地基加固处理措施。基础垫层设计需根据管节类型、施工工艺条件、抗震、地震液化、造价、风险等因素进行综合比选。垫层主要的功能是充填管节底部与地基间的空隙，保证上部荷载均匀传递到下部地基，避免由于地基受力不匀导致结构的局部破坏，或产生较大的不均匀沉降。为管节结构提供变形均匀的地基，或实现在不同区段之间地基变形的平顺过渡，需以控制基础总沉降量和差异沉降为主要目标。

9.6.2 管节沉降量与差异沉降量不应导致结构超过容许内力和接头超过最大允许张开量，应在施工过程中对基础沉降变形进行监测，分析预测永久沉降值，评估地基变形对结构安全的影响程度。沉管隧道的基础总沉降量可根据式(9.6.2)计算。

$$S = S_c + S_r + S_s \tag{9.6.2}$$

式中：S——基础总沉降量(mm)；

S_c——垫层压缩量(mm);

S_r——土层回弹再压缩沉降量(mm),对黏性土需根据前期固结压力与附加有效应力大小,确定选用合适的沉降计算参数;

S_s——土层次固结沉降量(mm)。

条文说明

沉管隧道地基沉降计算需考虑土体的应力历史、水下基槽开挖卸载再加载的效应及基槽回淤对沉降的影响,并验证正常使用极限状态下沉管隧道基础变形是否在隧道结构或接头的可接受范围之内。

管节沉放后的沉降主要由垫层压缩量、土体的回弹再压缩沉降及次固结沉降三部分组成。工程调研表明,管节地基处理后的总沉降量越小越好,且尽可能在施工期使得绝大部分沉降已经完成,而沉管隧道的差异沉降量需结合管节长度划分及管节类型在设计初期进行确定,以管节或节段长度为单位给出允许沉降差。地基处理一般以总沉降量和基础的刚度变化范围为主要控制因素,土体允许的刚度变化范围通过隧道管节的容许内力和接头最大允许张开量要求分析确定。

9.6.3 天然地基无法满足沉管结构变形控制要求时,应进行地基处理,并应符合下列规定:
1 应结合地质条件、荷载分布、回淤特征、隧道结构形式等综合考虑,分段确定。
2 应与管节结构设计相协调,保证沉管隧道运营期的结构安全。
3 应对荷载及地质条件等变化较大的区段,采用刚度渐变的地基处理方式。

条文说明

沉管隧道地基处理一般采用深层水泥搅拌(CDM)、挤密砂桩(SCP)、塑料排水板固结法、混凝土预制桩、钢管桩、钻孔桩、换填及其组合方法。地基处理可以为结构提供均匀的刚度或实现在不同区段之间刚度的平顺过渡。

9.6.4 应根据暗埋段地基处理后的基床抗力系数、回填荷载、接头和管节的结构形式设计与之相接的管节地基的处理方案,暗埋段与相邻管节的工后沉降差应控制在允许范围之内。

条文说明

沉管段与暗埋段的荷载及施工方法等均不同,为有效控制两者间的工后差异沉降,可以采用不同的基础类型,或设计采用不同参数的同一种基础类型。

9.6.5 根据基底地质条件、河床水文条件及施工技术要求等因素,基础垫层可选用先铺法或后填法，并应符合下列规定：

1 采用先铺法施工碎石垫层时，其构造及材料应考虑管节结构、施工工艺、垫层力学性能、容淤、防冲刷、抗液化等因素，垫层厚度应能适应容许的后期地基沉降变形，可取为 0.6~2.0m。

2 采用灌砂或喷砂等后填法时，应考虑灌注施工时对管底产生的压力，抗浮安全系数不应小于 1.05，并应满足填料的密实度与级配的抗震要求。

条文说明

先铺法有刮铺碎石和桩基两种，后填法有喷砂、砂流、注浆之分。按照使用材料的不同，又可以分为砂、碎石、注浆及桩基四种不同类型。国内目前建成的沉管隧道基础垫层均采用后填法。

9.6.6 符合下列情况时，宜采用桩基础或复合地基：
1 地质条件较差或上覆荷载较大，地基沉降或承载力等难以满足设计要求；
2 基底处于可能液化或出现震陷的土层，其他地基处理措施不合适；
3 基槽回淤速率大于 1cm/d。

条文说明

沉管基底处于深厚软土如淤泥质黏土层、粉土或可能液化或震陷的粉细砂层，或回淤速率大于 1cm/d，或最终覆盖层厚度大于 5m 时，根据沉管隧道运营经验，考虑采用支撑钢管桩或预制管桩，并将管底与桩顶浇为一体。也可以根据具体情况考虑采用换填、挤密砂桩或水泥搅拌桩等。设备和技术成熟度、工期和成本是地基处理方案取舍要考虑的重要因素。

9.7 临时设施

9.7.1 沉管隧道应进行干坞、寄存区、临时航道、端封门、压载水箱、控制塔等相关临时设施的设计，保证沉管隧道施工质量、管节浮运沉放的安全。

9.7.2 根据沉管隧道与管节的规模、隧址周边环境、水域与航道条件、工期要求等，应对移动式、轴线式、异地式三种干坞形式进行综合比选后确定，三种干坞的适用条件应符合下列规定：

1 移动式干坞适用于管节数量较少的隧道。设计时应综合考虑移动式干坞（如半潜驳船）的平面尺寸、船体刚度、载重能力与管节体量间的关系，选择适当的半潜驳船。

2 轴线式干坞适用于管节单向沉放的模式。

3 异地式干坞适用于管节数量较多、工期较紧、隧址区不具备建设干坞的情况。条件允许时，可采用工厂化干坞预制管节。

条文说明

干坞属于大型临时工程，前期投入大，又控制施工工期，选址需经多方案比选后综合确定。除要求交通运输便利、征地拆迁费用低外，尚需探查坞址的工程地质条件，场地岩土体地基需具有较高的承载力，不会在使用期产生过大的沉降，边坡防护要相对容易。异地式干坞选址与设计，需与当地远期规划和建设相结合。

管节数量较少时，干坞可以采用短期租赁现有干坞、船坞或半潜驳等形式。

工厂法干坞适用于节段式管节，国内外使用经验较少。另外，干坞布置需要考虑后期安装起浮设备的作业空间。

9.7.3 干坞设计应符合下列规定：

1 坞址与隧址的距离宜近，应结合区域工程建设的长期规划选择坞址。

2 应根据管节长度、管节总数、工期要求、施工组织设计、施工工艺和经济性来合理确定干坞规模。

3 干坞布置应利用现状地形，减少坞坑开挖与边坡防护工程量。

4 应根据坞址设计水位、管节高度及干舷高度等，合理确定坞顶和坞底设计高程。可按式(9.7.3)确定。

$$h = h_1 - H + h_b - h_3 \qquad (9.7.3)$$

式中：h——坞底高程(m)；

h_1——坞址处设计水位高程(m)；

H——管节高度(m)；

h_b——管节起浮时的干舷高度(m)；

h_3——管节起浮时管底至坞底要求保持的最小距离(m)。

5 应结合坞址的工程地质、周围环境条件、管节重量及底面积，确定坞底承载力要求。

6 可在坞底铺设 15～25cm 厚的碎石垫层，便于管节起浮。

7 干坞边坡设计应满足反复灌、抽水工况下的边坡稳定性要求。

8 干坞内应布置高效、完善的抽排水系统，保证雨水、坡面渗水、坞底渗水及时排出。

9.7.4 应根据沉管隧道总体施工组织要求确定管节寄存区位置与规模，根据管节长度、水深及水文条件，选用单点或多点寄存方式。寄存区位置选择应考虑下列因素：

1 寄存区到干坞及到既有航道的距离应尽可能短。

2 寄存位置应保证管节寄存的安全，并应便于管节的二次舾装。
3 应避免受到恶劣的气象水文条件影响。

条文说明

管节数量较多，浮运沉放受气象、海洋等作业窗口限制时，需对拟作为寄存区的位置进行水文、气象、地质、水上交通等方面的调查分析，通过综合比选，将管节的寄存风险降到最低程度。

9.7.5 管节浮运宜利用既有航道。隧道轴线穿越繁忙航道时，宜在既有航道附近开辟临时浮运航道。临时浮运航道设计应符合下列规定：
1 应在隧道轴线附近设置管节掉头区。
2 应设置临时导航及警示标志。
3 应按现行《港口及航道护岸工程设计与施工规范》(JTJ 300)相关规定，进行定期维护及采取施工安全保障措施。

条文说明

对沉管隧道施工作业水域存在或规划有航道的情况，为保证正常的航运，需要开辟临时航道。为减少土石方开挖和施工期维护工程量，尽量利用现有航道进行管节浮运。同时，临时浮运航道设计应充分考虑管节浮运掉头区及隧道管节的布置，减少航道转换次数。临时航道设计应按相关规定增设或迁移导航及警示标志。

9.7.6 管节两端的端封门可采用钢结构或钢筋混凝土结构，其设计应符合下列规定：
1 端封门周边与管节断面的接缝应具有良好的水密性，并应根据隧道最大水深进行强度验算。
2 端封门应设置通气管、给排水管、人孔、观测用人孔等。
3 钢结构端封门宜采用 H 型钢和钢面板的结构形式，宜重复使用。
4 钢筋混凝土端封门应保证 H 型钢骨架与钢筋混凝土面板的紧密贴合。

条文说明

端封门是实现暗埋段、管节端头封闭水密的临时辅助设施，主要有混凝土封门与钢封门两种形式，钢封门可以重复利用，应用相对较多。钢端封门的主要部件包括钢封门、焊接型 H 型钢、预制牛腿等。

9.7.7 在管节就位后至回填覆盖完成前，管节内的压载水应提供足够的抗浮力。压载水箱设计应符合下列规定：
1 应考虑水重度变化的影响和摆动角度的影响，其容量应留有安全储备。

2 应根据管节浮运工况对压载水箱的布置进行优化。
3 进排水系统及预埋件的布置与压舱混凝土置换的施工顺序应协调。

条文说明

压载水箱用于管节在起浮、发生偏转、寄存和沉放时进行压重调节。压载水箱分布在管节内部，通过往水箱内注水或排水的方式调节管节的抗浮力。通常情况下压载水箱挡墙由钢框架及木板墙组成，钢框架主要部件包括钢立柱、横梁、拉杆及其预埋件等；木板墙在水箱侧附防水膜隔水。

9.7.8 应在管节顶部设置测量控制塔。测量控制塔可通过预埋螺栓与管节的钢筋混凝土结构连接，应考虑安装拆卸的便利。

条文说明

测量控制塔是管节沉放过程中测量管节姿态、平面位置及高程的重要设备。测量控制塔一般为装配式的钢管结构。测量塔钢结构通过预埋螺栓与管节的钢筋混凝土结构连成一体，根据构造要求和施工要求进行设计，一般可以重复使用。

9.7.9 应在管节顶部设置吊点。吊点设计应符合下列规定：
1 预埋螺栓、预埋钢板、连接钢板、吊耳板和环板等构件应方便安装拆卸。
2 应通过螺栓与管节顶部的预埋件相连，沿纵向对称布置。
3 应在出坞之前安装，管节沉放到位后水下拆卸。

条文说明

沉管隧道管节通过钢索与沉放驳相连，钢索通过吊点与管节相连。吊点属于一次舾装件，可以重复利用通过管节侧墙顶部的预埋地脚螺栓固定在管节上。

9.7.10 管节顶部应设置系缆柱。系缆柱设计应符合下列规定：
1 系缆柱通过螺栓与管节顶部的预埋件相连，宜沿管节纵向对称布置。
2 应根据施工过程中系缆柱承受的荷载大小进行强度校核。

条文说明

系缆柱用于管节的横移、寄存、浮运及沉放施工，沿管节纵向对称布置。在干坞内管节起浮之前，系缆柱需安装到位。管节角部的系缆柱在管节浮运、沉放施工过程中主要起到缆线支点的作用；管节中间位置的系缆柱主要用于管节的浮运与横移。

9.7.11 管节端部应设置临时拉合装置，并应根据拟定的管节拉合施工方案及拉合力设计拉合装置。

条文说明

拉合装置用于管节对接时 GINA 止水带的初始压接止水。拉合装置与管节角部的钢筋混凝土拉合台座相连接。

10 堰筑隧道

10.1 一般规定

10.1.1 堰筑隧道的埋置深度与回填设计应考虑水深、航道现状、航道规划、水利规划、水流冲刷、结构抗浮、两端接线及工程规模等因素。其他工法隧道的明挖段设计应参照本章执行。

条文说明

堰筑隧道的埋置深度一般较浅,纵断面设计总体受两端接线和工程规模的控制,隧道最小埋置深度的确定需充分考虑水深、航道现状与规划、水利规划、水流冲刷、结构抗浮等因素。一般情况下,堰筑隧道顶部设置在稳定的河(江、湖、海)床下深度不小于1.5m。隧道顶部回填一般以恢复原河(江、湖、海)床为设计原则,在通航水域一般还需要考虑沉船与拖锚对隧道结构的作用。

10.1.2 围堰形式及材料应结合水深、地层特性、隧道结构、基坑支护及环保要求等因素确定。围堰可按临时结构进行设计,后期需继续利用时应按永久结构设计。

条文说明

堰筑隧道围堰多为临时结构,隧道施工完毕后拆除。部分隧道建设结合堤坝、滨河(江、湖、海)地面道路或其他建筑物等一并实施时,一般采用永久结构进行围堰设计。

10.1.3 围堰级别应按表10.1.3确定。

表10.1.3 围堰级别划分

围堰级别	环境条件	水　深
1级	较大河流及远离海岸的海域	≥10m
2级	中小河流、近岸海湾	5~10m
3级	湖泊、塘、水库等	≤5m

注:2级及3级围堰内为高速公路或一级公路等重要构造物,或基坑深度大于20m时,围堰级别可提高一级。

条文说明

从国内已建成堰筑隧道统计来看，类似工程多位于近岸海湾、中小河流、湖泊、水塘等水文条件较简单区域，水深一般不大于10m，围堰等级一般采用2、3级标准。随着国民经济、基础建设及技术水平的发展，堰筑隧道的应用范围有逐渐扩大的趋势。围堰作为堰筑隧道关键工程之一，要谨慎选择设计标准，兼顾工程安全性、可靠性与经济性。

10.1.4 基坑支护安全等级可按表10.1.4确定。

表10.1.4 基坑支护安全等级

基坑开挖深度(H)	临近环境条件等级[a]								
	简单			中等			复杂		
地基复杂程度[b]	简单	中等	复杂	简单	中等	复杂	简单	中等	复杂
$H \geq 20$	一级	一级	一级	一级	特级	特级	特级	特级	特级
$14m < H \leq 20m$	一级	一级	一级	一级	一级	一级	一级	一级	一级
$7m < H \leq 14m$	二级	二级	二级	二级	二级	一级	一级	一级	一级
$H \leq 7m$	三级	三级	二级	三级	二级	二级	二级	二级	二级

注：[a]临近环境条件等级可按本规范附录A表A.0.2确定。
[b]地基复杂程度根据场地地基土性软弱程度及水文地质条件分类如下：
简单：2H深度范围内土性较好；无暗浜(塘)分布；水文地质条件简单。
中等：2H深度范围内存在淤泥质黏土、中密碎石土、砂土和黏土；水文地质条件：距离江河湖海大于1.5H，且无水力联系。
复杂：2H深度范围内存在厚度较大的极软弱淤泥质土，坑底存在厚度较大的粉土或砂土且隔水帷幕无法隔断；存在大面积填土(厚度大于3m)；暗浜(塘)分布；水文地质条件：邻近水体(约1.5H范围内)并有水力联系；基坑范围内有渗透性较大的含水层并存在承压水。

条文说明

基坑支护安全等级分级标准确定参考的规范主要有现行《建筑基坑支护技术规程》(JGJ 120)、《建筑地基基础工程施工质量验收规范》(GB 50202)、《建筑基坑工程技术规范》(YB 9258)、《建筑地基基础设计规范》(GB 50007)、上海市《基坑工程技术规范》(DG TJ08-61)、《成都市建筑工程深基坑施工管理办法及基坑工程的安全等级》、广东省《建筑基坑支护工程技术规程》(DBJ/T15-20)、北京市《建筑基坑支护技术规程》(DBJ11/489)、《深圳市基坑支护技术标准》(SJG 05)等。考虑公路堰筑隧道基坑多位于建设条件复杂的滨水环境，且大部分基坑深度往往超过20m，同时上岸工程周边多分布有敏感建筑物，故本规范增加了特级基坑安全等级。

10.2 围堰设计

10.2.1 围堰布置应考虑隧道线位、堰内排水、施工开挖、材料堆放及施工道路布置等因素，并应符合下列规定：
1 围堰坡脚距离基坑边缘应不小于1倍基坑深度，且不宜小于8m。
2 应减少对水域环境的影响。
3 可根据隧道施工工序要求及水域宽度，采用分仓布设。
4 应考虑水流冲刷影响。
5 应便于临时围堰的拆除。

条文说明

在满足隧道施工要求前提下，围堰紧凑布置能减少对水域环境的影响，同时也可以节约围堰填筑、堰内排水等工程造价。

(1) 水域环境主要包括工程所在区域的水下生态环境、航道规划、水利规划等。

(2) 围堰长度较长时，一般根据围堰规模设置纵向分仓隔断，以提高施工效率并提高基坑抵御破坏性水灾的能力。

(3) 围堰设置在流速较大的河流或海域时，为确保围堰稳定，必要时还需进行相应水工模型试验，对围堰进行水力与防冲计算。

10.2.2 围堰结构设计应满足使用功能、稳定、抗渗、抗冲刷要求，并应符合下列规定：
1 应结构简单，施工方便，就地取材。
2 围堰基础应易于处理，堰体便于与岸坡或已有建筑物连接。
3 围堰形式及填料应结合防渗处理方案确定。

条文说明

围堰结构设计包括平纵横断面设计、水力计算、稳定计算、应力计算、地基处理等方面内容。

1 围堰结构形式在满足安全使用的基础上，力求结构简单、修筑及拆除方便、造价低廉。

2 围堰地基处理时，结合围堰基础地质条件，尽量简化地基处理方案，在保证施工质量前提下，加快围堰施工进度。围堰与岸坡或已有建筑物连接需满足防渗和稳定要求，结合岸坡、地形、地质条件和已有建筑物的结构特点选择可靠、简便的接头形式。

10.2.3 围堰形式可采用土石围堰、钢板(管)桩围堰、混凝土(砌石)围堰等，并宜符合下列规定：
1 挡水水头小于5m时，宜采用土石围堰。
2 挡水水头较高但不高于15m时，可采用钢板桩或钢管桩围堰。
3 围堰作为永久结构考虑且基础条件良好时，可采用混凝土或砌石围堰。

条文说明

目前堰筑隧道挡水水头多在 2~10m 之间，一般采用土石围堰、钢板(管)桩围堰形式。部分隧道修筑时，结合堤坝、滨水道路、填海造地等工程一并实施，采用混凝土(砌石)围堰形式。

1 采用土料防渗的土石围堰，在当地富有沙壤土、风化料或砾质土，且经试验论证能满足防渗要求时，优先用作防渗土料；防渗体土料渗透系数不大于 10^{-4}cm/s；当地无防渗土料或受气候条件影响较大时，选用钢板桩心墙、混凝土心墙、混凝土防渗墙、沥青混凝土防渗墙或土工膜等形式防渗。土石围堰坡脚流速控制在 5m/s 以内，围堰坡脚流速大于 5m/s 时，需专门研究防冲结构措施。

2 钢板(管)桩围堰一般采用单层或多层复合体结构形式。水深较小且不需在围堰顶部设置施工道路时，采用单层钢板(管)桩围堰；水深较大时，一般采用多层钢板(管)桩作为内外侧壁、内部填充砂土心墙的复合围堰结构形式；围堰顶部根据需要设置施工道路。

3 混凝土围堰一般建在岩石地基上；碾压混凝土围堰造价低，施工简便，工期短，在有条件时优先采用；混凝土围堰主要受基础抗冲流速控制，设计时加强基础防冲保护措施。

10.2.4 堰顶高程不应低于设计洪水的静水位、波浪高度、下游支流顶托及堰顶安全加高值之和。堰顶安全加高值不应低于表 10.2.4 的规定。

表 10.2.4 围堰堰顶安全加高下限值(m)

围堰形式	围堰级别		
	1级	2级	3级
土石围堰	1.0	0.7	0.5
混凝土或砌石围堰、钢板(管)桩围堰	0.5	0.4	0.3

条文说明

顶托一般指下游支流水流被干流高水位所阻，形成的壅水现象；对于海潮顶托，主要指海潮导致海水高水位运行。

10.2.5 围堰堰顶宽度应满足施工需要和防汛抢险要求，可按下列数值选用：土石围堰 7~10m，混凝土或砌石围堰、钢板(管)桩围堰 3~6m。

条文说明

土石围堰顶宽一般按双向行车要求进行取值，同时考虑防渗与稳定需要，其宽度一般取 7~10m；由于混凝土或砌石围堰、钢板桩及钢管桩围堰造价较高，稳定性及防渗等级较高，其顶宽一般取 3~6m。

10.2.6 围堰水力计算应符合下列规定：

1 隧道穿越河流时，围堰应按束窄河床进行各期导流水力计算，确定河道各束窄断面的设计洪水水位和流速、流态，确定围堰防冲措施及河道通航条件。

2 土石围堰应进行渗流计算，根据浸润线分析堰体、堰基渗透稳定并计算其渗流量。

3 混凝土或砌石围堰，应分析堰基渗透稳定并计算渗流量。

4 围堰渗流计算应考虑围堰运行中各种条件，选择最不利工况核算堰体及堰坡稳定。

5 围堰防渗体及堰基的安全渗透比降宜根据试验成果经论证后取用。

条文说明

本条对围堰的水力计算予以规定。

1 束窄河床的壅水高度（实际为最大收缩断面与上游水位之差）计算可以利用能量方程推导出的近似公式计算；通过束窄河床的水力计算，求出壅水高度和束窄段最大收缩断面的平均流速，以便确定上游横向围堰及纵向围堰沿线的水面线，横向围堰及纵向围堰堰顶高程和研究围堰及河床的防冲保护方案。对 1 级、2 级围堰束窄河床的水位及流速分布和壅水高度还有赖于水工模型试验验证。

2 需要通过土石围堰渗流计算确定堰体浸润线位置及堰体内渗流压力分布，以验算围堰边坡稳定，拟定堰基防渗铺盖及堰体斜墙或基础防渗墙和堰体心墙的厚度及长度；确定渗流坡降（引起堰体及堰基管涌和流土的渗透坡降），以便核算堰体及堰基的渗透稳定和防渗体的抗渗强度；确定墙体及堰基的渗流量，作为堰内排水设计的依据。

3 对于建在含有软弱夹层的基岩或软岩上的混凝土围堰，除计算渗流量外，还需验算堰基是否会发生因渗透变形（管涌、流土等）而引起堰基渗透破坏。

4 围堰渗流计算一般按迎水侧设计水位、背水侧无水和迎水侧设计水位、背水侧最高水位（即堰内抽水前水位）两种水位组合条件计算即可。但对 1 级围堰，尚需核算迎水侧最高洪水位、背水侧无水和迎水侧最高洪水位、背水侧最高水位两种水位组合条件计算。

5 围堰防渗体及堰基的安全渗透比降，可以结合工程具体情况按下列参数初步拟定：黏土为 5~10，壤土为 4~6，轻壤土 3~4。

10.2.7 围堰稳定计算应根据围堰形式、围堰材料、工作条件进行，并应符合下列规定：

1 围堰稳定安全系数应按表 10.2.7 取值。

表 10.2.7 围堰稳定安全系数

围堰形式	级别	抗滑	备注
土石围堰	1、2级	≥1.2	边坡稳定
	3级	≥1.05	
混凝土（砌石）围堰	1、2级	≥1.05	按抗剪强度公式计算
		≥3	按抗剪断强度公式计算
		≥2.5	按抗剪断强度考虑排水失效
钢板（管）桩围堰	1、2级	≥1.1	按抗剪强度公式计算

2 围堰稳定计算应考虑下列荷载：堰体自重、静水压力、扬压力、浪压力、动水压力、泥沙压力、冰压力、孔隙水压力等。

3 土石围堰宜按极限平衡法计算边坡稳定，均质土石围堰可采用不计条块间作用力的瑞典圆弧法，黏土斜墙和心墙土石围堰可采用折线滑动静力计算法或滑楔法。

4 混凝土或砌石围堰稳定应按抗剪强度公式或抗剪断强度公式进行计算，并应符合下列规定：

1) 应核算围堰基面的抗滑稳定。
2) 应核算围堰岸坡断面的抗滑稳定。
3) 围堰基础内有软弱夹层、缓倾角结构面及不利的地形地质时，应核算沿最不利结构面的抗滑稳定。

条文说明

土石围堰和混凝土或砌石围堰的抗滑稳定系数参照现行《水利水电工程施工组织设计规范》（SL 303）拟定，钢板（管）桩围堰稳定计算内容及安全系数参照《钢围堰工程技术标准》（GB/T 51295—2018）拟定。

10.2.8 围堰基础应满足堰体稳定、基础抗渗要求，并宜符合下列规定：
1 覆盖层厚度小于3m的地段，围堰基础可作挖除处理。
2 可进行振冲加固、强夯等技术处理，防止堰基变形、液化、不均匀沉陷。

条文说明

围堰基础覆盖层厚小于3m地段，且具备水下开挖条件，对土石围堰可以将其防渗体范围覆盖层开挖至基岩；对混凝土围堰尚需具备水下清基、立模浇筑混凝土等水下施工条件，再采用水下开挖将围堰基础覆盖层全部挖除。围堰与岸坡接头部位堰体的基础以及位于河床基岩较高处的堰体基础，具备水上开挖条件，土石围堰防渗体基础开挖至基础相对不透水层，混凝土围堰基础开挖至基岩可利用岩体。

10.2.9 围堰防渗处理应根据地质条件，结合隧道基坑支护防渗方案，比选水泥或黏土水泥灌浆、高压喷射灌浆、钢板（管）桩墙、防渗土工膜等处理方式。

10.2.10 隧道施工期间应对围堰稳定状况进行监测，宜包括下列监测项目：
1 堰体垂直位移和水平位移；
2 上下游水位及流速；
3 围堰内侧渗水量；
4 裂缝、堰体局部坍陷、堰基翻砂冒水等围堰外部观测；
5 对采用新技术、新材料、新工艺的围堰，开展原型观测设计。

条文说明

原型观测一般包括下列内容：
1 土石围堰观测堰体内部水平位移及土体应力、应变，总应力及孔隙压力，防渗墙应力、应变，堰基渗压观测等；
2 混凝土围堰、钢板（管）桩围堰观测堰体应力、应变，堰基应力、应变，堰体及堰基渗压观测。

10.2.11 临时围堰应进行拆除设计，包括围堰拆除范围、拆除宽度和高程、拆除工序和拆除方法等内容。

条文说明

围堰拆除一般是堰筑隧道最后一道施工工序，拆除方案要综合考虑对工程安全、施工进度等各方面的影响。土石围堰拆除方法比较灵活，混凝土围堰一般用爆破法或凿除法拆除，多层钢板（管）桩围堰先拆除心墙再拆除桩体结构。当围堰较高时，为保证拆除过程中的施工安全，在拆除围堰前先往围堰内侧灌水，以平衡围堰两侧的水头差。

10.3 隧道结构

10.3.1 隧道的结构形式应根据隧道跨度、覆盖层厚度、地质条件及使用功能确定，可采用矩形结构、拱形结构、单孔结构及多孔结构等，并宜符合下列规定：
1 宜采用矩形断面结构，埋深大于5m时可采用拱形断面结构。
2 为双向行车时，宜采用双孔结构；车道数较多及兼具行人或市政管廊功能时，可根据功能分区采用多孔结构。
3 宜采用普通钢筋混凝土结构；跨度及荷载较大时，顶板可采用预应力钢筋混凝土结构。

10.3.2 隧道净空断面应满足建筑限界及通风、照明、排水等营运设施布置等要求。

隧道净空断面沿纵向变化较大时，应采取措施保证行车安全，减小通风阻力。

10.3.3 隧道结构设计应综合考虑隧道使用功能、周边环境、地质条件、基坑支护及施工组织等因素。排水泵房、楼梯间等附属结构宜结合其使用功能和周边环境确定结构方案，可采取主体结构外挂的形式，也可采取与主体结构合建的方式。

10.3.4 腐蚀性环境条件下的堰筑隧道的结构设计应符合下列规定：
1 环境作用等级为 D、E、F 级且采用普通钢筋时，宜添加钢筋阻锈剂。
2 环境作用等级为 E 级时宜选用环氧涂层钢筋，为 F 级时可选用不锈钢钢筋。
3 环境作用等级为 E、F 级时，结构外侧应设防腐蚀层。
4 处于海洋氯化物及化学腐蚀环境时，地下连续墙及钻孔灌注桩等基坑支护结构不宜作为永久结构。
5 冻融环境条件下隧道结构伸缩缝的间距不宜大于 25m。

10.3.5 隧道主体结构计算应符合下列规定：
1 应考虑水土压力、基坑支护、地基处理、地震液化及地表超载（道路、建筑物）等方面的影响。
2 底板宜按支承在弹性地基上的结构计算，侧墙应考虑土体及基坑支护结构的抗力。
3 运营阶段抗浮验算应考虑地下水位变化及地震液化对结构抗浮的影响。
4 位于航道与锚地水域时，应考虑沉船荷载与拖锚影响。

条文说明

1 明挖隧道结构计算综合考虑作用在结构上的水土压力、基坑围护墙与主体结构的关系、地基处理方案及效果、地震液化及地表超载等的影响。对于地震液化，设计时根据不同情况分析液化土层对结构受力和稳定可能产生的影响，并结合液化土层与结构相对位置关系和结构的施工方法，通过技术经济比较后确定采取相应对策。

2 作用在明挖结构底板上的地基反力的大小及分布规律，依结构与基底地层相对刚度的不同而变化。本规范按底板支承在弹性地基上的框架模型来计算，目前，国际隧道协会（ITA）大多数成员都采用这一模型。对于设置在软弱地基上的小跨度结构，近似假定底板反力为均匀分布进行计算。

明挖结构使用阶段的受力分析，目前有两种方法，即考虑施工过程影响的分析方法和不考虑施工过程影响的分析方法。虽然考虑施工过程影响的分析方法计算较繁杂，但能较好地反映使用阶段的结构受力对施工阶段受力的继承关系以及结构实际的受力过程，在施工图设计阶段推荐采用这种分析方法。

3 结构抗浮计算时，慎重选取浮力、抗浮力的计算及抗浮安全系数，注意地下水位变化及地震液化时浮力增加对结构抗浮的影响。

10.3.6 主体结构侧墙可采用单一墙、叠合墙和复合墙等形式。对外观或防水要求较低且能满足耐久性要求时，可采用单一墙，围护墙直接作为主体结构侧墙。对外观或防水要求较高时，应结合结构使用、受力、防水及耐久性等要求，宜选用叠合墙或复合墙，围护墙宜作为主体结构侧墙的一部分与内衬墙共同受力。

条文说明

堰筑隧道主体结构的侧墙与基坑支护结构的关系一般分为下列三种：

（1）单一墙：围护墙直接作为主体结构的侧墙，不另作参与结构受力的内衬墙，多采用地下连续墙，且槽段之间的接头需做特殊处理。

（2）叠合墙：围护墙作为主体结构侧墙的一部分，与内衬墙组合成叠合式结构，通过结构和施工措施，保证叠合面的剪力传递，叠合后把两者视为整体墙。其围护墙多采用地下连续墙。

（3）复合墙：围护墙作为主体结构侧墙的一部分，与内衬墙组合成复合式结构，墙面之间不传递剪力和弯矩，只传递法向压力。

10.3.7 在交通繁忙或需要严格控制基坑开挖引起地面沉降的地段，可采用逆筑法；在不容许长期占用地面的地段，可选用盖挖法。

10.3.8 隧道抗浮可采取压重、压顶梁、抗拔桩及抗浮锚桩等措施。隧道底部设置桩基时，应考虑桩基与结构的相互作用。

条文说明

抗浮力随施工过程及使用阶段不断变化，施工期间由于静荷载尚未全部作用在结构上，需注意其抗浮稳定性。抗浮措施分为消除浮力和抵抗浮力两大类。

10.4 基坑支护

10.4.1 基坑支护设计应根据场地地质条件和临近环境条件，按施工过程的实际工况进行，并应包括下列内容：
1. 基坑支护形式的选择；
2. 基坑内外土体的稳定性验算；
3. 支护结构的强度和变形计算；
4. 地下水控制及防渗设计；
5. 环境影响分析与保护技术要求；
6. 施工开挖工序技术要求；
7. 施工过程中的监测项目及要求。

条文说明

1 基坑支护设计是堰筑隧道设计的重要组成部分，采用不同的支护体系方案对工程的经济性、工期及对周边环境的影响差异较大。

2 基坑的倒塌或破坏会对开挖场地及周边环境造成很大的破坏，社会影响恶劣，基坑稳定性验算是设计阶段重要环节。

4 地下水的渗漏对工程危害较大，设计文件中包括地下水控制及防渗设计内容，明确地下水控制及防渗所采取的措施。

5 隧道部分区段(如隧道的陆上接线部分)可能位于市区建筑密集地带，周边管线众多、地下建筑物复杂，在这种环境下的基坑，除了需关注基坑本身的安全以外，还要重点关注对周边环境的影响，基坑设计的稳定性及承载力仅是必要条件，变形往往成为主要的控制条件。

7 基坑监测是信息化施工和确保工程安全的重要保障，设计文件中要提出明确的监测项目内容和相应的技术要求。

10.4.2 应结合地质条件、周边环境、结构形式及基坑规模选择基坑支护形式，并应符合下列规定：

1 特级基坑应采用地下连续墙支护。

2 一级基坑宜采用地下连续墙支护；地下水对环境影响较小时，可采用钻孔灌注桩支护。

3 二级基坑可采用桩墙式支护的型钢水泥土搅拌墙及钢板桩支护；基坑较深时，宜采用钻孔灌注桩或地下连续墙支护。

4 地质较差的三级基坑可采用钢板桩、水泥土重力式挡墙支护。地质条件较好的三级基坑，可采用复合土钉墙及放坡喷锚等支护形式。

10.4.3 对基坑稳定性验算，验算内容应包括整体稳定性、坑底抗隆起稳定性、抗倾覆稳定性、抗滑移稳定性、抗渗流稳定性、抗承压水稳定性等，并应符合下列规定：

1 采用最危险圆弧滑动面验算基坑的稳定性，其危险滑弧应满足式(10.4.3)的要求。

$$\gamma_0 M_S \leq \frac{M_R}{\gamma_R} \tag{10.4.3}$$

式中：M_S、M_R——作用于危险滑弧面上的总滑动力矩设计值(kN·m)和抗滑力矩标准值(kN·m)；

　　　γ_0——重要性系数；

　　　γ_R——抗力分项系数。

2 基坑稳定性验算安全指标可按表10.4.3选取。

表 10.4.3 基坑稳定性验算重要性系数及抗力分项系数

基坑安全等级		特级	一级	二级	三级
γ_0	重要性系数	1.15	1.1	1.05	1.0
γ_R	整体稳定性抗力分项系数	1.3	1.2	1.15	1.1
	抗隆起稳定性抗力分项系数	2.8	2.5	2.0	1.7
	抗倾覆抗力分项系数	1.3	1.2	1.1	1.05
	抗渗流稳定性抗力分项系数	2.3	2.0	1.7	1.5
	抗承压水稳定性抗力分项系数	1.3	1.2	1.1	1.05

3 基坑支护各项稳定性验算中土的抗剪强度指标除特别指明外,应按三轴固结不排水剪切试验测定的峰值强度指标 c、φ 或直剪固结快剪试验峰值强度指标取用。

条文说明

基坑稳定性计算公式按现行《建筑基坑支护技术规程》(JGJ 120)等规范制定。

10.4.4 基坑支护结构的荷载效应应结合场地建设条件确定,并应符合下列规定:
1 作用于基坑支护结构上的土压力和水压力,应考虑土层物理力学参数的变异特征。
2 按变形控制原则设计支护结构时,作用在支护结构上的计算土压力可按支护结构与土体的相互作用原理确定。
3 地下水渗流作用较强时,地下水的作用应通过渗流计算确定。
4 受潮汐、波浪力、水流力作用的基坑支护结构,其荷载应符合相关规范的规定。

10.4.5 计算作用在基坑支护结构上的土压力时,应根据围护墙与土体的位移情况和采取的施工措施等因素,确定土压力计算模式,分别按静止土压力、主动土压力、被动土压力及与基坑侧向变形条件相应的土压力计算,并应符合下列规定:
1 主动土压力、被动土压力可采用库仑或朗肯土压力理论计算。
2 对支护结构水平位移有严格限制时,应采用静止土压力计算。

10.4.6 基坑周边环境没有明确的变形控制标准时,基坑变形控制指标可根据基坑安全等级按表 10.4.6 确定。

表 10.4.6 基坑变形控制指标

基坑安全等级		特级	一级	二级	三级
地面最大沉降量	坚硬~中硬土	≤0.15%H 且≤15mm	≤0.2%H 且≤20~30mm	≤0.3%H 且≤25~35mm	≤0.4%H 且≤30~40mm
	中软~软弱土	≤0.2%H 且≤15mm	≤0.3%H 且≤20~40mm	≤0.5%H 且≤30~50mm	≤0.6%H 且≤40~60mm

表10.4.6（续）

基坑安全等级	特级	一级	二级	三级
支护结构最大水平位移	≤0.1%H 且≤15mm	≤0.15%H 且≤25mm	≤0.3%H 且≤30mm	≤(0.6%~0.8%)H，且≤60mm（土钉墙、型钢水泥土墙）；≤(0.3%~0.4%)H，且≤40mm（灌注桩、地下连续墙）

注：当基坑环境条件相对简单时，变形指标可适当降低。

条文说明

严格地讲，基坑的变形控制指标需根据基坑周边环境对附加变形的承受能力及基坑开挖对周边环境的影响程度来确定。由于问题的复杂性，在很多情况下，确定基坑周围环境对附加变形的承受能力是一件非常困难的事情，而要较准确地预测基坑开挖对周边环境的影响程度也往往存在很大的难度，因此采取根据大量的已成功实施的工程实践的统计资料来确定基坑的变形控制指标不失为一种有效的方法。本条提到的基坑变形控制指标参考了现行《城市轨道交通工程监测技术规范》（GB 50911）。

10.4.7 基坑支护结构的构造应符合下列规定：

1 桩墙式支护结构的顶部应设置圈梁，其宽度不应小于桩、墙的厚度，高度不应小于500mm。桩、墙顶嵌入圈梁的深度不应小于50mm；桩、墙内竖向钢筋锚入圈梁内的长度应按受拉锚固要求确定。

2 钢筋混凝土支撑和腰梁的纵向钢筋直径不宜小于16mm；箍筋直径不应小于10mm。

10.4.8 基坑开挖深度范围内存在饱和软土、含水层及坑底以下存在承压含水层时，可采用集水明排、基坑降水、隔水及地下水回灌等形式单独或组合使用控制地下水，并应符合下列规定：

1 基坑开挖及隧道结构施工期间，应进行地下水位控制计算，设计降水深度不宜小于基坑底面以下0.5m。

2 应保证降水期间周边建筑物的安全。

10.4.9 特级、一级基坑应进行专项降水设计，并应符合下列规定：

1 应根据基坑支护形式、地质特点、周边环境合理确定降水井类型。

2 降水系统设计应包括降水井数、井深、井距、井径、过滤管、人工滤层、单井出水量、水位与地面沉降的监测、回灌系统等。

3 降水效果预测应包括基坑内、外典型部位的最终稳定水位及水位降深随时间的变化、降水引起的沉降及对周边环境的影响。

4 因降水而危及基坑及周边环境安全时，宜采用隔水或地下水回灌的方法。隔水后基坑中的水量或水压较大时，宜采用基坑内降水。

条文说明

本条所提到的选定降水井类型、降水系统设计、降水效果预测等参考了现行《建筑与市政降水工程技术规范》（JGJ/T 111）。

10.4.10 基坑开挖工序应综合考虑场地水文地质条件、环境保护要求、施工场地条件、基坑平面形状及开挖深度、地下水处置要求等因素，并应符合下列规定：

1 基坑开挖应遵循分层、分段、分块、对称、平衡、限时的原则确定开挖顺序，有内支撑的基坑开挖尚应遵循先撑后挖、限时支撑、严禁超挖的原则。
2 施工道路布置、材料堆放、开挖顺序、挖土方法等，应减少对周边环境、支护结构、降水设施、监测设施、工程桩的不利影响。
3 场地条件允许并经验算能保证边坡稳定时，可采用放坡开挖。

10.4.11 在基坑及隧道施工的全过程中，应对基坑支护及周边环境进行监测，并为施工提供参数。

条文说明

基坑的风险性随开挖深度的增加和环境条件的日益复杂而增大。利用监测信息及时掌握基坑支护结构、周边环境变化程度和发展趋势，及时应对异常情况采取措施，做到信息化施工，防止事故的发生；同时积累监测资料，验证设计参数，完善设计理论，提高设计水平。

10.4.12 监测项目和监测点布置应根据基坑安全等级、临近环境条件等级、基坑支护的类型、基坑形状及基坑施工方案等因素确定。监测点的布置应符合下列规定：

1 不同监测项目的监测点宜布置在同一断面上。
2 地下管线宜布设直接监测点，条件不允许时可布置间接监测点。
3 基坑支护结构受力和变形较大及周边环境保护要求较高时，应加密监测点。
4 监测点布置应考虑现场监测工作的可实施性，不应妨碍监测对象的正常工作，监测过程应减少对施工作业的影响。

条文说明

根据基坑安全等级确定的基坑支护监测项目一般有：支护体系观察、围护墙（边坡）顶部竖向、水平位移、围护体系裂缝、围护墙侧向变形（测斜）、围护墙侧向土压力、围护墙内力、冠梁及围檩内力、支撑内力、锚杆拉力、立柱竖向位移、立柱内力、坑底隆起(回弹)、基坑内外地下水位等。

根据环境保护等级确定的周边环境监测项目一般有：基坑外地下水水位、孔隙水压力、坑外土体深层侧向变形、坑外土体分层竖向位移、地表竖向位移、基坑外侧地表裂缝、临近建构筑物水平及竖向位移、临近建构筑物倾斜、临近建构筑物裂缝、临近地下管线水平及竖向位移。

具体检测内容及检测要求根据基坑等级和相关单位要求确定。

10.5 结构防水

10.5.1 隧道主体结构的防水等级(按附录E表E-1确定)应达到二级，配电房等特殊地段应为一级；基坑支护的防水在一般地段宜达到三级，在水量较大地段可为四级。

10.5.2 主体结构宜采用防水混凝土和外包柔性防水层组成的双道防水体系，应加强变形缝、施工缝、穿墙管、桩头、预埋件、坑(池)、预留通道接头等特殊部位的细部构造防水设计。

10.5.3 地下水较丰富时，围护墙宜选用地下连续墙或钢板桩等具有防水能力的围护形式；选用钻孔灌注桩或SMW工法桩时，接缝处宜采取防水措施。

条文说明

采用地下连续墙作为围护墙时，墙幅间接缝一般需避开拐角部位，同时墙幅间接缝采用可靠的防水接头，可以有效提高连续墙的防水性能。单一墙、叠合墙、复合墙的防水性能不同，设计主体结构的防水方案时，需要有针对性地采取防水措施。

10.5.4 防水混凝土结构底板下应设置混凝土垫层，强度等级不应低于C20，厚度不应小于150mm，在软弱土层中不应小于200mm。

10.5.5 防水混凝土应连续浇筑，宜少留施工缝。留施工缝时，应符合下列规定：
1 墙体水平施工缝不应留在剪力最大处或底板与侧墙的交接处。
2 垂直施工缝应避开地下水和裂隙水较多的地段，并宜与变形缝相结合。
3 施工缝防水构造宜符合本规范附录E表E-2的规定。

10.5.6 变形缝防水措施可选用中埋式止水带与外贴防水层复合使用、中埋式止水带与嵌缝材料复合使用、中埋式止水带与可卸式止水带复合使用等；变形缝用橡胶止水带、嵌缝材料的物理性能应符合本规范附录E表E-2的规定。

10.6 地基处理及回填

10.6.1 堰筑隧道应根据基坑底部地质条件、水文特点、承载力要求、抗浮要求及不均匀沉降要求等,选用换填、桩基及复合地基等地基处理形式。

条文说明

隧道结构的沉降主要是由于结构地基土的再压缩变形与基础层的压缩变形造成的,同时受到隧道施工、河床的淤积与冲刷、区域地下水位的下降、车辆周期性动荷载、地震荷载等其他因素的影响。对于正常固结的砂土和硬黏土来说,由于地基开挖、结构施工与覆土荷载的作用造成的卸载及加载产生的地基残余沉降较小。但对于厚度较大的饱和软黏土地基,残余沉降量较大,设计时需加以考虑。

10.6.2 隧道位于淤泥、淤泥质土、冲填土、杂填土或其他高压缩性土层等软弱地基上时,可根据软弱地基分布特点和厚度选择不同的地基处理形式,并符合下列规定:

1 基坑底部地质条件仅局部不均匀,或仅浅表层3m内存在软弱土层时,可采用换填处理。换填材料可采用中砂、粗砂、砂砾,角(圆)砾、碎(卵)石、矿渣、灰土、黏性土,以及其他性能稳定、无腐蚀性的材料。

2 基坑底部浅表3~5m存在软弱土层时,可采用水泥搅拌桩、高压旋喷桩、挤密桩碎石、CFG桩等处理形式。

3 基坑底部浅表软弱土层厚度大于5m或下卧软硬交互地层时,宜采用桩基础。桩基础可采用混凝土预制桩或混凝土灌注桩。

条文说明

地基处理形式主要有下列几种类型:

(1)水泥搅拌桩:主要用于加固淤泥、淤泥质土、粉土和含水量较高且地基承载力不大于120kPa的地基。水泥搅拌桩复合地基适用范围和加固深度与施工机械能力有关。有的深层搅拌施工机械可以用于砂土地基的加固。当拟加固地基土层为泥炭土、有机质含量较高的土层,含大量植物根茎土层以及土层地下水有腐蚀性、流速过大等情况时,一定要通过现场试验确定水泥搅拌桩复合地基的适用性。地基中含有大量大粒径块石的,不能采用水泥搅拌桩复合地基加固。

(2)高压旋喷桩:根据工程需要和土质条件,高压旋喷桩可以采用单管法、双管法和三管法施工。高压旋喷桩复合地基适用于处理淤泥、淤泥质土、黏性土、粉土、砂土、黄土、素填土和碎石土等地基。当土中含有较多大直径块石、大量植物根茎或有机质含量较高,以及地下水流速过大和已涌水的工程,需根据现场试验结果确定其适用性。

(3)挤密砂石桩:根据成孔的方式不同分为振冲法、振动沉管法等。按填料分为挤密碎石桩、挤密砂石桩和挤密砂桩。上述三类碎石桩均为散体材料桩，统称为砂石桩。挤密砂石桩复合地基适用于处理松散砂土、粉土、素填土和杂填土等地基。当处理黏粒含量大于10%的砂土、粉土地基时，需通过现场试验确定其适用性。挤密砂石桩法也可以用于处理可液化地基。

（4）钢筋混凝土桩：适合于处理黏性土、粉土、砂土等地基。淤泥、淤泥质土地基上对变形控制要求不严的工程，也可以采用钢筋混凝土桩复合地基。钢筋混凝土桩复合地基中的桩建议采用摩擦型桩，设计时需进行地基变形验算。

10.6.3 复合地基设计应满足隧道结构基底的承载力和变形要求。复合地基承载力特征值应通过现场复合地基荷载试验确定，或采用增强体的荷载试验结果和其周边土的承载力特征值结合经验确定。

10.6.4 桩基布置位置应有利于隧道主体结构的受力，并应符合下列规定：
1 敞开段宜沿底板均匀布置，暗埋段宜沿结构侧墙及中隔墙底部均匀布置。
2 隧道纵向桩间距宜按相同间距均匀布置，并通过桩长的变化来调整各分段总抗浮力。

条文说明

桩基沿结构侧墙及中隔墙底部均匀布置传力体系明确，可以有效避免结构底板局部剪力过大。

10.6.5 隧道两侧及顶部回填材料应考虑水流冲刷、结构抗浮等因素，并应符合下列规定：
1 两侧锁定回填材料可采用浆砌片石或片石混凝土。
2 顶部回填材料可采用土石分层回填，压实度不宜小于90%。
3 水流冲刷较大时，顶部回填可采用大重量块石、浆砌片石或混凝土铺砌。

11　附属工程

11.1　一般规定

11.1.1　隧道洞口减光构造物、逃生救援洞室、防淹门、边水沟与电缆沟、预留洞室与预埋件、内部功能层等附属工程，应根据使用功能设置。

条文说明

　　洞口减光构造物、逃生救援洞室、防淹门、边水沟与电缆沟、预留洞室与预埋件、内部功能层等附属工程是公路水下隧道的重要组成部分，良好的设计方案及处理措施有利于提高隧道使用年限，降低隧道运营维护费用，保障隧道使用安全。

　　遮光棚、遮阳棚或遮光板统称为洞口减光构造物；人行横通道、车行横通道、紧急停车带、救援通道统称为逃生救援洞室；装饰层、防水层、防火保护层及吸声层统称为内部功能层。

　　隧道通风塔、斜竖井及管理用房等有时也称之为隧道附属工程，鉴于其设计内容较多且自成一体，其设计原则与方法在房屋建筑设计等相关规范中已有详细规定，在此不再提及。

11.1.2　设计过程中应明确附属工程的设计使用年限、使用功能及养护方法。

条文说明

　　与主体工程一样，附属工程只有在明确了其设计使用年限、需要实现的功能及运营期间的养护方法，才能确定其相关设计性能指标。

11.1.3　附属工程的设计使用年限不应高于主体结构，与主体结构施作成整体且不可更换的预留洞室及预埋件，设计使用年限宜与主体结构一致。设计使用年限低于主体结构的附属工程，应在其维修及更换过程中不对主体结构产生有害影响。

条文说明

　　附属工程使用材料的种类多，功能差异大，尽管维修改造相对容易，但尽量不频繁修整。内部功能层可以与隧道大修年限一致，但在其维修及更换过程中需确保不损坏主体结构、不降低结构的耐久性及承载能力。

11.1.4 附属工程设计应与主体工程协调，方便施工及后期维修，并保证美观效果。

条文说明

附属工程一般使用年限相对较短，维修较频繁，方便施工与维修非常重要。同时由于附属工程一般处于隧道洞口及洞内表面，整洁、美观直接影响到对工程的总体评价，因此需重视其美观效果。

11.2 洞口减光构造物

11.2.1 隧道出入口设计为下沉式路堑时，洞口宜设置减光构造物。

条文说明

水下隧道出入口段一般设置为下沉式路堑，行车受洞内外明暗交界、洞内外环境突变、季节与时间变化及太阳眩光的影响较大。通过设置减光构造物，处理好洞内外亮度的衔接过渡，把洞口亮度剧变通过工程措施降低到人视觉能适应的程度，防止较强的太阳光直接射入驾驶员注视范围内，可以有效降低隧道洞口段交通事故发生率、提升行车舒适度。

11.2.2 洞口减光构造物设计应考虑隧道所处地理位置、洞口地形与朝向、设计速度及交通量特征等因素，并应兼顾美观协调、取材方便及施工便利等因素。

条文说明

隧道洞口减光构造物的设置与隧道所处地理位置关系较为密切：高纬度地区一般眩光较为强烈，而低纬度地区则亮度较高；隧道洞口朝向也是考虑的因素之一：南向洞口亮度高，北向洞口亮度低，东西向洞口则以防眩为主；洞口减光构造物的设置还需考虑设计速度与交通量的影响。

11.2.3 隧道所处地区阳光强烈、雨雪天气较多、可能引起车辆滑移时，宜设置封闭式的减光构造物，并应考虑减光构造物对隧道通风及照明的不利影响。

条文说明

隧道出入口采用封闭式减光构造物的减光效果好，既能降低雨雪引起的车辆滑移，又能减少雨雪对路面基层的侵蚀；但需注意封闭式减光构造物上的雨雪与环境污染会造成减光效果不稳定，同时运营期间维护工作量大，也不利于隧道通风。

11.2.4 隧道出入口受阳光直射影响时，减光构造物设计应能有效减轻阳光直接射入驾驶员视线范围，达到减光和防眩的效果。

条文说明

当洞口太阳眩光较强，一般通过延长减光构造物，使减光构造物上缘接近甚至高于地平线来达到减少眩光的目的。

11.2.5 隧道洞口减光构造物的长度应根据隧道设计车速、纵坡、交通量及洞口亮度等因素综合确定。减光构造物内纵向亮度分布应满足隧道出入口照明设计要求。

条文说明

减光构造物的长度主要与洞口段人眼对明暗亮度的适应时间相关。相关研究表明，人眼进入隧道后的暗适应过程所需要的时间，要比出隧道后的明适应过程所需要的时间长得多。隧道出入口处减光构造物合理长度的主要影响因素包括：洞外照度、洞内照度、洞外及洞内亮度(路面特性)、驾驶员视力恢复时间、隧道设计速度等。有研究表明，减光构造物合理长度约为 2~4s 行程，当隧道设计车速为 80km/h 时，其长度约为 45~90m。目前实际工程多采用 25~60m，其余部分通过照明或其他方式解决。

11.2.6 洞口减光构造物宜采用拱肋式框架结构，架设遮光板(减光板)，拱肋可沿隧道纵向不等间距布置，使减光段路面亮度逐渐变化。

条文说明

当隧道洞口减光构造物采用拱肋式框架结构时，拱肋一般沿隧道纵向不等间距布置，以使减光段路面亮度逐渐变化。拱肋间距的设计，一般按下列两个工况考虑：

(1)太阳以 20°的入射角度照向洞口，这时的太阳光恰好是可能产生失明、眩光亮度最大的情况，此工况是洞口减光构造物防眩的最不利工况。

(2)以正午太阳直射时计算洞口减光构造物设置后亮度的变化，这时是洞内外亮度差别最大的情况，对拱肋的环向间距和可能产生的效果作准确的预测和评估。

11.2.7 隧道洞口段照明设计、通风设计及洞口防排水设计应考虑减光构造物的影响。隧道洞口位于城镇附近时，洞口减光构造物应与周边环境及景观协调。

条文说明

由于减光建筑物的设置，洞口亮度及亮度变化均已改变，因此隧道照明设计需考虑减光构造物的影响。减光构造物的设置可能影响洞口汇水面积和洞口截水设施及排水设施的设置条件，在洞口防排水设计过程中需综合考虑。

11.2.8 洞口减光构造物应采用耐久且易清洗维护的材料,其骨架结构的设计使用年限不宜低于50年。

条文说明

隧道洞口,特别是隧道出口,受汽车尾气影响较大,容易受到污染,因此洞口减光构造物要求采用易清洁维护的材料。洞口减光构造物属于附属建筑物,一般采用钢筋混凝土结构或钢结构,设计使用年限不宜低于50年,否则不经济。

11.3 逃生救援洞室

11.3.1 应根据隧道建设工法、长度与宽度、交通量特征等因素设置人行横通道、车行横通道、紧急停车带及逃生救援通道。

条文说明

公路水下隧道一旦发生灾害事故,逃生人员较多,逃生时间较长,为避免次生灾害事故发生,要求设置人行横通道、车行横通道、紧急停车带及逃生救援通道等。

11.3.2 人行及车行横通道设计应符合下列规定:
1 人行及车行横通道宜与行车隧道垂直设置。
2 钻爆隧道的横通道宜布设在地质条件较好的地段,应采用复合式衬砌。
3 盾构隧道的横通道可采用钻爆法施工,应加强辅助施工措施设计,防止施工期间突水涌泥事故的发生。
4 沉管隧道及堰筑隧道的横通道可设置在中隔墙处,该段中隔墙配筋应加强。

条文说明

国外近年来长大水下隧道的横通道间距普遍采用250~300m,设计过程中需根据人员逃生需要确定,不必强求一致。

1 车行横通道垂直设置既有利于救援车辆出入,也有利于交叉洞室的稳定。
2 在地质条件较好地段,设置车行横通道的代价及风险较小,为了提高防灾救援的能力,建议长度在1 500m以上的隧道设置车行横通道;人行横通道也要求设置在地质条件较好地段,以降低施工风险。
3 盾构隧道的横通道由于地质条件较差,一般采用冻结或全断面注浆作为辅助施工工法,然后采用人工开挖修建,其关键是防止突水涌泥事故的发生。
4 沉管隧道及堰筑隧道的横通道一般直接在中隔墙上开洞,对结构强度有一定影响,要求在横通道口部周边采取补强措施。

11.3.3 钻爆隧道的人行横通道、车行横通道及紧急停车带不宜采用全封闭衬砌，并应采取可靠措施减少隧道地下水渗流量。

条文说明

在车行横通道及人行横通道与行车隧道交叉处，结构受力复杂，若采用全封闭衬砌，结构将承担较大的水压力，不利于结构长期安全，结构防水可靠性也不易保证。

11.3.4 逃生救援洞室设计应符合下列规定：
1 设计使用年限应与隧道主体结构一致。
2 内部不得敷设与隧道运营无关的高压电缆、煤气及天然气等管线。
3 可不考虑火灾、爆炸等特殊荷载的影响。

条文说明

1 人行横通道、车行横通道、紧急停车带及逃生救援通道尽管为附属工程，但一般与主体结构联系紧密，且后期改造困难，因此要求其设计使用年限应与隧道主体结构一致。

2 独立逃生救援通道通常情况下使用较少，一般通风不良，因此不容许高压电缆、煤气、天然气管道在内敷设，以免影响紧急状况下的安全使用。

3 独立逃生救援通道使用对象主要为逃生人员，且使用频率较低，因此一般不考虑火灾、爆炸等特殊荷载对结构安全的影响。

11.4 防淹门

11.4.1 隧道出入口区域范围防洪标准低于隧道防洪设计标准，以及隧道在特殊情况下水中段结构损毁后可能导致河水淹没隧道出入口城镇或村庄时，应在隧道洞口设置防淹门。长度在 1 000m 以下的中短隧道可不设防淹门。

条文说明

由于公路水下隧道一般为 V 形坡，洞口受到洪水威胁时容易使整个隧道受淹，造成重大损失；同时公路水下隧道一般为跨江越海的咽喉工程，一般自然灾害情况下不能中断交通，因此公路水下隧道洞口防洪标准要求达到 100 年一遇。但受地理条件的限制，隧道洞口区域范围内的防洪标准较低，洞口高程上抬到 100 年一遇水位较为困难时，也可以考虑在隧道洞口设置独立的防洪围堰或防淹门，防止洪水灌入隧道造成严重损失。洞口位于重要城镇内时，洞口防淹门也可以防止洪水期因隧道的破坏淹没洞口处城镇。

中短隧道即使受淹，其损失也较小，因此一般不设防淹门。

11.4.2 防淹门强度及密闭性能应满足隧道受淹状态下的水压力要求。

11.4.3 防淹门的开启宜为手、自两用，且可远程控制。

条文说明

防淹门的控制系统需满足开启方便、可靠等功能要求，防淹门一般要求关闭速度较快，其开启机构需要结合使用功能设计。

11.4.4 防淹门应采用钢结构，其设计使用年限不宜低于50年。

条文说明

考虑到防淹门造价较高，更换较为困难，因此其设计使用年限不宜低于50年。

11.5 水沟与电缆沟

11.5.1 公路水下隧道宜在两侧设置边水沟，或在低侧设置边水沟，在高侧设置浅碟形排水明槽。采用钻爆法修建的隧道，路面下应设置暗埋中心渗水沟或路缘渗水沟。

条文说明

钻爆隧道一般渗水量较大，且二次衬砌可能会出现局部渗漏，因此建议设置双侧边水沟，以有效排除地下渗水。采用盾构法、沉管法及堰筑法施工的水下隧道，一般衬砌渗漏水量较小，边水沟主要排除隧道清洗废水，因此一般仅在单侧设置边水沟。采用钻爆修建的水下隧道，无论采用何种形式的衬砌，均很难阻止地下水的渗漏，特别是路面下部渗漏水对路面结构及行车安全影响较大，因此要求在路面下设置渗沟，以有效排除路面下地下渗水。

11.5.2 边水沟及暗埋渗水沟的大小应根据隧道运营期预测渗水量设计，并应符合下列规定：
  1 边水沟及暗埋渗水沟宜采用预制构件。
  2 边水沟的直径不宜小于15cm，沉砂井间距不宜大于30m。
  3 暗埋渗水沟的直径不宜小于20cm，检查井间距不宜大于50m。
  4 中心渗水沟的检查井应采用暗埋方式。

条文说明

边水沟及暗埋渗沟建议采用预制构件，主要是考虑施工方便，保证施工质量。规定其最小直径及沉砂井与检查井的间距主要是防止运营期的淤塞以及方便疏通。给出的建议值符合目前隧道的一般做法。

11.5.3 边水沟、渗水沟及其检查井盖应采用设计汽车荷载验算其强度，并应考虑其冲击作用。

条文说明

在当前建成的隧道中，出现了边水沟、渗水沟及其检查井盖被车辆压坏的现象，严重威胁到隧道使用安全，设计人员需充分重视边水沟、渗水沟及其检查井盖的强度设计。

11.5.4 隧道电缆沟设计应符合下列规定：
1 强电电缆及弱电电缆宜分别置于不同的电缆沟内，并应做好电缆沟的防火及防水设计。
2 电缆沟顶部作为检修道或人行道使用时，应满足规定的强度与耐久性要求，表面应有防滑措施。
3 紧邻路缘带的电缆沟侧壁强度应满足车辆冲击作用。

条文说明

考虑到隧道一些重要机电系统在灾害发生时的可靠性，对电缆沟的防火及防水需要根据特殊电缆的使用要求进行特殊设计；电缆沟顶面一般为隧道内人行道或检修道，其可靠性非常重要；电缆沟侧墙一般为路缘石，在目前隧道运营过程中损坏较多，需确保其防撞能力，保证其在一般性车辆撞击下不损坏，特殊重车撞击下不破坏。

11.5.5 电缆沟大小应根据隧道内电缆布置需求设计。电缆沟不能满足电缆布设需求时，可将电缆铺设在装修层背后或以电缆桥架形式铺设于拱部，并应做好防火防护及采取防坠落措施。

条文说明

对于长大水下公路隧道，通常电缆沟的数量及大小一般不能满足各类电缆敷设的要求，因此，在设计阶段需根据隧道内电缆敷设情况提前做好规划，充分满足电缆敷设的需要。由于受电缆沟大小的限制，有时部分电缆敷设在侧墙或拱顶，需注意保证隧道运营期间的安全，特别是火灾期间电缆的自身安全及运营期间的防坠落。

11.5.6 隧道内设置人行及车行横通道时，应在其底部设置电缆沟，并与左右行车隧道电缆沟连通。

条文说明

通过人行和车行横通道将电缆沟建成网络状,更有利于电缆的敷设。

11.5.7 水沟或电缆沟采用预制件时,设计使用年限不宜低于50年;采用现浇施工时,设计使用年限不宜低于30年。结构设计应考虑隧道内渗水及冲洗水的腐蚀性对其耐久性的影响。

11.6 预留洞室与预埋件

11.6.1 隧道内预留洞室应结合内部装修综合考虑,其间距、尺寸宜采用标准化设计,方便施工及维修。

条文说明

隧道内主要预留洞室包括配电洞室、变压器洞室、灭火洞室及紧急电话洞室等,其设置位置、洞室尺寸一般根据隧道运营管理设备的需要确定。为了方便施工及管理,宜采用标准化设计,如预留洞室的设置间距建议以25m为模数。

11.6.2 钻爆隧道的预留洞室及预埋件宜减小其大小及侵入结构的深度,盾构隧道的预留洞室及预埋件不应侵入预制管片内,沉管隧道及堰筑隧道的预留洞室及预埋件应在满足结构安全及施工便利的条件下灵活布设。

条文说明

水下隧道结构承受水土压力较大,预留洞室过大会对结构受力有较大影响,一般认为立面尺寸小于40cm×40cm的预留洞室对结构影响不大。

11.6.3 预留洞室应进行防水设计。电器预留洞室应达到一级防水标准。

条文说明

根据现行《公路隧道设计细则》(JTG/T D70),公路隧道内电器预留洞室应达到一级防水标准,即不容许渗水,结构表面无湿迹。对于非电器预留洞室可以适当降低,可见少量湿迹,但也不容许渗漏水。水下隧道由于所处环境特殊,因此特别规定其防水的可靠性。

11.6.4 预埋钢板及穿线钢管等不可更换的预埋件设计使用年限应与主体结构一致。海底隧道预埋件应进行防腐蚀处理。

条文说明

隧道内预埋件分为影响隧道结构安全和影响隧道运营安全两类。如悬挂于隧道顶部的射流风机、标志牌、电缆等，如果在运营期间脱落，将会危及车辆行驶的安全，其预埋件不仅要耐久，而且要安全，需要进行特殊设计，并严格按设计进行施工；而预留洞室内的预埋件或穿线钢管等，不会危及运营安全，但是锈蚀后可能对结构造成不利影响，重点是防腐蚀处理，以保证其耐久性。海底隧道由于环境特殊，对于结构预埋件的防腐蚀(如氯离子等)处理需特别重视。

11.7 内部功能层

11.7.1 应根据隧道特点及运营需要设置隧道内装饰层、防水层、防火保护层及吸声层等内部功能层。

条文说明

隧道内侧一般不需要设置装饰层、防水层、防火保护层以及吸声层等，直接采用衬砌混凝土作为隧道内表面，不仅经济可靠，也能达到防火、耐冲洗及不变色的目的。只有当隧道有特殊要求时才设置功能层：如城市隧道对美观要求较高时设置装饰层，衬砌结构达不到规定防火稳定性(特别是盾构及沉管隧道)时设置防火保护层，衬砌渗水严重时设置防水层，环境评估表明隧道出入口存在噪声敏感点时在出入口设置吸声层等。

11.7.2 隧道结构在设计火灾条件下存在坍塌风险时，应设置防火层。防火层应符合本规范第13.1.7条的相关规定。

条文说明

若结构在发生火灾后不会坍塌，且是可修复的，则一般不必设置防火层。水下盾构隧道、沉管隧道及堰筑隧道，若不加以保护，在设计火灾工况下有可能坍塌，从而导致整个隧道报废，或维修成本巨大，则应设置防火层。

11.7.3 隧道出入口附近有学校或居民区时，除在洞门外设置声屏障外，也可在隧道洞口段增设吸声层。隧道吸声层应符合下列规定：
1 在正常状态不应释放有害气体或有害物质。
2 应不易燃烧，且在高温状态下不应释放有害气体。
3 应与洞内环境景观协调，不应影响洞内照明效果。
4 应易于清洗。

条文说明

对于处于学校或居民区附近的隧道，由于洞口具有喇叭效应，其消音降噪是设计所考虑的因素之一。研究表明，隧道墙面装饰的最佳吸音因素在 80~250Hz 这一频率范围内。

1 针对隧道这种封闭环境，吸声层不能释放有害气体或有害物质，以防影响隧道使用人员及维护人员的健康。

2 从防火角度出发，吸声层采用不易燃烧的材料，且在高温状态不释放有害气体，以保障灭火人员的安全。

3 吸声层设计考虑景观效果及洞内照明效果。

4 由于隧道内容易被汽车尾气污染，因此吸声层要求易于清洗。

11.7.4 隧道内部功能层除应考虑美观外，尚应考虑对洞内照明效果的影响，以及对驾乘人员的心理影响，保证行车安全。

条文说明

为获得较好的照明效果，需重视隧道装饰的颜色及反射性能，因此隧道装饰材料需具有优良的光学性能，既节省照明费用，又不产生强烈反射影响驾驶。

11.7.5 隧道内部功能层应具有防水防潮、耐冲洗及火灾情况下不释放有毒气体等性能。

12 排水系统

12.1 一般规定

12.1.1 隧道排水系统设计应考虑工程区域降雨特征、洞口地形条件与汇水面积、隧道渗水量及洞口防洪等因素，遵循管路通畅、设备可靠、能有效排除洞内外积水的设计原则，形成洞内外完善通畅的排水通道，配足设备保证抽排能力，防止水淹。

12.1.2 水下隧道应设置由洞内排水和洞口排水组成的综合排水系统，宜外水外排、清浊分离、分级排放。洞口为逆坡时，应设置横向截水设施，横向截水设施应不影响行车安全。

条文说明

水下隧道排水设计一般需要分区、分块排水，互不联通，做到"外水外排、清浊分离、分级排放"。洞口排水系统主要排除隧道敞开段所集雨水，洞内排水系统主要排除衬砌渗漏水及日常运营清洗污水、消防污水和其他污水。

12.1.3 隧道排水能力应根据结构渗水、雨天积水、隧道清洗污水及消防灭火污水等不利组合条件下的水量确定。

条文说明

水下隧道排水系统排水工况组合，需要按排水能力和满足正常使用要求进行检验，按各种单项排水工况的最不利组合进行设计。

12.1.4 隧道运营期的雨水、结构渗水及污水应结合相关要求排入指定管网。无城市污水管网时，应在污水排放口设置污水处理系统。

条文说明

洞内地下水具有腐蚀性时，如含盐、含碱、含硫、含硫酸根离子，以及隧道施工时排出的污泥浊水可能严重污染附近环境时，需要采取有效措施避免隧道排水造成环境污染。

12.1.5 隧道排水系统应具有可维护性及要求的耐久性,应方便维修,保证通畅。

条文说明

水下隧道设计使用年限较长,而排水系统使用频繁,易于疲劳老化,故要求排水系统各组成部件具备可维修性与耐久性,保障隧道全寿命周期内排水安全可靠。

12.2 洞内排水

12.2.1 隧道内排水宜分区进行,排水分区应与隧道纵坡设计综合考虑。隧道洞口及洞内最低点附近应设置集水池和雨水、污水管渠。

条文说明

水下隧道洞内积水以重力流方式,通过边水沟或中心水沟汇集至隧道"V"形坡最低处集水池内,经水泵提升排出洞外。隧道的设计纵坡决定了排水分区方式:每一处洞内排水泵房只负担所在"V"形坡长度范围内的隧道排水。

12.2.2 洞内集水池的有效容积确定宜遵循下列原则:
1 洞内污水集水池有效容积可取排水分区内一次性消防水量。
2 洞内清水集水池有效容积可取排水分区内24~48h结构渗水量总和。

条文说明

洞内污水的主要来源为清洗污水和消防污水,清水来源主要为结构渗漏水。按清污分排原则,清水设计流量取结构渗漏水量。污水设计流量中,消防污水量远大于清洗污水量,且一般情况下隧道清洗和消防不会同时发生,故污水设计流量可以按消防废水流量计。

结构渗漏水量与隧道的施工工法密切相关,其汇流时间与排水系统的可靠性有关。

12.2.3 洞内排水泵站的排水能力确定应遵循下列原则:
1 洞内污水排水泵站的排水能力可取消防废水流量的1.2~1.5倍。
2 洞内清水排水泵站的排水能力可取结构渗水量的1.5~2倍。
3 洁污合流泵站的排水能力应按第1、2款之和确定。

条文说明

洞内排水泵站的排水能力,需要考虑一定的富余能力。对于排除结构渗漏水的清水排水泵站,可以根据隧道的施工工法来确定排水能力,如钻爆法隧道,其渗水量较大,取较大的安全系数；对于盾构法隧道，因渗水量较小，则取较小的安全系数。

12.2.4 洞内路面两侧排水沟坡度宜与隧道纵坡一致，可将衬砌渗漏水、清洗污水、消防污水和其他污水引排至洞内集水池。

条文说明

排水沟坡度与隧道纵坡一致，也可以大于隧道纵坡，则洞内污水可沿隧道纵向顺坡流动，并引排至洞内集水池，防止路面积水，影响行车安全。

12.2.5 工作井、通风井及其他附属洞室底部应根据需要，设计局部集排水设施，用于排除清洗污水及结构渗水。

条文说明

附属洞室也要设置局部排水系统，以防出现积水，影响其正常使用。

12.2.6 管路和泵站的布置可根据隧道纵坡、渗水量和设备情况，采用一次或分段接力的方式将积水排出洞外。

12.2.7 钻爆隧道排水系统宜遵循结构渗水与运营清洗污水、消防污水分离排放的原则设计，清、污水集水池和排水泵站宜分别设置。

条文说明

排水系统设计一般需要兼顾环保、可持续发展要求。钻爆隧道所产生的围岩地下水一般情况下是洁净的，而运营过程中的清洗水和消防水则为污水。为避免地下水被污染，分离排放有利于节能环保。

对于钻爆法隧道，洞内集水池一般需要较大的容积，若隧道项目设有单建的服务隧道，将集水池设置于服务隧道下部，供左、右线隧道共同使用，以降低造价。

12.2.8 钻爆隧道路面结构下宜设纵向中心水沟，渗水量较大的隧道宜在两侧设侧式排水沟。中心水沟或侧式排水沟应沿纵向设置沉砂池，并宜根据需要设置检查井。检查井的位置和构造不应影响行车安全，并应便于清理和检查。

条文说明

国内外的工程实例表明，中心水沟对路面底积水疏导效果明显，且可避免因设置深埋侧沟引排地下水而导致衬砌边墙墙基加深、仰拱加深，衬砌背后的地下水经横向导水管通过中心水沟排出。渗水量较大时，隧道两侧分别设排水沟管，使结构渗水能及时排除，且分开排水便于检修、维护。路面底部横向设一定的排水坡度，有利于地下水迅速排入中心水沟，防止路面底积水，避免路面冒水，破坏路面。

12.2.9 钻爆隧道采用限排或排放衬砌时，衬砌两侧边墙背后底部应设置纵向排水盲管。隧底应设横向导水管，中心水沟或侧式排水沟应与衬砌墙背排水盲管连通，导水管间距应根据地下水量确定，可按10~30m设置。

条文说明

衬砌背后边墙脚设全隧道贯通的纵向排水盲管(沟)是为了将衬砌背后的地下水汇集到衬砌最低位置，并可沿隧道纵向顺坡流动，排水坡度与隧道纵坡一致。

隧道底设横向排水管是为了将衬砌背后的纵向盲沟与中心水沟或侧式排水沟连接起来，将衬砌背后的地下水引入中心水管(沟)；横向排水管的最小排水坡取2.0%，可以加快横向排水速度。

12.2.10 盾构隧道的集水池和排水泵宜设置在车道板下部空间，宜与电缆管道、疏散通道相互分离。

12.2.11 沉管隧道的集水池和排水泵宜设置在隧道管廊内，且不宜影响检修、疏散通道的畅通和正常运行。堰筑隧道的集水池和排水泵宜设置在隧道底部或侧边。

条文说明

沉管隧道截面设计时综合考虑集水池空间的需求，管廊的尺寸需要满足集水池的布设及其他附属设施的需求。根据经验，堰筑隧道的集水池和排水泵一般设置在隧道底部或侧边。

12.2.12 钻爆隧道结构渗漏水量应根据围岩条件、防水措施和水头大小计算确定，盾构隧道结构渗漏水量可取$0.5~1.0L/(m^2 \cdot d)$，沉管及堰筑隧道结构渗漏水量可取$0.05~0.1L/(m^2 \cdot d)$。

条文说明

钻爆法隧道的结构渗水量与隧道的围岩条件、防水措施及水头大小有关，需要通过计算确定。采用盾构和沉管法施工的水下隧道，防水措施要求严格，渗入洞内的水量很少，调研国内外已建成的隧道，盾构法隧道结构渗漏水量设计值大多取$0.5~1.0L/(m^2 \cdot d)$，后期运营过程中均能满足排水通畅的要求。借鉴这些经验，设计阶段一般可取$0.5L/(m^2 \cdot d)$作为结构渗漏水量设计标准，在地下水位较高、水量较丰富的地段结构渗漏水量可采用$1.0L/(m^2 \cdot d)$。

12.3 洞口排水

12.3.1 隧道洞口雨水设计流量，宜按当地100年一遇暴雨强度进行计算，暴雨强度应采用当地暴雨公式及计算参数。

条文说明

目前我国各地已积累了完整的自动雨量记录资料，可以采用数理统计法计算确定暴雨强度公式。在没有自动雨量记录资料或自动雨量记录资料少于十年的地区，可以按附近气候条件相似地区的暴雨强度公式采用。

根据经验，雨水设计流量按当地100年一遇的暴雨强度计算是比较合适的。

12.3.2 雨水设计流量可按式(12.3.2)进行计算。

$$Q_s = q\psi F \qquad (12.3.2)$$

式中：Q_s——雨水设计流量(L/s)；

q——设计暴雨强度[L/(s·hm²)]；

F——洞口计算汇水面积(hm²)；

ψ——径流系数，水泥混凝土、沥青路面取0.85~0.95，绿地取0.10~0.20。

条文说明

本条推荐的雨水设计流量计算公式是目前普遍采用的公式。

12.3.3 洞口雨水排水泵站的排水能力不应小于雨水设计流量的1.2倍，洞口雨水集水池的有效容积不应小于5~10min的雨水设计流量。

条文说明

雨水集水池的有效容积，需要保证暴雨强度大于洞口排水泵站的排水能力时，具有足够的储水能力。

12.3.4 敞开段接近隧道洞口处应设置2~3处横向截水沟，并和雨水泵房集水池连通，拦截洞口雨水。敞开式的雨水管渠中应设置沉砂池，间距宜为20m。

条文说明

为了防止隧道敞开段所集雨水流入隧道，本条要求有效解决雨水拦截问题。横向截水沟底宽度和深度一般不小于0.5m。敞开段地表雨水汇集到管渠中可能带有泥砂，因此设置沉砂池。

12.4 集水池与排水泵站

12.4.1 洞口集水池的设计最高水位,应与进水管管顶相平。设计进水管道为压力管时,集水池的设计最高水位可高于进水管管顶,但不应使管道上游地面冒水。

12.4.2 洞内集水池的设计最高水位,应根据进水管充满度确定。

12.4.3 集水池的设计最低水位,应满足所选水泵吸水头的要求,并应满足水泵叶轮浸没深度的要求。

条文说明

关于集水池设计最低水位的规定。水泵吸水管或潜水泵的淹没深度,如达不到该产品的要求,则会将空气吸入,或出现冷却不够的情况,造成气蚀或过热等问题,影响泵站正常运行。

12.4.4 流入集水池的污水和雨水均应通过格栅过滤。雨水含砂量较多地区宜在雨水泵站集水池前设置沉砂设施和清砂设备。

条文说明

集水池前设置格栅是用以截留大块的悬浮或漂浮的污物,以保护水泵叶轮和管配件,避免堵塞或磨损,保证水泵正常运行。有些地区雨水管道内常有大量砂粒流入,为保护水泵,减少对水泵叶轮的磨损,在雨水进水管砂粒量较多的地区宜在集水池前设置沉砂和清砂设施。

12.4.5 集水池应设冲洗装置及清泥设施。池底应设集水坑,池底倾向集水坑的坡度不宜小于10%。

12.4.6 洞内集水池底应低于行车道路面高程不小于1.5m。

条文说明

为防范集水池漏水或水管破裂等意外事故,本条规定车道路面高程应高出洞内集水池底不小于1.5m,避免淹没行车道路面。

12.4.7 集水池与泵房结构设计应按现行《泵站设计规范》(GB/T 50265)及其他相关规定执行,并应考虑地质条件、与隧道主体结构的关系、内外水压力及水泵荷载等因素的要求。

条文说明

水池结构验算考虑池内集水的静水压力及水泵荷载等因素。

12.4.8 集水池结构与隧道衬砌设计为一体时，应同时满足集水池储水和隧道支护对结构强度、刚度、稳定性及耐久性的要求。

12.4.9 排水泵设置应符合下列规定：
1 洞口雨水泵站内的排水泵不宜少于三台，最大水量时全部水泵应同时工作。
2 污水泵站宜设两台排水泵，平时一台工作一台备用，排除消防废水时两台泵应同时工作。
3 隧道内清水泵站，排水泵不应少于两台，其中备用泵不应少于一台。
4 同一泵站内排水泵型号宜统一，排水泵应设计为自灌式，并应采用自动控制。

条文说明

1 雨水泵配置参考现行《地铁设计规范》(GB 50157)相关规定，宜设不少于三台排水泵，不留备用泵。雨水泵的年利用小时数很低，故雨水泵一般可以不设备用泵，但排水泵的选型需要留有一定余量，并在雨季来临前做好维护保养工作。
2 污水泵主要排除清洗和消防污水，宜按一备一用的组合配置两台水泵，排除消防污水时应两台同时工作。
3 清水泵主要排除结构渗漏水，可以按渗漏水流量配置水泵，至少配置两台，其中至少一台备用。
4 同一座泵站内的水泵型号相同时，运行管理、维修养护均较为方便。水下隧道排水泵都按自动化管理设计，自灌式水泵便于迅速启动和自动控制。

12.4.10 雨水泵、污水泵的设计扬程，应根据设计流量时的集水池水位与受纳水体平均水位或出水管渠水位差，以及水泵管路系统的水头损失确定。

条文说明

雨水泵站设计扬程的确定方法：受纳水体水位的常水位或平均潮位与设计流量下集水池设计水位之差加上管路系统的水头损失为设计扬程。受纳水体水位的低水位或平均低潮位与集水池设计最高水位之差加上管路系统的水头损失为最低工作扬程。受纳水体水位的高水位或防汛潮位与集水池设计最低水位之差加上管路系统的水头损失为最高工作扬程。

污水及清水泵站设计扬程的确定方法：出水管渠水位以及集水池水位的不同组合，

可组成不同的扬程。设计平均流量时，出水管渠水位与集水池设计水位之差加上管路系统水头损失和安全水头为设计扬程。设计最小流量时，出水管渠水位与集水池设计最高水位之差加上管路系统水头损失和安全水头为最低工作扬程。设计最大流量时，出水管渠水位与集水池设计最低水位之差加上管路系统水头损失和安全水头为最高工作扬程。安全水头一般为 0.3~0.5m。

12.4.11 泵房地基应满足承载能力、稳定和变形的要求，泵站泵房底板、墙壁、顶板等结构应满足抗渗等级要求，连接部位止水设施应耐久可靠。

12.5 排水管渠

12.5.1 排水管渠的设计流量可按式(12.5.1)计算。

$$Q = Av \tag{12.5.1}$$

式中：Q——设计流量(m^3/s)；
　　　A——水流有效断面面积(m^2)；
　　　v——管渠内流速(m/s)。

条文说明

排水管道(渠)水力计算采用通用的曼宁公式。排水管渠的流速需综合考虑排水管渠的坡度、粗糙系数及排水管直径等确定。根据《室外排水设计标准》(GB 50014—2021)，管道内的最大设计流速，金属管道为 10.0m/s，非金属管道为 5.0m/s。

12.5.2 排水管渠的流速可按式(12.5.2)计算。

$$v = \frac{1}{n} R^{\frac{2}{3}} I^{\frac{1}{2}} \tag{12.5.2}$$

式中：v——流速(m/s)；
　　　n——粗糙系数；
　　　R——水力半径(m)；
　　　I——水力坡降，采用排水管渠的坡度。

12.5.3 排水管渠设计应符合下列规定：
1 排水管道宜 2~3 根并行设置。
2 排水管道应按满流计算，排水明渠超高不应小于 0.2m。
3 对管道内的最大设计流速，金属管道宜为 10.0m/s，非金属管道宜为 5.0m/s，明渠不应大于 4.0m/s。
4 对排水管渠的最小设计流速，污水管道在设计充满度下宜为 0.6m/s，雨水管道和合流管道在满流时宜为 0.75m/s，明渠宜为 0.4m/s。

条文说明

2 过水断面面积根据管渠充满度或超高计算，雨水管道和污水管道按满流考虑。

3 确定经济流速需要考虑管道长度，水流条件等因素，明渠最大设计流速具体可按《室外排水设计标准》(GB 50014—2021)相关规定取值。

4 排水管渠最小设计流速的确定，根据泥沙运动的概念，运动水流中的泥沙由于惯性作用，其止动流速(由运动变为静止的临界流速)在0.35~0.40m/s(沙粒径为1mm)左右。大于止动流速就不会沉淀，设计中主要以止动流速考虑。

当水中含有金属、矿物固体或重油杂质等时，管渠最小设计流速可以适当加大。设计流速不满足最小设计流速时，可以增设清淤措施以提高流速。

12.5.4 排水管道宜采用内壁较光滑、带内衬的承压排水铸铁管、承压塑料管和钢塑复合管等。排水管道的最小管径与相应最小设计坡度，可按表12.5.4的规定取值。

表12.5.4 排水管道的最小管径与相应最小设计坡度

管道类别	最小管径(mm)	相应最小设计坡度
污水管	300	塑料管0.002，其他管0.003
雨水管	300	塑料管0.002，其他管0.003
雨水口连接管	200	0.01
压力输泥管	150	—

条文说明

水下隧道排水管道大部分为预留预埋的有压排水管道，选材需注重耐腐蚀、安装方便、内壁光滑、不易积垢、质轻等特点，铸铁管、塑料管和钢塑复合管有较成熟的应用经验，因此优先考虑采用。

常用管径的最小设计坡度，按设计充满度下不淤流速(止动流速)控制。当管道坡度不能满足不淤流速要求时，通过考虑增设防淤、清淤措施，可以提高流速。

12.5.5 在管道交汇处、转弯处、管径或坡度改变处、跌水处及直线管段上每隔一定距离处应设置检查井。雨、污水泵站的压力出水总管在排入受纳水体或城市雨、污水管网前应设置消能排水检查井，雨、污水经泄压后再排放。不同直径的管道在检查井内的连接时，宜采用管顶平接或水面平接。

条文说明

本条规定检查井的设置要求。检查井设置在能顺畅地汇集和传输水流且便于养护工作的位置。

采用管顶平接，可以便利施工，但可能增加管道埋深；采用管道内按设计水面平接,可以减少埋深,但施工不便,易发生误差。设计时要因地制宜选用不同的连接方式。

12.5.6 检查井在直线管段的最大间距宜按表12.5.6的规定取值。

表12.5.6 检查井在直线管段的最大间距

管径或暗沟净高(mm)	最大间距(m)	
	路面排水沟检查井	暗沟检查井
200~400	40	50
500~700	60	70
800~1 000	80	90
1 100~1 500	100	120
1 600~2 000	120	120

13 交通工程设施与防灾救援

13.1 一般规定

13.1.1 应根据水下隧道的特点与交通量特性设置完善的通风、照明、消防、排水、供电及监控等运营管理设施,并应做完善的防灾、逃生及救援设计。

条文说明

公路水下隧道具有下列特点:
(1)一般为长大隧道甚至特长隧道,防灾救援问题较为突出。
(2)隧道纵坡较大,最大纵坡一般在3%~4%,运营安全问题较为突出。
(3)一般为"V"形坡,通风排烟与山岭隧道差异较大。
(4)洞口亮度较大,车辆驾驶人员在洞口视觉不良。
(5)隧道内及洞口积水需强制排除。
结合以上特点,为保证水下隧道的正常使用及运营安全,需设置完善的通风、照明、消防、排水、供电及监控等运营管理系统,以及可靠的防灾救援设施与应急预案。

13.1.2 水下隧道应配备预防火灾、交通事故、水淹、台风等灾害事故的设施,并应以预防火灾和重特大交通事故为主。

13.1.3 水下隧道交通工程设施与防灾救援设施必须与隧道主体工程和两端接线工程设计相协调,应保证隧道运营安全,兼顾经济、适用。

13.1.4 水下隧道交通工程分级应根据隧道长度按表13.1.4从高到低依次划分为 A^+、A、B、C、D五个等级。水下隧道交通工程设施配置应符合本规范附录F的规定。

表13.1.4 水下隧道交通工程分级

长度 L(m)	$L>6\,000$	$6\,000 \geqslant L>3\,000$	$3\,000 \geqslant L>1\,000$	$1\,000 \geqslant L>500$	$L \leqslant 500$
交通工程分级	A^+	A	B	C	D

注:对于设有超高横坡或纵坡超过3%等平纵线形较差的水下隧道,应将其交通工程分级提高一级。

条文说明

考虑到水下隧道交通工程设施"分期实施"难度较大，故交通工程设施分级仅考虑隧道长度，这一点有别于《高速公路隧道监控系统模式》（GB/T 18567—2010）和《公路隧道设计规范　第二册　交通工程与附属设施》（JTG/T D70/2—2014）。附录F是在《高速公路隧道监控系统模式》（GB/T 18567—2010）和《公路隧道设计规范　第二册　交通工程与附属设施》（JTG/T D70/2—2014）相关规定的基础上，结合水下隧道的特点，增加了气象监测仪、发光型诱导灯、无线通信、水喷雾设施、消防车/消防摩托车等设施的配置要求。

13.1.5 应根据水下隧道的功能用途、交通组成等情况，按表13.1.5确定火灾事故设防规模。

表13.1.5　火灾事故设防规模

隧道功能用途、交通组成	最大热释放速率（MW）
通行车辆主要为客车	20~30
高速公路、一级公路水下隧道	30~50

注：当隧道长度超过3 000m时，应取高值。

条文说明

火灾热释放速率的大小在一定程度上决定了排烟设施的规模及设置。对横向通风设施而言，排烟风机的选型、风口的设置及风道大小都与发烟量有关，而发烟量大小则取决于火灾种类及热释放速率；对纵向通风设施而言，阻止烟气逆向流动所需的临界风速与热释放速率、纵坡及隧道断面有关，而临界风速的大小则决定了所需的射流风机推力及其数量。因此，在防灾救援设计中需要根据水下隧道具体情况慎重合理地确定其火灾规模。本条在借鉴国内外相关研究成果的基础上对水下隧道火灾事故设防规模给出规定。

13.1.6 水下隧道防灾逃生设计应遵循预防为主、防救并重、以人为本、快速疏散的原则，结合水下隧道的设计方案、交通组成、环境条件等因素，考虑隧道使用人员安全、土建结构保护及交通运营管理等方面要求。

条文说明

为主动积极地进行防灾，要求建设、设计、运营和消防部门等各方人员密切配合，在工程设计中积极采用先进适用的防灾和救援技术，正确处理好运营与安全、投资与效益之间的关系，建立科学合理的防灾机制，积极预防灾害的发生、发展及蔓延扩大。

山岭公路隧道发生火灾，即使结构遭受严重破坏，后期也可通过加固维修等措施恢复其结构安全，但水下隧道不同，一旦结构遭受严重损坏，引起江河、湖泊、海水倒灌，将可能导致其永久不可修复，因而水下隧道防灾救援除强调保障人员生命安全外，还需特别重视隧道结构防火能力。

13.1.7 水下隧道防火设计应符合下列规定：

1 水下隧道顶部主体结构应设置抗热冲击、耐高温的防火保护层。

2 A^+级和A级水下隧道承载结构体的耐火极限不应低于2.0h，耐火极限应采用RABT标准升温曲线测试；B级、C级和D级隧道承载结构体的耐火极限不应低于2.0h，耐火极限应采用HC标准升温曲线测试。

3 水下隧道排烟风道结构体的耐火极限不应低于60min，耐火极限宜采用RABT标准升温曲线测试。

4 送风管道、排烟管道应采用不燃材料制作。风道结构为主体结构的一部分时，其耐火要求应与主体结构相同。

条文说明

水下隧道结构一旦遭受严重损坏，引起上部水体倒灌，将可能导致其永久不可修复，因而本规范规定了水下隧道主体结构防火能力，达到经维修后能继续使用的基本要求。

1 试验研究表明，混凝土结构受热后由于产生高压水蒸气而导致表层受压，使混凝土产生爆裂。结构荷载压力和混凝土含水率越高，产生爆裂的可能性也越大。当混凝土的质量含水率超过3%时，将会发生爆裂现象。当充分干燥的混凝土长时间暴露在高温下时，混凝土内各种材料的结合水将会蒸发，从而使混凝土失去结合力产生爆裂，最终会一层一层地穿透隧道混凝土衬砌结构整个厚度。这种爆裂破坏会影响人员逃生；会使衬砌钢筋暴露于高温中，产生钢筋变形、变软、失去结构能力；对于水下隧道，这种结构性破坏很难进行修复。因此，水下隧道结构要求设置抗热冲击、耐高温的防火保护层，本条文对衬砌的耐火性能作了相应规定。防火保护层厚度不仅与防火材料相关，而且与设计火灾规模相关，其厚度取值需要通过计算、分析确定；防火保护层设置位置可以根据火灾工况下断面内温度分布规律确定，一般拱顶温度上升较快且温度高，两侧次之，底板温度最低。

2~3 RABT曲线是德国研究机构通过一系列的真实隧道火灾实验研究结果而得出的，该实验曲线比较真实地模拟隧道火灾的特点：隧道空间相对封闭、热量难以扩散、火灾初期升温快、有较强的热冲击，随后由于缺氧状态快速降温。

13.2 交通安全设施

13.2.1 水下隧道应根据交通工程分级、交通量特性、平纵线形、出入口布置等因素，设置完善的标志、标线、防撞垫、视线诱导标等交通安全设施。

条文说明

水下隧道交通标志设计内容主要包括隧道信息标志、开车灯行驶标志、隧道限高标志、隧道限速标志、紧急电话指示标志、消防设备指示标志、行人横通道指示标志、行车横通道指示标志、疏散指示标志、逃生滑梯或楼梯指示标志、隧道出口距离预告标志、紧急停车带及其位置提示标志、指路标志。

水下隧道交通标线设计内容主要包括道路标线、突起路标、立面标记、路面文字标记。水下隧道交通视线诱导标设计内容主要包括隧道轮廓标、分流或合流诱导标、线形诱导标。

13.2.2 隧道出入口及隧道内小半径、长大下坡、合流段、分流段等事故易发路段前，应设置减速标线和警告标志。

13.2.3 隧道内设有匝道时，应在隧道入口前、隧道分岔前设置分流或合流预告标志。

13.2.4 在隧道出入口的护栏端头、隧道紧急停车带端头、主线分流端等部位，应设置防撞垫。

条文说明

在护栏端头、隧道紧急停车带端头、主线分流端等部位设置防撞垫能有效提高交通安全性。防撞垫能有效吸收碰撞能量，降低正面碰撞的危害程度。

13.2.5 在进入水下隧道前应连续设置不少于 2 道限高标志，最后一道必须采用硬杆型防撞门架。各限高标志之间应保持一段距离，并能够保证超高车辆及时分流，门架前应设置分流超高车辆的通道。

13.2.6 水下隧道线形变化较大路段、隧道分岔处，应设置引导驾驶者行驶方向的线形诱导标，线形诱导标每处设置数量不应少于 3 块。

条文说明

连续设置视线诱导标时，需要标明水下隧道几何线形走向、线形突变或车流交织，诱导驾驶者视线并予以警示。

13.2.7 水下隧道应设置电光疏散指示标志，并应符合下列规定：

1 隧道两侧侧墙疏散指示标志间距不应大于 50m，安装高度距检修道顶不应大于 1.3m。

2　疏散通道内疏散指示标志间距不应大于15m，安装高度距路面不应大于1.0m。

　　3　人行横通道、车行横通道、疏散楼梯或滑梯口处设置的疏散出口标志安装高度宜距路面2.5m。

13.2.8　水下隧道应限制危险品运输车辆通行。对于A^+级、A级隧道，应在隧道入口前设置危险品检查站，A^+级隧道宜配备危险品探测设施。

条文说明

　　水下隧道一般禁止危险品运输车辆通行，对限制危险品运输车辆通行的水下隧道，本规范要求在隧道入口前设检查站，并在特定时间由引导车的引导下通行。

13.3　通风设施

13.3.1　水下隧道通风方案应纳入隧道总体设计，并应根据隧道长度、交通量特性及防灾逃生要求等因素选择适宜的通风方式，保证隧道安全行车、经济运营。

条文说明

　　通风是隧道总体设计的重要组成部分，它与隧道断面、路线选择等密切相关。它不仅仅是单独讨论通风的经济性和机械设备，而是与隧道交通方式(单洞双向交通或双洞单向交通的形式)、防灾计划(指火灾或交通事故发生时应急用设施)、环境保护等的相互关联；当隧道需设通风井实现分段通风时，通风设计更要结合隧道结构、地质、地形、平纵线形以及隧道总造价等进行综合分析，不可单独讨论。

13.3.2　水下隧道通风方案应结合公路等级、隧道几何条件、交通条件、防灾排烟、气象条件、洞内外环境敏感程度等因素确定。长度大于1 000m的隧道应采用机械通风。

13.3.3　水下隧道通风设施应满足正常通行及交通阻滞时的通风换气功能和火灾事故时的通风排烟功能，并应考虑疏散通道、管廊空间的通风需求。

13.3.4　风机房、通风井、通风塔设计应考虑水下隧道通风要求、环境条件、环境保护及运营管理等因素，并应兼顾景观需求。

条文说明

　　逃生救援包括纵向通道逃生和横向通道逃生两种方式，双洞单向交通隧道推荐并行双主洞互为逃生救援通道，单洞双向通行长大隧道需单独设置纵向并行逃生通道。

13.3.5 处于环境敏感地带的水下隧道出入口或通风口，噪声及污染物排放应符合工程项目环境影响评价的相关要求。

13.3.6 水下隧道的地下变电室、水泵房、风机房、设备房等各类附属工程，应根据其使用要求设置机械通风设施。

条文说明

水下隧道管理及设备用房通风设施设计可以参考现行《采暖通风与空气调节设计规范》（GB 50019）、《建筑设计防火规范》（GB 50016）和《公共建筑节能设计标准》（GB 50189）的相关规定。

13.4 照明设施

13.4.1 水下隧道照明设计应满足路面平均亮度、亮度总均匀度、亮度中线纵向均匀度、频闪和诱导性要求，保证道路交通安全。

13.4.2 水下隧道照明可分为入口段照明、过渡段照明、中间段照明、出口段照明、洞外引道照明。入口段亮度应根据洞门形式与洞外亮度确定，中间段亮度应根据设计速度及交通量确定。

13.4.3 水下照明设计应考虑公路等级、隧道平纵线形、车道数、设计交通量、洞内装饰等因素。隧道内合流段、分流段的亮度不宜低于中间段亮度的3倍。

条文说明

隧道照明与道路照明的显著区别是不仅夜间需要照明，白天更需要照明，而且白天照明比夜间照明更加复杂，不只同道路照明那样仅仅提供一定的亮度，还需综合考虑车道数、设计（实际）运营车速、交通量、隧道线形、断面形状和大小等因素，并注意驾乘人员的安全性和舒适性，特别要注意隧道入口与相邻区段的视觉适应过程。

13.4.4 水下隧道内纵向逃生通道、横向连络通道、工作井疏散楼梯内应设置照明设施，照度标准值不应低于100lx。

13.4.5 水下隧道必须设置应急照明设施，应急照明设计应符合下列规定：
1 行车道路面亮度不应小于中间段亮度的10%，且不应低于$0.2cd/m^2$。

2 逃生通道、工作间、连络通道、紧急疏散楼梯的路面平均照度不应低于10lx。

3 地下变电室、水泵房、风机房的应急照明照度应与正常照明的照度值相同。

4 应急照明设施应设置不间断供电设施，供电转换时照明中断时间不应超过0.3s。

5 应急照明连续供电时间，A^+级隧道不应小于90min，A级隧道不应小于60min，其他隧道不应小于30min。通道、楼梯、设备房、工作间应急照明连续供电时间不应小于30min。

13.5 监控设施

13.5.1 应通过水下隧道中央控制管理设施将交通监控、通风与照明监控、紧急呼叫、火灾探测报警等设施与通风、照明、消防、排水、供配电等设施有效集成，实现联动控制。

条文说明

水下隧道监控设施与通风、照明、消防、排水、供配电等设施进行有效集成，使之构成一个有机整体，实现联动控制，达到水下隧道防灾、减灾、救灾的总体功能目标。

13.5.2 水下隧道监控设施设计应符合下列规定：
1 应由管理层、控制层、设备层三层网络结构组成。
2 控制模式应能实现中央计算机远程控制、区域控制器控制和本地人工控制。
3 应具有信息采集、分析、判断、处理、指令发布、设备运行状态监测和控制功能。

13.5.3 水下隧道监控设施电缆应有专门的敷设通道，强、弱电共用电缆通道时应分侧敷设，并应采取相应的抗干扰措施。

13.5.4 水下隧道内应设置火灾报警控制器、火灾探测器、手动火灾报警按钮、火灾声光警报器等火灾探测报警设施；隧道设备房、工作间内应配置智能感温或感烟探测器；沉管隧道、盾构隧道的电缆通道内应设置分布式感温报警设施。火灾探测报警设施应符合下列规定：
1 应有与消防设备联动控制的设施。
2 应实时探测并输出报警。
3 火灾报警响应时间应小于60s。

13.5.5 水下隧道中央控制室内宜设置消防水泵、排污水泵、排烟风机、水喷雾设施的人工直接启动装置。

13.5.6 水下隧道无线通信设施应符合下列规定：
1 无线对讲指挥设施应满足日常管理、交通指挥、应急抢险的需要。
2 应采用无线、有线相结合的传输方式连接中心基站、无线中继和天馈设备。
3 应实现全隧道无线信号覆盖。

13.5.7 A^+级和A级隧道应设置运营管理中心。运营管理中心设置应符合下列规定：
1 应具备交通管理、电力供给、防灾报警、设备监控及突发事件的应急处置和数据信息交换处理功能。
2 应由中央控制室、设备用房、管理用房、仓库及停车场组成。
3 宜设在水下隧道洞口附近，便于日常管理及应急救援。

13.6 消防设施

13.6.1 水下隧道消防设施应根据隧道功能定位、交通组成、隧道规模、纵坡、设置深度、结构形式、洞口地面环境、水源状况等进行综合设计，应包括灭火器、消防给水设施、消火栓、固定式水成膜泡沫灭火装置、水喷雾或泡沫喷雾设施、气体灭火设施、消防车或消防摩托车等。

13.6.2 水下隧道灭火器设置应符合下列规定：
1 灭火器应成组设置在消防预留洞室内，每组应设干粉灭火器和泡沫灭火器各不少于2具。
2 双车道隧道应在隧道一侧设置灭火器，设置间距不应大于50m；三车道隧道应在隧道两侧交错设置灭火器，单侧纵向间距不应大于45m。
3 逃生通道、工作井紧急疏散楼梯应设置灭火器。

条文说明

灭火器主要用于扑救初期明火。隧道内发生A类、B类、C类火灾和E类火灾的可能性都存在，根据现行《建筑灭火器配置设计规范》(GB 50140)相关规定，隧道内适合配置A、B、C类干粉灭火器和其他适用于扑救A、B、C、E类火灾的通用灭火器。

13.6.3 水下隧道洞内及洞外应设置消火栓，并符合下列规定：
1 双车道水下隧道洞内消火栓间距不应大于50m、三车道不应大于45m，消火栓栓口距隧道路面高度应为1.1m，其出水方向与设置消火栓的隧道侧墙应成90°。
2 隧道洞外地上式消火栓距洞口距离不应大于10m，且应设置消防水泵接合器。
3 消防给水管道供水压力应保证用水量达到最大时，最不利点水枪充实水柱不小于10m。消火栓栓口处的出水压力超过0.5MPa时，应设置减压设施。
4 隧道内消火栓用水量不应小于20L/s，洞口外消火栓用水量不应小于30L/s。

5 消火栓应采用统一型号规格，消火栓箱内应配置 DN65 消火栓 2 只、19mm 喷嘴口径水枪 2 支、25m 长 DN65 水带 2 条。

6 设置有管道加压设施时，应在消火栓箱内设置消防水泵启动按钮。

13.6.4 水下隧道水喷雾设施设计应符合下列规定：

1 喷雾强度不应小于 6.0L/(min·m^2)，最不利点处喷头的工作压力不应小于 0.20MPa，喷雾持续时间不应小于 4.0h，保护平面面积不应大于 600m^2。

2 水喷雾设施响应时间不应大于 300s；设计流量可按式(13.6.4)计算：

$$Q_s = KQ_j \tag{13.6.4}$$

式中：Q_s——设计流量(L/s)；
　　　K——安全系数，取 1.05～1.10；
　　　Q_j——计算流量(L/s)。

3 水喷雾设施应与火灾报警设施联动，灭火时火场附近相邻两个防护区段应同时动作。

4 水喷雾设施设计还应符合现行《水喷雾灭火系统设计规范》(GB 50219)、《自动喷水灭火系统设计规范》(GB 50084)的相关规定。

条文说明

水下隧道水喷雾设施一般用于土建结构防护冷却，对固体火灾有较好的作用，但很难扑灭 90 号以上的汽油火灾。

13.6.5 水下隧道泡沫喷雾设施设计应符合下列规定：

1 喷雾强度不应小于 6.5L/(min·m^2)，最不利点处喷头的工作压力不应小于 0.35MPa，泡沫混合液持续喷射时间不应小于 20min，喷雾持续时间不应小于 60min，保护平面面积不应大于 600m^2。

2 泡沫喷雾设施响应时间不应大于 45s。

3 泡沫液管道、泡沫液存储罐、泡沫泵及附件材质等均应采用不锈钢。

条文说明

泡沫喷雾设施采用水成膜泡沫，又称"轻水"泡沫。泡沫喷雾除具有一般泡沫灭火剂的作用外，还能在燃烧液表面流散的同时析出液体，冷却燃烧液表面，并在其上形成一层水膜，与泡沫层共同封闭燃烧液表面，隔绝空气，形成隔热屏障，同时在吸收热量后，液体汽化稀释液面上空气的含氧量，对燃烧体产生窒息作用，阻止燃烧液的继续升温、汽化和燃烧。采用水成膜泡沫灭火设施虽然投资较大，但能迅速、有效地扑灭 90 号以上的汽油火灾。

13.6.6 水下隧道地下变电室、监控室必须设置灭火器,必要时可增设气体灭火设施。A⁺级隧道运营管理中心宜配置消防车或消防摩托车。

条文说明

部分水下隧道设有地下风机房、排水泵房等,因而相应地配备有地下变电室、监控室,为防止其内部发生电气火灾,一般需要设置气体灭火设施。

消防车是消防队抵达火灾现场后最重要的消防设备,配备消防车有助于提高隧道消防灭火能力。水下隧道发生火灾后,可能会有大量的汽车堵塞其中,这就使得目前城市消防队装备的大、中型消防车难于进入隧道进行灭火行动。配备消防摩托车有助于加强隧道消防灭火的机动性。如2012年4月7日,中国台湾最长的公路隧道——雪山隧道发生严重火灾事故,消防摩托车及时进入灭火,并发挥了重要作用。

13.7 供配电设施

13.7.1 水下隧道重要电力负荷宜根据表13.7.1进行分级。

表13.7.1 水下隧道重要电力负荷分级

序号	电力负荷名称	负荷等级	
		交通工程等级 A⁺、A、B	交通工程等级 C、D
1	应急照明	一级[a]	一级[a]
	工作井疏散楼梯、逃生通道照明		一级
	电光标志		
	监控设施		
	废(雨)水泵		
	防火卷帘门		
2	消防水泵[b]	一级	二级
	排烟风机		
	轴流风机		
	喷雾水泵		
3	基本照明	二级	
	通风风机[c]		
	消防补水水泵[d]		
4	其余隧道电力负荷	三级	三级

注:a. 该一级负荷为特别重要负荷。
　　b. 此处指为消防管道维持正常水压的加压水泵。
　　c. 此处指除作为一级负荷以外的其他通风风机。
　　d. 此处指为高、低位水池补充水源的给水泵。

条文说明

根据供电可靠性和中断供电对人身生命、生产安全造成的危害及对经济影响的程度、隧道所处交通工程等级，区分其对供电可靠性的要求，进行负荷分级。在政治或经济上造成损失或影响的程度越大，对供电可靠性的要求越高，反之亦然。根据负荷等级，选择适当的供电方式，可以提高投资的经济效益与社会效益。

水下隧道供配电设计可以参照现行《供配电系统设计规范》(GB 50052)、《低压配电设计规范》(GB 50054)和《公路隧道交通工程设计规范》(JTG/T D71)的规定。

13.7.2 一级负荷应由双重电源供电，一路电源发生故障时，另一路电源不应同时受到损坏。一级负荷容量不大时，宜采用从邻近的电力设施取得第二低压电源，也可采用应急发电机组作为备用电源。二级负荷的供电设施宜由两回线路供电。

条文说明

隧道一级负荷应由两个电源供电，且两个电源不能同时损坏，才可能维持其中一个电源继续供电。隧道供电设施中，两个电源可一用一备，也可同时工作，各供一部分负荷。对于隧道中的二级负荷，有条件时宜由两回路线路供电。在负荷较小或地区供电条件困难时，二级负荷可由一回路专用的架空线路或电缆供电。当采用架空线时，可为一回路架空线供电；当采用电缆线路时，要采用两根电缆组成的线路供电，其每根电缆需承受100%的二级负荷。

13.7.3 对于一级负荷中特别重要负荷，必须设置不间断电源装置(UPS)或应急电源装置(EPS)作为应急电源，严禁将其他负荷接入应急供电设施。

条文说明

从电力网引接两回路电源进线加备用自投(BZT)的供电方式，不能满足一级负荷中特别重要负荷对供电可靠性及连续性的要求，有的发生全部停电事故是由内部故障引起，有的是由电力网故障引起，因地区大电力网在主网电压上部是并网的，所以用电部门无论从电网取几回电源进线，也无法得到严格意义上的两个独立电源。因此，电力网的各种故障，可能引起全部电源进线同时失去电源，造成停电事故。当有自备发电站时，虽可利用低周解列措施，提高供电的可靠性，但仍不能完全避免全部停电的事故发生。由于内部故障或继电保护的误动作交织在一起，造成自备电站电源和电网均不能向负荷供电，低周解列装置无法完全解决这个问题。因此，正常与电网并列运行的自备电站，一般不作为应急电源使用，对一级负荷中特别重要的负荷要由与电网不并列的、独立的应急电源供电。

因应急电源的容量有限，所以严禁将其他负荷接入应急电源。

13.7.4 水下隧道低压配电设施设置应符合下列规定：
1 各类电力负荷应根据性质、功能的不同各自设置单独的配电回路。
2 接地形式应采用 TN 系统。
3 由变电室至隧道内配电箱(柜)或分配箱，应采用树干式或放射与树干相结合的混合式配电；用电负荷容量较大或用电负荷较重要时，应采用放射式配电。
4 应设置供维修和养护作业用的配电回路，该回路末端应设置漏电保护装置。
5 隧道内用电设备端子处电压偏差允许值(以额定电压的百分数表示)应为 ±5%。少数距隧道变配电室较远的电动机的端电压可低于95%，但不应低于90%。

条文说明

本条对隧道低压配电设施给出相关规定。
1 隧道各类电力负荷根据性质、功能的不同各自设置单独的配电回路，有利于各类负荷的正常供电及日后的维护、管理。
2 TN 接地系统(包括 TN-C、TN-S、TN-C-S 三种形式)广泛应用于各类工程中，通过其三种形式的组合，可以做到安全性和经济性的有机结合。
4 隧道运营后需经常维护和养护，故隧道内设置维护和养护设备的供电回路及相应的配电装置。由于这些设备往往由人工操作使用，而隧道又是充满粉尘、油污且潮湿的场所，若设备在使用过程中出现漏电，将直接危害养护人员的人身安全。故隧道内供维修和养护作业用的配电回路在洞内配电箱中设置漏电开关。
5 为使用电设备正常运行和合理的使用年限，设计供配电设施时应验算用电设备对电压偏差的要求。隧道的主要用电负荷为照明及通风设施。条文中规定的电压偏差值系根据现行《建筑照明设计标准》(GB 50034)、《控制电机基本技术要求》(GB/T 7345)进行规定。

13.7.5 水下隧道电缆桥架上敷设的监控设施、消防设施、应急疏散照明、标志灯等用电回路所用的电缆应为耐火型，桥架上敷设的其他电缆宜选用阻燃型。

条文说明

水下隧道电缆桥架、线槽一般采用金属或非金属材料。钢制电缆桥架钢板厚度一般不小于1.5mm，钢制线槽钢板厚度不小于1.2mm。桥架托臂具有水平、垂直调节功能。金属电缆桥架、线槽连接处一般采用编织铜带跨接。

13.8 火灾防烟与排烟

13.8.1 水下隧道应按同一时间内发生一次火灾考虑。每孔行车隧道宜作为一个防火分区，但隧道内逃生通道、设备管廊、设备用房与行车隧道应分为不同的防火分区。各防火分区之间应采用耐火极限不低于3.0h的防火隔墙、防火卷帘及甲级防火门分隔。

条文说明

国内外隧道灾害和火灾统计资料显示，到目前为止，还没有同一隧道在同一时间内发生两次以上灾害或火灾的记录。为此，本规范确定同一水下隧道按同一时间内发生一次灾害事故进行防护考虑的设计原则。

13.8.2 水下隧道排烟方式应结合通风方案，考虑隧道交通功能、设计长度、平纵线形、救援条件、环境条件、火灾规模、排烟效果和运营维护等因素确定，应包括排烟风机及控制设施、排烟通道、通风井、防火卷帘(门)等。

条文说明

本条文强调充分考虑各通风方式的特点，并根据隧道长度、平曲线半径、纵坡、交通条件、气象条件和环境条件等，选择既有利于隧道防烟排烟，又经济、合理、便于运营维护的通风方式。

13.8.3 水下隧道防烟与排烟设计应符合下列规定：
1 行车道空间与通风排烟空间共用的隧道排烟区段长度不宜大于5 000m。
2 长度小于3 000m的隧道宜采用纵向排烟方式，特长隧道宜采用重点排烟方式。
3 横通道及有人值守的设备房应设置安全门，并应具有防火与防烟功能。
4 隧道通风设施具有排烟功能时，排烟设施应与通风设施合用。

13.8.4 水下隧道防烟与排烟设施及控制模式应符合下列规定：
1 应有利于人员疏散，避免起火隧道的烟气扩散至安全通道及相邻隧道。
2 应能控制火场高温烟气向上风方向扩散。
3 应有利于灭火救援人员从起火点上风方向接近火场进行灭火救援。

13.8.5 采用纵向排烟的水下隧道，火灾临界风速可按表13.8.5确定。

表13.8.5 火灾临界计算风速(m/s)

热释放速率(MW)	20	30	50
火灾临界风速(m/s)	2.0~3.0	3.0~4.0	4.0~5.0

条文说明

隧道火灾防烟与排烟以控制洞内火灾烟雾流向并将其有效排出洞外为主。

在单向交通隧道中，起火隧道内的排烟方向与隧道交通流向相同。起火隧道安全疏散阶段的纵向排烟速度以不破坏烟气层化为原则，起火点附近的风机停止工作，其他部位的风机根据排烟速度调整运行速度；灭火救援阶段，纵向排烟速度大于隧道火灾临界风速，所有风机全速运行；要严格控制高温烟气向其他区域的扩散，确保相邻的未起火隧道、横通道以及隧道内设置的附属用房内不受烟气侵扰，起火隧道横通道洞口保持正压或采取其他必要的防烟措施。

13.8.6 采用纵向通风的单向交通隧道防烟与排烟应符合下列规定：

1 隧道内排烟方向应与隧道交通流向相同，并由隧道出口或就近排风(烟)口排出烟雾。

2 起火点附近的风机应停止运行，纵向排烟速度不应小于火灾临界风速。

3 火灾情况下，起火点下风方向横通道门应保持关闭，未发生火灾隧道的通风设施应能维持横通道内安全疏散所需的余压。

13.8.7 水下隧道火灾重点排烟应符合下列规定：

1 日常运营应采用纵向通风方式，火灾工况下应采用专用烟道定点集中排烟的隧道，火灾工况下隧道内纵向风速不应小于2.0m/s。

2 排烟口间距不宜大于60m，连续开启的排烟口数量不宜少于3处。

3 主风道内排烟风速不宜大于15.0m/s。

13.8.8 水下隧道排烟风机应符合下列规定：

1 排烟风机可单独设置，也可与日常运营风机合并设置。

2 风机的参数应满足排烟设施最不利工况的要求。

3 电动机和所有与高温烟气接触的相关部件、附属设备及外接配电线路，应能满足在250℃的烟气中连续工作时间不少于60min的要求。

4 火灾发生时，合用风机应能在60s内从静止状态转换到火灾排烟所要求的运行状态。

5 可逆式风机应能在90s内完成全速反向运转。

条文说明

对与高温烟气有直接接触的风机电动机、附属设备、零部件、外接配电线路提出的耐高温要求。本条提出的要求是排烟风机的最低高温性能要求。对特别重要的水下隧道，防灾排烟风机的性能指标可根据工程需要提高，如G65包头至茂名高速公路秦岭终南山隧道（左右洞各长18 020m）的排风(烟)风机要求能在400℃连续运行120min。

13.8.9 水下隧道逃生安全通道宜设置独立的机械加压送风防烟设施，安全通道与隧道行车道之间的压差不应低于30Pa。

条文说明

逃生安全通道设置机械加压送风防烟设施是为了防止高温烟气侵入，并通过不断的通风换气，为逃生避难人员提供呼吸所需的新鲜空气。

13.9 火灾逃生与救援

13.9.1 水下隧道逃生设计必须把火灾工况下人员安全疏散及保障应急救援作为基本原则，应结合隧道布置形式及建设条件进行合理规划。

13.9.2 特长水下隧道宜设置独立的逃生救援通道，逃生救援通道的设置形式应考虑隧道施工工法的差异。

条文说明

双洞单向交通隧道一般采用双主洞互为逃生救援通道，单洞双向通行长大隧道一般单独设置纵向并行逃生通道。

钻爆隧道的逃生救援通道通常与行车隧道并行且独立设置；盾构隧道的逃生救援通道可以利用隧道内部空间设置；沉管隧道及堰筑隧道可将逃生救援通道设置在两行车洞室的中间或两侧。

13.9.3 逃生救援通道大小应根据防灾救援要求，结合隧道运营管理及施工需要确定。

13.9.4 火灾工况下人员的疏散时间应小于火灾烟雾蔓延至路面以上2m高度处的时间，并应小于15min；设置有专用排烟道和泡沫喷雾设施时，安全疏散时间可放宽至20min。

条文说明

火灾工况下，隧道内人员安全疏散时间（T_{rest}）可按下式确定：

$$T_{rest} = T_{alarm} + T_{pre} + T_{move} \tag{13-1}$$

式中：T_{alarm}——火灾报警时间；

T_{pre}——预动作时间，包括认识时间和反应时间；

T_{move}——人员疏散运动时间。

根据国内外相关资料，公路隧道发生火灾后，当通风、消防设施正常工作时，隧道内驾乘人员安全疏散时间一般在15min以内。当隧道内设有专用排烟道和泡沫喷雾设施时，由于排烟和灭火效率提高，安全疏散时间可以适当放宽至20min。

火灾烟雾蔓延至路面以上2m高度处的时间一般称为可用疏散时间，为从火灾发生开始到路面以上 2m 高度处的温度达到 60℃、能见度大于 10m 时的时间。

13.9.5 上下行分离的双洞钻爆隧道之间应设置横向通道，并应符合下列规定：
1 人行横通道设置间距宜为 250m；设有辅助疏散设施和泡沫喷雾设施时，其间距可加大，但不应大于 350m。
2 车行横通道设置间距宜为 750m，并不应大于 1 000m。

条文说明

目前国内外公路水下隧道建设中，经常采用的逃生救援通道有四种基本类型：①双洞隧道间的联络横通道作为逃生救援通道；②在隧道车道板下设置逃生通道；③将服务隧道作为逃生救援通道；④将竖井作为逃生通道。

横通道逃生救援方式可视作服务通道逃生救援方式的一种简化。火灾发生时，两隧道需要及时封闭禁止通行，疏散人员由横向通道进入另一行车隧道。横通道疏散效率高、速度快，而且通风较顺畅。与服务通道相比，横通道的造价低，但在火灾发生时对相邻隧道通行有较大影响。各国对横通道设置规定见表 13-1。

表 13-1 各国对横通道设置的规定

国 家	年 份	横通道间距(m)	备 注
美国	—	100～300	—
日本	—	350	—
德国	1984	350m	根据 RABT 曲线，连接通道间距将调至 300m
法国	—	200(城市隧道) 400(非城市隧道)	—
瑞士	2000	300	Tunnel Task Force
奥地利	1989	500	来源 RVS9.28/9.282，最大允许值可达 1000m
中国	2004	250～500	《公路隧道设计规范》(JTG D70)

车道板下逃生救援(疏散)通道则利用盾构隧道车道板下富余空间建造逃生救援通道，火灾发生时，通过滑梯、楼梯等方式从车行道进入逃生救援(疏散)通道。可从全通道进行长距离疏散。车道板下逃生救援(疏散)通道通行量较小，通风条件略差，逃生路径长，占用一定侧向宽度，人员疏散对相邻隧道没有影响。

与隧道平行设置的服务隧道，通过横通道与相邻双洞行车隧道相连通，可以作为躲避火灾的紧急避难通道，还可以作为检修车车道，便于管理人员日常维护。

逃生竖井主要应用在覆土较薄的城市隧道或山岭隧道中，可以直接向地面疏散，一般与隧道通风井同时修建，根据一定的间隔建设数个竖井，便于在特长隧道中发生火灾时迅速撤离危险区，但逃生竖井通行量较小，疏散速度慢。此外竖井施工过程对周围环境影响较大，排出的废渣也需妥善处理。

上述四种逃生方式各有利弊，也各有其适用条件。服务隧道通行能力最佳，但工程造价高；隧道横通道的疏散能力较强，采用这种逃生通道的隧道最多；随着隧道直径增大与双层隧道应用，原本受隧道直径所制约的车道板下式通道的疏散能力也得到改善，而且其施工难度低、建造成本低，逐渐被大量应用在隧道设计中；竖井逃生通道由于其通行能力制约，而较少被采用，只能作为辅助逃生方式。

13.9.6 双孔盾构隧道车行横通道的设置间距宜为1 500m。单孔车道数不小于3条且设有泡沫喷雾设施及重点排烟设施的盾构隧道，可加大车行横通道的设置间距。盾构隧道可利用隧道路面以下的空间作为人员安全疏散通道，安全疏散通道及其连接通道的净宽度不应小于1.2m，净空高度不应小于2.1m。安全疏散通道的下滑逃生口、疏散楼梯等设置应满足隧道内人员逃生疏散要求，并应符合下列规定：

1　下滑逃生口的设置间距不应大于120m。
2　疏散楼梯的设置间距不应大于250m。
3　辅助逃生口的盖板应能承受行车荷载并便于开启。
4　宽度不应小于0.9m。

13.9.7 沉管隧道及堰筑隧道宜采用横向逃生，专用纵向逃生通道及逃生口的净宽不应小于1.2m，净高不应小于2.1m，逃生口间距宜为100~150m。

13.9.8 在水下隧道设计阶段，应拟定交通事故及火灾事故的人员逃生、交通疏解及其他运营管理设施处置的应急预案。

13.9.9 水下隧道应急救援设计应遵循下列原则：

1　应以人员疏散抢救为第一原则。
2　应急救援线路及引导标志应醒目、简单、明确。
3　应急救援作业应以隧道既有设备为主，救援机构装备为辅。
4　应确保应急救援联络通道畅通无阻。

13.9.10 水下隧道应急救援预案应分区段拟定，区段划分应符合下列规定：

1　应考虑逃生设施位置、火灾影响范围、通风排烟等因素。
2　以横向通道作为疏散通道的双洞隧道，其应急救援预案区段应按两相邻横通道间隔区段进行划分。
3　在车道底板下设置疏散通道、利用疏散楼梯连通疏散通道的隧道，应按两相邻楼梯间隔区段进行划分。
4　设置服务隧道的隧道，应按连接主洞与服务隧道的两相邻横通道口间隔区段进行划分。

条文说明

进行救援区段的合理划分，可以更好地实施水下隧道灾害时的应急救援。救援区段的划分不仅要考虑隧道火灾影响范围、通风排烟控制、救灾设备的配置，而且要考虑逃生通道的位置。合理划分救援区段，不仅便于制订应急救援预案，也有利于受困人员顺利逃生、救援人员进入事故地点开展抢险救灾工作。

13.9.11 隧道内发生火灾时，应能立即指示封闭交通，起火点下风方向人员应能自行驾车由出口迅速撤离，火区附近人员应能按指示标志展开自救或弃车逃生，起火点上风方向人员应能按指示标志进入非火灾隧道或安全疏散通道撤离，消防队员应能从起火点上风方向到达着火点进行灭火及救援工作。

条文说明

水下隧道火灾工况应急管理一般包括下列程序：

（1）当水下隧道内火灾检测器、手动报警按钮、紧急电话发出火灾报警信号时，运营管理中心值班人员立即将监测画面切换至相应的摄像机监测区段进行火灾验证并录像。当确认发生火灾后，立即向运营管理中心负责人报告火灾案情，请求执行火灾预案，得到运营管理中心负责人授权后，值班人员立即执行相应的火灾预案，即水下隧道综合监控设施由正常工况下的控制方式转入相应火灾工况控制预案，进行通风、照明、消防、交通监控设施联动控制。同时报告交警122、火警119、急救120等相关单位，并请求相关单位派专业队伍到现场进行灭火和救援工作。

（2）关闭水下隧道，禁止车辆继续驶入，并发布火灾信息。隧道入口信号灯均显示"红灯"，可变限速标志显示"0"，可变情报板显示"发生火灾，禁止通行"。

（3）按照火灾工况开启相应的风机，进行火灾通风，阻止烟雾逆流。开启水下隧道内所有的照明设施以便于救火及人员的逃生。

（4）火灾上游的车道指示器正面改显红灯，禁止车辆继续前行，火灾隧道下游的车道指示器不变，引导水下隧道内车辆驶离隧道。

（5）广播提示受困驾乘人员弃车，通过逃生道进入非火灾隧道或疏散通道撤离。开启非火灾隧道相应数量的风机，避免烟雾污染正常隧道的环境。逃生通道照明与逃生通道门联动控制，门开灯亮。

（6）运营中心对水下隧道衔接路段进行区域交通控制。

（7）人员疏散完成后，组织相关人员进行灭火，当火势不能控制时，等待公安消防队。

（8）公安消防队进行灭火作业，救援人员救助伤员。

（9）火灾事故处理完毕后，恢复正常交通。

14 风险分析

14.1 一般规定

14.1.1 应对可行性研究、初步设计及施工图设计等阶段的水下隧道方案开展风险分析，对Ⅲ～Ⅳ级重大风险进行专门研究，并给出合理的处置措施。

条文说明

公路水下隧道通常需要穿越复杂的水下地质体，周边环境复杂，对施工设备、技术、管理等方面要求高，在整个设计使用年限内潜存大量的不确定性条件与风险，特别是公路水下隧道一旦发生事故，其后果更严重，事故的救援与隧道的修复更加困难，在设计阶段进行风险分析十分必要。

交通运输部于2010年发出了《关于在初步设计阶段实行公路桥梁和隧道工程安全风险评估制度的通知》（交公路发[2010]175号），要求对建设条件复杂的隧道工程在设计阶段开展安全风险评估。本章所强调的设计风险分析是指工程设计所涉及的各方面的不确定性风险，如造价、工期、环境保护等，而仅不限于安全风险；风险分析既包括工程的风险分析，同时也包括对设计本身（方案和过程）风险的分析。风险分析的结果是方案比选的重要依据，并为方案的优化提供参考。

14.1.2 应根据风险事件发生概率和可能造成的损失情况对公路水下隧道进行风险等级划分，可按表14.1.2的规定分为Ⅰ级（低度风险）、Ⅱ级（中度风险）、Ⅲ级（高度风险）、Ⅳ级（极高风险）四级。

表14.1.2 风险等级判别表

风险事件发生概率 P_f [a]		风险事件损失等级[b]				
		1	2	3	4	5
		很小	较小	较大	很大	极大
1	几乎不可能发生或 $P_f < 0.0003$	Ⅰ	Ⅰ	Ⅱ	Ⅱ	Ⅲ
2	很少发生或 $0.0003 \leq P_f < 0.003$	Ⅰ	Ⅱ	Ⅱ	Ⅲ	Ⅲ
3	偶然发生或 $0.003 \leq P_f < 0.03$	Ⅱ	Ⅱ	Ⅲ	Ⅲ	Ⅳ
4	可能发生或 $0.03 \leq P_f < 0.3$	Ⅱ	Ⅲ	Ⅲ	Ⅳ	Ⅳ
5	频繁发生或 $P_f \geq 0.3$	Ⅲ	Ⅲ	Ⅳ	Ⅳ	Ⅳ

注：a. P_f 为风险事件发生的概率。
　　b. 风险事件损失等级应根据本规范附录G的判断标准进行。

条文说明

公路水下隧道的风险源多，风险事件复杂，加上目前对工程风险还没有一个统一的定义，因此参考国际隧道协会的风险管理指南，以及交通运输部颁布的《公路桥梁和隧道工程设计安全风险评估指南(试行)》，并考虑公路水下隧道工程建设的特点，建议采用风险分析矩阵法，开展风险源与风险事件的风险等级评定。

14.1.3 隧道初步设计阶段残留风险等级不应大于Ⅲ级，施工图设计阶段残留风险等级不应大于Ⅱ级。

条文说明

公路水下隧道的风险分析，可采用《公路桥梁和隧道工程设计安全风险评估指南(试行)》所提出的风险接受准则(表14-1)，并根据风险的等级提出相应的风险控制措施。

表14-1 风险水平接受准则

风险等级	接 受 准 则
Ⅰ级	风险水平可以接受，当前应对措施有效，不必采取额外技术、管理方面的预防措施
Ⅱ级	风险水平有条件接受，工程有进一步实施预防措施以提升安全性的必要
Ⅲ级	风险水平有条件接受，必须实施削减风险的应对措施，并需要准备应急计划
Ⅳ级	风险水平不可接受，必须采取有效应对措施将风险等级降低到Ⅲ级及以下水平；如果应对措施的代价超出项目法人(业主)的承受能力，则更换方案或放弃项目执行

在公路水下隧道初步设计阶段，主要侧重于方案的比选与工法的选择，因此不希望出现不期望与不可接受的风险。对于评估结果为Ⅳ级的风险，需要修改设计方案；评估结果为Ⅲ级的风险，需要进行设计补充，提出针对性的风险控制措施建议。

在施工图阶段，考虑到风险分析的资料已经较充分可靠，因此不希望存在大于Ⅱ级的风险。从目前隧道工程风险分析与管理的实施经验来看，施工图阶段往往不可避免存在Ⅲ级(不期望)的风险，因此此时一般需进一步优化设计方案，并结合最低合理可行原则制定风险控制措施与应急救援预案，同时开展风险再评估，给出残留风险等级。

14.1.4 风险分析应包括隧道建设条件、结构方案、施工技术及运营管理等方面，在不同设计阶段应有不同侧重点，并应符合下列规定：

1 可行性研究阶段应针对线位选择、建设条件、隧道工法、征地拆迁及建设工期、运营逃生救援方案等方面的总体风险事件进行分析，并应重点评估线位及工法选择的合理性。

2 初步设计阶段应针对隧道建设条件、结构方案、施工方法与技术、施工质量、工程造价、运营安全及逃生疏散方式、维护管理等开展风险分析，并应重点评估隧道总体布置、结构方案及施工方法的合理性与可靠性。

3 施工图设计阶段应针对隧道结构方案、施工技术方案、重大风险处置方案、运营安全、逃生救援及周边工程活动等风险事件进行分析，重点分析施工中面临的重大风险，并应提出风险控制措施与建议。

条文说明

根据不同设计阶段的任务与特点，相应的风险分析重点也有所不同。

1 在工可研究阶段，进行风险分析的资料还比较缺乏，合理可行的风险分析主要是根据工程勘察资料与工程可行性研究报告，针对工程地质条件、区域经济发展规划等建设条件，对不同隧道线位、结构、工法进行宏观风险辨识、分析。这一阶段的风险分析，主要是辨识与分析不同线位与工法可能存在的重大风险。

2 在初步设计阶段，在工可研究阶段风险分析的基础上，根据勘察与设计文件，从隧道建设条件、结构方案、施工技术及运营管理等方面进行风险源与风险事件的辨识，综合分析工程潜在的风险，为隧道总体布置、结构设计、工法选择的决策提供依据。

3 在施工图设计阶段，结合初步设计审查意见，重点对施工工法、施工方案及结构方案可能存在的风险进行分析。对于典型风险在采取措施后风险等级仍较高，且无法通过设计减轻的，需要制定合理可行的应急救援预案。

14.1.5 设计阶段的风险分析可按下列步骤开展：
1 单一风险事件的分段风险分析。
2 单一风险事件的整体风险分析或分段整体风险分析。
3 总体风险事件分析。
4 隧道或方案总体风险分析。

条文说明

由于公路水下隧道通常较长，可能由不同的建造单元组成，且隧道所穿越的地层、周边环境等差别较大，因此设计阶段的风险分析建议分段进行。

对于类似突水涌泥、大变形等重大风险事件，与隧道所穿越的地层和工法密切相关，因此建议根据地层构造与工法转换等作为沿隧道长度方向的单元划分依据，并根据每一个单元的条件，对风险事件进行分析，给出风险事件沿隧道长度方向的等级分布图。

在得到风险事件的分段(单元)风险等级后，为综合比较不同风险事件或风险源的风险大小，需要在整体隧道规模上，对风险事件的总体风险大小进行评定。一般对各单元的风险等级进行加权求和，最后结果作为隧道整体的风险等级。

14.1.6 风险分析应包括风险源辨识、风险因素与风险事件分析、风险评估，并应提出风险处置措施建议。

条文说明

公路水下隧道风险分析工作中风险源辨识是最重要的环节。目前通常采用的风险源辨识方法包括列表法、检查表法、专家调查法等，随着技术的进步，基于数据库的风险综合识别系统将大大提高风险源识别的准确性与可靠性。风险源识别具有动态性，即根据分析资料的完整程度、设计的阶段等而得出不同的结果，因此在工程的各阶段，需要做好风险源辨识清单的存档。

14.2 总体风险分析

14.2.1 隧道总体风险分析应包括隧道线位选择、平纵面设计、横断面设计、施工工法选择及隧道运营安全等方面，主要针对方案的合理性与可靠性进行分析。

条文说明

总体风险分析的目的是要通过风险分析的方法与手段，对包括隧道线位、平纵面布置、横断面设计、工法选择及运营期的安全等不同方案开展系统风险辨识、分析与评估，重点针对各方案的异同点进行风险水平评估。通过总体风险分析，可获得工程的风险辨识清单，以及风险事件的等级排序结果，并可在单一风险事件分析的基础上，采用层次分析方法或其他方法，计算确定隧道工程的总体风险水平。

14.2.2 总体设计风险源宜根据表 14.2.2 确定，并应对与上部水体有直接影响关系的风险源重点进行分析。

表 14.2.2 公路水下隧道总体设计风险源

设计内容	主要风险源
隧道线位选择	1 工程地质条件及场地条件(地震) 2 河流的历史变迁、河床(海床)的冲刷与回淤等 3 水位、流速、潮汐、水环境、水下障碍物及沉船影响等 4 临近线位的建筑物、地下管线及堤岸结构等 5 移民、基础设施及资源、征地、拆迁与再安置等社会环境 6 噪声、水质、空气、施工出渣、运营排水等生态环境影响 7 保护性鱼类、滩涂植被、水岸景区、鸟类保护区等自然环境影响
隧道平纵面设计	1 隧道纵向地层变异 2 平面指标 3 纵断面指标 4 不同埋置深度及水位 5 通风井及辅助通道 6 隧道施工的可行性 7 隧道运营的节能与安全

表14.2.2(续)

设 计 内 容	主要风险源
隧道横断面设计	1 设计方法及模型选择的合理性及偏差 2 潮汐荷载、冲刷与回淤等可变荷载 3 结构横断面构造及形状 4 隧洞间距 5 结构的单元连接可靠性 6 结构的完整性及功能符合性 7 隧道结构耐久性
隧道施工工法选择	1 不同工法的技术、设备、管理与环境条件及地质条件的适应性 2 施工技术的安全性 3 工程质量 4 建设工期 5 工程造价
隧道运营安全设计	1 隧道抗渗及防排水设计 2 隧道的通风方式、通风设备选型、风塔设计及其对邻近环境影响 3 隧道运营逃生疏散及救援方式的可靠性、口部大小及间距的合理性 4 隧道结构防火设计、消防设计(设施与方式) 5 隧道照明、监控、供配电、标志标线、紧急停车带设计 6 周边工程活动

条文说明

本条给出了公路水下隧道总体设计中常见的风险源，根据不同设计内容，对建议的风险源开展分析，但不限于所列出的风险源。

14.2.3 应根据水下隧道的特点，对施工中的安全保护、逃生救援设计方案开展风险分析。

条文说明

公路水下隧道的特点是地下水丰富，极易导致突水涌泥事故，且事故一旦发生，可能导致隧道被淹，后果极其严重。因此，为确保隧道总体设计中相关设计的合理可靠，需推演分析措施与方案的有效性，对施工中的安全保护、逃生救援设计方案开展风险分析。

14.3 钻爆隧道风险分析

14.3.1 钻爆隧道应对地质条件、支护方案、辅助施工措施、防排水方案、施工工序设计、突水突泥措施、监控量测、超前地质预报、施工环境影响等方面开展分段与整体风险分析。

条文说明

采用钻爆法施工的公路水下隧道，与钻爆法施工的常规山岭隧道，其风险组成基本相同，因此在开展风险分析时，可参考相关指南或规范进行。考虑到公路水下隧道长度规模一般比较大，所穿越的地层存在不同程度的变化（包括岩性与地质构造），从隧道施工风险管理角度考虑，针对重大风险源或风险事件，分段开展风险分析。

14.3.2 钻爆隧道宜根据表14.3.2中列出的风险源开展风险分析，并应对与上部水体有直接影响关系的风险源重点进行分析。

表14.3.2 钻爆隧道风险源

设计内容	主要风险源
地质条件	地层岩性、基岩面分布、地下水及不良地质等由于勘察技术原因而导致的不确定性风险；断裂破碎带、深槽或冲沟、地层空洞或溶洞、地下水等
隧道支护方案	隧道支护结构与围岩稳定性、隧道结构的抗水压能力、衬砌耐久性等方面的合理性与可靠性；软弱围岩及断层破碎带地段衬砌的可靠性
辅助施工措施	隧道超前支护、全断面帷幕注浆及周边帷幕注浆等方案对地质条件的适应性、材料的可靠性及施工安全性等，地下水渗流对处理方案的影响
防排水方案	衬砌的不同防排水方案的合理性、可靠性与有效性；地下水渗流量及设计水压力控制的不确定性对支护结构安全及隧道排水系统的影响
施工工序设计	开挖工序对超前支护、支护结构稳定性、施工效率及施工安全的影响
突水突泥措施	地质、水文、施工方法等可能导致的突水突泥风险，以及突水突泥风险防治措施的可靠性
临近环境的影响	隧道施工及后期运营阶段对临近岸边敏感建筑物的影响，包括大堤、海塘、围垦区、管线等；爆破震动对水中野生生物的影响
隧道监控量测	监控量测的内容、方法、程序的合理性，以及超前地质预报的预报方法、理论及技术的可靠性

条文说明

本条给出了水下隧道钻爆法施工设计中常见的风险源，根据不同设计内容，对建议的风险源开展分析，但不限于所列出的风险源。

14.3.3 应重视钻爆隧道的突水突泥风险分析。在初步设计阶段与施工图计阶段，其风险等级均不应大于Ⅱ级。

条文说明

采用钻爆法施工公路水下隧道，所面临的突水突泥风险往往很高，所导致的后果往往非常严重，因此要求重视突水突泥风险的分析。鉴于突水突泥发生后果的严重性，此处要求在初步设计与施工图设计阶段，其风险等级不大于Ⅱ级。

14.4 盾构隧道风险分析

14.4.1 盾构隧道应对地质条件、管片结构、管片防水、始发与到达方案、特殊地段处理、联络通道设计、盾构机选型及壁后注浆，以及临近环境的影响等方面开展分段与整体风险分析。

条文说明

盾构隧道施工的主要风险在于盾构机的地层适应性与施工控制技术的先进性。由于盾构地层的复杂性，可导致隧道管片结构受力状态发生变化，进而影响其变形，导致管片防水失效；在盾构始发与到达阶段，由于盾构受力环境变化，极易出现施工事故，如涌沙、渗漏、刀具刀盘损坏等。在浅覆土地段，盾构施工易发生上浮，并对地层产生较大扰动。水下盾构隧道的联络通道施工是风险较大的环节，因此需要特别重视联络通道的设计与施工风险。盾构隧道设计风险分析需要根据地质勘察与设计文件，综合辨识所有重大风险源或风险事件，进而对各风险事件进行分析。

14.4.2 盾构隧道宜根据表14.4.2中列出的风险源开展风险分析。

表14.4.2 盾构隧道风险源

设计内容	主要风险源
地质条件	隧道纵横向地层变异、地下水、不良地质体及河床障碍物等由于勘察技术原因而导致的不确定性
管片结构	管片形式、强度、接头防水、拼装方式、管片的抗水压能力、结构防腐蚀设计可靠性、结构和接头的耐久性等
始发与到达	工作井构造合理性、工作井围护结构的安全性、始发与到达段地层加固方法、盾构始发与到达的方式及对周边环境的影响等
特殊地段处理	盾构下穿重要建筑物、浅覆土、深水、复合地层以及地下障碍物等地段时对施工安全及工期的影响
联络通道	联络通道布设方案、施工方法选择、防淹门设计、联络通道与行车隧道的接口形式、后期沉降影响等
盾构机选型	盾构机在水土压力作用下的适应性、技术可靠性及管理操作等。对大、新型盾构机的选型必须开展风险分析与评估，复合地层条件下应重视盾构刀盘与刀具的可靠性、可维修性及可更换性

表14.4.2(续)

设计内容	主要风险源
盾构壁后注浆	地层扰动不确定性程度、注浆材料的适应性、注浆层分布的不确定性及对管片压力的影响等
临近环境	盾构穿越以及隧道后期运营对临近岸边敏感建筑物的影响,包括大堤、海塘、围垦区、管线等

条文说明

本条给出了公路水下隧道盾构法施工设计中常见的风险源,根据不同设计内容,对建议的风险源开展分析,但不限于所列出的风险源。

14.4.3 盾构隧道联络通道的风险等级,在初步设计阶段与施工图设计阶段均不应大于Ⅱ级。

条文说明

采用盾构法施工公路水下隧道,联络通道施工所面临的风险往往很高,所导致的后果通常非常严重,因此根据水下盾构隧道特点,要求在初步设计与施工图设计阶段,针对联络通道施工可能面临的风险强化设计,相应的风险等级不大于Ⅱ级。

14.5 沉管隧道风险分析

14.5.1 沉管隧道应对工程地质及水文地质条件、河床稳定性、结构安全及耐久性、干坞选址及施工、基槽浚挖、基础不均匀沉降、上部覆盖防护、管段制作、管节浮运、水下对接及对周边环境影响等方面开展分段与整体风险分析。

条文说明

沉管法隧道施工主要涉及管节预制、管节浮运、基槽开挖、管节铺设等环节,每一个环节都面临着复杂的风险,考虑沉管法的特点,按照施工环节进行单元划分,然后按照单元进行风险的辨识、分析、评估,并提出控制措施。

14.5.2 沉管隧道宜根据表14.5.2中列出的风险源开展风险分析。

表14.5.2 沉管隧道风险源

设计内容	主要风险源
地质条件	地层变异、冲沟、断层、地层有机质、流沙、地震沉陷或地震液化等导致的不确定性,水下边坡稳定性

表 14.5.2(续)

设计内容	主要风险源
水文条件	水流速度、洪水(潮汐)、波浪、风暴潮等水文条件对基坑稳定、河床冲淤、管节浮运及对接施工的影响
河床稳定性	河床因水流冲刷或淤积、航道疏浚对基槽开挖与回填的影响、对沉管隧道覆盖层稳定性影响及对沉管隧道结构安全的影响等
隧道结构	管段结构的强度设计、防水设计、接头结构设计的可靠性,以及基础形式、隧道结构耐久性、不均匀沉降等
基槽浚挖	基槽两侧边坡稳定性、开挖顺序合理性、开挖机械选择、泥渣排放对环境影响等
上部覆盖防护	覆盖层的稳定性,抗河流冲刷、回淤及抗外部冲击荷载能力等
管段制作场地	干坞的选址、干坞以及布置等,主要考虑场地稳定性、管节生产能力、管节储放条件、干坞围护方案设计等
管节浮运安装	管节寄放、浮运、沉放、对接等过程,应特别重视管节浮运与下沉施工过程中的监控量测方案的合理性,以及管节水下对接施工方案的安全性分析评估
周边环境影响	隧道施工及建成后对野生生物、航道及码头的影响,特别是沉管隧道施工对周边水环境的影响等

条文说明

本条给出了公路水下隧道沉管法施工设计中常见的风险源,根据不同设计内容,对建议的风险源开展分析,但不限于所列出的风险源。

14.5.3 沉管隧道水下对接施工及结构防水的风险等级不应大于Ⅱ级。

条文说明

采用沉管法施工公路水下隧道,水下对接施工技术复杂,控制不当易发生严重事故;而沉管隧道运营阶段所处环境水文条件多变,因此结构的防水要求高,对防水材料的耐久性有严格要求,一旦隧道出现结构渗漏水,将影响结构安全与交通安全,因此风险较大,根据水下沉管隧道特点,要求在施工图设计阶段,水下对接施工及结构防水的风险等级不大于Ⅱ级。

14.6 堰筑隧道风险分析

14.6.1 堰筑隧道应对围堰设计、基坑支护结构、地基处理、回填设计、结构安全、防水方案及对周边环境的影响等方面开展分段与整体风险分析。

条文说明

堰筑法隧道建设风险主要集中在围堰设计的合理性、基坑的稳定性、基础与回填质量、结构设计的合理性等方面。通过对堰筑隧道工程的系统风险辨识，针对关键风险事件进行风险分析，是确保工程安全的基础。

14.6.2 堰筑隧道宜根据表14.6.2中列出的风险源开展风险分析。

表14.6.2 堰筑施工风险源

设计内容	主要风险源
围堰设计	围堰结构类型选择、围堰结构的稳定性与防渗性及围堰施工的监测方案设计等
基坑支护	基坑围护方案、开挖方式、地下水控制及防渗设计等
地基处理	基础底部加固处理方案合理性，抗浮、抗管涌及不均匀沉降控制等
回填设计	覆盖层的稳定性、抗河流冲刷、回淤及抗外部冲击荷载能力等
结构安全	结构的强度、变形开裂和结构耐久性，施工环境及施工方法对结构安全的影响
防水方案	防水方案的整体有效性、防水构造的合理性等方面
周边环境影响	围堰施工对水域环境的影响、对所穿越河流行洪影响、对堤坝安全的影响及隧道建设对河床冲淤的影响等

条文说明

本条给出了公路水下隧道堰筑法施工设计中常见的风险源，根据不同设计内容，对建议的风险源开展分析，但不限于所列出的风险源。

15 结构安全监测

15.1 一般规定

15.1.1 应在水下隧道的敏感地段和重要地段设置结构安全监测系统，及时掌握隧道结构运营期间的安全状况。

条文说明

水下隧道所处地质条件、内外部环境一般都比较复杂，若运营期发生灾害，易造成重大的经济损失和不良的社会影响。国内外调查研究表明，建成的隧道有相当比例存在衬砌裂缝和渗漏水等病害现象，威胁隧道内行车安全、影响交通质量，缩短公路隧道的维护周期和使用年限。

国外隧道结构安全监测技术的研究起步较早，特别是日本、欧洲等公路隧道较为发达的国家。在国内，重要的水下隧道工程也建立了结构安全监测系统，比如玄武湖隧道、厦门翔安隧道、南京市定淮门隧道、南京长江隧道和广州市洲头咀隧道。

通过建立隧道结构安全监(检)测系统，对工程运营期间的结构、环境性状作全过程的监测，以科学、准确地评估病害对结构承载能力、承载状态的影响规律和影响程度，可以为工程的维护、保养、安全决策及病害诊治提供科学依据。通过监(检)测数据的科学评估，当隧道结构性态接近预警值时，采取相应处置措施，控制病害的进一步发展，延缓隧道病害的发展、延长隧道使用年限并减少安全事故发生；当结构性态超过预警值时，根据病害特征采取相应的加固修复措施，以维持隧道结构安全，从而来避免水下隧道结构巨灾的发生，降低隧道运行期公共安全的风险水平。

15.1.2 结构安全监测应符合下列规定：
1 监测的特征断面应根据隧道地质条件及环境条件确定。
2 监测的主要控制因素应根据结构受力特点确定。
3 监测的特征点及相应的监测项目应根据结构分析计算结果确定。

条文说明

监测特征断面和监测项目的选择，需要根据隧道所处的具体情况确定，主要是为了避免无针对性地布置监测断面。随着计算机软硬件和计算技术的不断发展，结构分析计算在结构设计和分析中已经得到越来越普遍的应用，在选择监测特征点及相应的监测项目时充分利用结构分析计算的结果，可以避免确定测点和监测项目的盲目性。

15.1.3 结构安全监测系统应包括数据采集、数据传输、数据库及实现诊断功能的数据分析与预报预警等部分。安全监测系统可与施工期间的监控量测系统统一考虑。

条文说明

数据采集包括自动化监测和电子化人工巡测。数据传输包括无线传输、光纤、光缆传输等，对于人工巡测数据需要专人将巡测数据录入人工巡测管理软件系统。数据库主要用于存储监测及巡测过程中采集的各种数据。数据分析与预报预警基于监测得到的隧道结构不同物理量，参考相应规范，辅助以数值计算、统计分析，结合监测物理量长期变化趋势，对隧道结构安全状态进行综合评估与预警。

15.1.4 结构安全监测系统数据传输及处理应与运营管理系统统一考虑，并应采用可靠软件对结构工作状态及时进行评估与预警。

条文说明

隧道施工期的监控量测数据是隧道全寿命周期工作状态的重要组成部分，可以为运营期的结构安全监测提供初始值。监测系统与施工期间的监控量测系统统一考虑，可以保持数据采集的连续性和完整性；监测系统与运营管理系统统一考虑，可以提高隧道运营期的管理效率。

15.1.5 结构安全监测系统的设计使用年限应根据监测需要确定。预埋于主体结构内对结构强度存在影响的元器件，其结构耐久性宜与主体结构一致。低于主体结构使用年限时，应保证元器件失效后主体结构的安全。

条文说明

结构安全监测要求尽量采用可更换的元器件。为了对主体结构在全寿命周期内进行结构安全监测，预埋于主体结构内对结构强度存在影响的元器件，元件结构本身的耐久性要与主体结构保持一致，比如预埋与衬砌中的土压力盒，渗压计，混凝土应变计和钢筋计等。若低于主体结构使用年限，一般需事先采取预防措施，或采取补救措施，以保证元器件失效后主体结构的安全。

15.2 监测内容

15.2.1 水下隧道运营期的结构安全监测宜采用自动化监测。

条文说明

结构的安全监测采用自动化监测，可以避免人工监测效率较低、受主观因素影响等不足；但自动化监测仪器一般费用较高，且当前仪器一般采用单点监测方法，在预埋仪器时，很难做到监测的部位刚好是隧道运营期病害出现的位置。采用自动化监测与人工巡测相结合的方法，可以多种手段互为补充、相互印证。人工巡测常常可以及时发现隧道结构的一些异常情况，如隧道结构裂缝、新增漏点、混凝土剥落、流沙等。这些病害发生的位置往往事先很难预见，自动化监测常常反映不出来。

15.2.2 安全监测系统中数据采集的内容应根据水下隧道结构类型、地质条件及周边环境条件确定，可在下列内容中选择：
1 工作条件监测：土压力、水压力、覆盖层厚度、地层变形、腐蚀性离子等；
2 结构受力监测：混凝土应力、钢筋应力、锚杆内力、接触面压力等；
3 结构变形监测：结构沉降变形、挠度、裂缝、收敛变形等；
4 结构材料监测：表面碳化深度、混凝土强度变化、钢筋腐蚀程度等。

条文说明

根据隧道所处的内外环境情况不同，隧道结构安全监测可以分成工作条件监测、结构受力监测、结构变形监测和结构材料监测等内容。结构安全监测主要是为了掌握隧道结构的安全状态，因此监测的对象主要是隧道结构本身。而隧道衬砌外部的水土压力变化会导致隧道结构工作状态的变化，但是，隧道结构变形和内力的变化相对于外部水土压力荷载变化有所延迟，因此需要对隧道衬砌外部水土压力进行监测，以提前掌握衬砌结构工作状态可能的变化，同时其监测数据可以与隧道结构的监测数据进行对比、综合分析、相互验证。

15.2.3 监测项目的选择应结合水下隧道的特点，并宜符合下列规定：
1 钻爆隧道宜对隧道拱顶下沉、收敛变形、围岩与初衬接触压力、初衬与二衬接触压力、初衬及二衬外水压力、二次衬砌混凝土及钢筋应力等进行监测。
2 盾构隧道宜对管片外水压力及土压力、管片混凝土及钢筋应力、螺栓内力、管片接缝张开量及错位量、隧道断面收敛变形等进行监测。
3 沉管隧道宜对管段外水压力、基底应力、管段混凝土及钢筋应力、管段接缝张开量及错位量、管段接头剪切键剪应力、止水带压缩状态等进行监测。

4 堰筑隧道宜对基底应力、衬砌外水压力及土压力、混凝土及钢筋应力进行监测。

条文说明

水下隧道的监测项目与隧道类型、隧道长度、隧道埋深、水深和地质情况等因素密切相关，监测项目主要反映监测对象的物理力学性能和周围环境。对于同一个监测对象，各个监测项目有内在的联系，相辅相成，配套监测，可以帮助判断数据的真伪，做到去伪存真。

15.2.4 水下隧道符合下列条件时，宜进行专项结构安全监测：
1 基本地震烈度高于7度时，宜进行地震动监测。
2 盾构隧道埋深受冲刷控制时，宜进行覆盖层厚度监测。
3 隧道周边有敏感建构筑物时，宜进行隧道周边土体的水土压力及变形监测。
4 隧道采用新型结构或新工法时，宜进行结构内力监测。
5 地基为软弱土层或纵向地质条件变化较大时，盾构隧道、沉管隧道、堰筑隧道宜进行纵向变形监测。

条文说明

隧道结构位于地下，一般具有较好的抗震性能。但是，对于高地震烈度地区的隧道，地震对结构受力有一定影响。水下隧道的覆土厚度对保证隧道的运营抗浮安全非常重要，河床(海床)的冲刷对隧道覆土厚度影响很大，因此盾构隧道埋深受冲刷控制时进行覆盖层厚度监测很有意义。隧道采用新型结构或新工法时，出于积累资料、技术进步的考虑，进行结构内力监测，可掌握新型结构或新工法的特点，为今后的推广应用做好技术储备。地基为软弱土层时，盾构隧道或沉管隧道的纵向变形较大，地基纵向地质条件变化较大时，盾构隧道或沉管隧道的纵向变形不均匀，上述两种情况易导致隧道结构变形和内力过大，进行纵向变形监测对掌握隧道的工作状态很有帮助。

15.2.5 应在隧道运营期间适时增加监测内容，并定期维护，宜包括下列内容：
1 隧道结构钢筋的锈蚀情况及混凝土碳化情况；
2 隧道内渗漏情况；
3 监测基准点、监测点完好情况；
4 监测元件的完好及保护情况；
5 有无影响观测、监测工作的障碍物。

条文说明

隧道补充检测以人工巡测为主，辅以工器具，这样检查速度快、周期短，可以及时弥补仪器监测的不足。

15.3 监测点布置

15.3.1 监测点的布置应能反映监测对象的实际状态及变化趋势，并应布置在内力及变形关键特征断面的特征点上。

条文说明

监测项目的设置与工程规模、隧道结构形式、周边环境和监测目密切相关。在地质条件比较复杂，外荷载比较大的位置和结构受力比较大的部位，是需要重点关注。本条针对监测断面和监测点的布置，强调从经济性和可靠性方面考虑，把有限的资金用在最关键的地方。

15.3.2 监测点应避开障碍物，便于观测。

条文说明

本条规定是为了保证量测通视，以减小转站引点的误差。观测标志的形式和埋设可以参照现行《建筑变形测量规范》(JGJ 8)执行。

15.3.3 监测断面位置的选择应考虑下列因素：
1. 隧道埋置深度及水深：覆盖层厚度较大及变化较大地段，水深较大地段；
2. 隧道地质条件：地质条件较差地段；
3. 隧道所处环境条件：环境复杂及邻近建构筑物较多地段；
4. 断面受力条件：隧道断面复杂、受力较大的部位。

条文说明

隧道覆盖层厚度较大及变化较大地段一般会产生不均匀沉降，水深较大地段衬砌外水压力较大。地质条件较差地段，衬砌外部土压力较大。隧道所处环境复杂及邻近建构筑物较多地段，对隧道结构的变形要求严格。断面形态复杂、受力较大地段，内力一般较大。因此，监测断面的位置的选择需要综合考虑以上因素。

15.3.4 钻爆隧道的下列地段宜进行结构安全监测工作：
1. 地质条件为Ⅴ级及Ⅵ级围岩地段；
2. 埋深小于1倍开挖跨度的Ⅳ级围岩水下段；
3. 水深大于30m，且限制地下水排放的地段。

条文说明

地质条件为Ⅴ级及Ⅵ级围岩地段，围岩自稳能力较差，外部土压力较大。埋深小于1倍洞径的Ⅳ级围岩水下段，隧道结构抗浮安全受河床或海床冲刷影响较大。水深大于30m，且限制地下水排放的地段，隧道衬砌外水压力较大。

15.3.5 盾构隧道的下列地段宜进行结构安全监测工作：
1 覆盖层厚度在纵向或横向出现较大变化的地段；
2 基底地质条件纵向变化较大的地段；
3 埋深小于1倍洞径或大于3倍洞径的地段；
4 水深大于25m的地段。

条文说明

覆盖层厚度在纵向或横向出现较大变化的地段和基底地质条件纵向变化较大的地段，盾构隧道不均匀沉降较大，易导致隧道结构接缝张开量和内力增大。隧道埋深小于1倍洞径的地段，盾构隧道抗浮安全受河床(海床)冲刷影响较大，而埋深大于3倍洞径的地段，外部土压力较大。水深大于25m的地段，衬砌外水压力较大。

15.3.6 沉管隧道及堰筑隧道的下列地段宜进行结构安全监测工作：
1 基底地质条件纵向变化较大的地段；
2 可能会出现沉船或抛锚的通航地段；
3 冲刷或淤积对覆盖厚度可能产生影响的地段；
4 沉管隧道水深大于20m、堰筑隧道水深大于10m的地段。

条文说明

基底地质条件纵向变化较大的地段，隧道不均匀沉降较大。沉管隧道和堰筑法隧道一般埋深较浅，沉船或抛锚对隧道结构的内力影响较大。冲刷或淤积对沉管隧道和堰筑法隧道的外部土压力和抗浮有影响。水深大于20m的地段，沉管隧道外水压力较大；水深大于10m的地段，堰筑法隧道外水压力较大。

15.3.7 隧道外荷载监测点、混凝土和钢筋应力监测点应布置在结构受力较大的代表性部位，并应符合下列规定：
1 钻爆隧道的拱顶、拱底和拱脚宜布置监测点。
2 盾构隧道的拱顶、拱底和拱腰宜布置监测点。
3 沉管隧道和堰筑隧道的顶板、底板和侧墙中部宜布置监测点。
4 混凝土和钢筋应力监测点应在衬砌内侧和外侧对称布置。

条文说明

钻爆隧道一般为马蹄形，拱顶、拱底和拱脚部位受力和变形较大；盾构隧道一般为圆形，在拱顶、拱底和拱腰部位受力和变形较大；沉管隧道和堰筑隧道的断面一般为矩形，在顶板、底板和侧墙中部受力和变形较大，故在这些部位布置监测衬砌外荷载、变形和内力的元器件。在外荷载作用下，衬砌内侧和外侧受力状态一般不同，比如在隧道拱顶和拱底，一般内侧受拉、外侧受压，而在拱腰，一般内侧受压、外侧受拉。为了充分掌握衬砌的工作状态，在衬砌内侧和外侧对称布置监测点很有必要。

盾构衬砌一般由多块预制管片通过螺栓连接形成整体结构，事先很难精确确定每块管片分块运营期在断面的相对位置，而且钢筋计和混凝土应变计监测的数据一般离散性比较大，因此盾构管片的每个分块都预埋钢筋计和混凝土应变计。

钻爆隧道的布置监测点参考图 15-1。

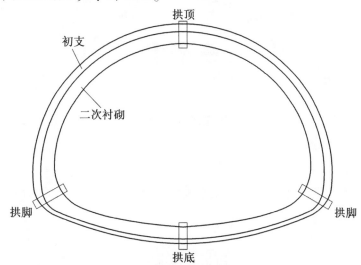

图 15-1 钻爆隧道监测点布置示意

盾构隧道的布置监测点参考图 15-2。

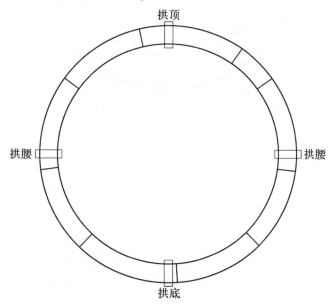

图 15-2 盾构隧道监测点布置示意

沉管隧道和堰筑隧道的布置监测点参考图15-3。

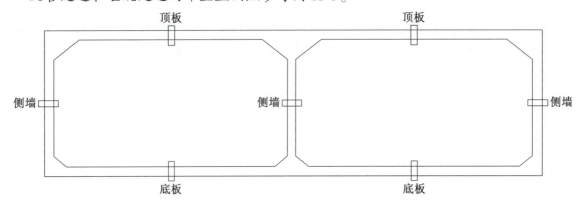

图15-3 沉管隧道和堰筑隧道监测点布置示意

15.3.8 隧道不均匀变形监测点应布置在隧道埋深变化较大段和地质条件变化较大段。

条文说明

在隧道纵坡变化较大段和地质条件变化较大段，隧道不均匀沉降比较大，因此要求隧道不均匀沉降监测点布置在这些地段。

15.3.9 混凝土碳化监测和钢筋锈蚀监测宜采用自动化监测，也可采用人工巡测。

条文说明

采用自动化监测混凝土碳化和钢筋锈蚀，效率较高，但一般只能单点监测，可能漏掉一些衬砌上的碳化和钢筋锈蚀部位，故可以采用人工巡测。隧道纵断面最低处，废气浓度相对较高，对混凝土碳化影响较大，混凝土碳化监测点要求布置在这些地方。

15.4 监测要求

15.4.1 结构安全监测数据采集精度应满足结构工作状态评估及预报预警的需要。

条文说明

监测仪器的量程，采集精度和分辨率的确定关系到结构安全监测系统的有效性和可靠性。合理的量程、精度和分辨率取决于监测项目的必要性和可能性两个方面。

15.4.2 结构安全监测的元器件选择及其参数应根据监测内容与评估要求确定。元器件的最大量程不宜大于设计值的2倍，精度不宜低于0.5% F.S，分辨率不宜低于0.2% F.S。

条文说明

本规范根据国内外监测仪器的发展和使用情况，针对公路水下隧道的结构特性确定监测仪器的量程、精度和分辨率要求。一般监测仪器的精度与其量程有关，量程大的仪器，其监测精度绝对数值相对较低。从实际情况看，元器件的最大量程大于设计值的 2 倍没有必要。要测定出监测项目的变化规律，测值的误差需要远小于监测量。

15.4.3 结构安全监测系统的数据采集宜符合下列规定：
1 水土压力等外荷载数据精度不宜低于 10kPa。
2 钢筋内力数据精度不低于 1MPa，混凝土应变数据精度不宜低于 10 με。
3 结构变形数据精度不宜低于 0.1mm。
4 地层位移变形数据精度不宜低于 0.2mm。
5 结构裂缝宽度数据精度不宜低于 0.1mm。

条文说明

监测仪器的精度需要综合监测项目的特点、必要性和可能性后进行确定。本条规定是结构安全监测仪器采集精度的最低要求。在特殊情况下，监测精度可以根据实际情况，在设计中确定。

15.4.4 结构安全监测频率应根据隧道所处地质条件、受力条件、设计结果及当地经验等因素确定，并应能满足所监测项目的重要变化过程而又不遗漏其变化时刻。无当地经验时，可根据地质条件、受力条件、设计结果及表 15.4.4 确定。

表 15.4.4 结构安全监测频率表

监测时段	监测频率
第一年	1 次/星期
一年后	1 次/月
发生异常时	2 次/天

注：发生台风、沉船、地震等偶然事件时，应按每小时监测一次或根据现场情况确定监测频率。

条文说明

隧道所处地质条件、受力条件和环境变化是水下隧道监测频率应考虑的主要因素。同时监测频率需满足能反映监测项目的重要变化过程而又不遗漏其变化时刻的要求。隧道结构安全监测的频率不是一成不变的，隧道在运营的各个阶段对监测工作的要求各不相同，因此可针对不同监测时段，提出不同的监测频率。相对于施工期，隧道在运营期的受力条件和环境变化较小，因此监测频率也相对施工期较低。隧道运营期初期相对稳定运营期，外部荷载和环境变化较大，监测数据非常关键，监测频率一般较高。一年以后，可以认为隧道进入稳定运营期，监测频率可稍低。数据发生异常或临近预警状态时，要提高监测频率，甚至连续监测。本条给出了监测频率的最低要求，基本能满足隧道运营期监控的需要，在确定监测频率时可选用。

15.4.5 监测预警值应根据水下隧道所处地质条件、受力条件、设计结果及当地经验等因素确定，并应满足隧道设计及周边环境中被保护对象的控制要求。

条文说明

　　监测预警是工程实施结构安全监测的目的之一，是预防隧道工程事故发生、确保隧道及周边环境安全的重要措施。监测预警值是监测工作的实施前提，是监测期间对隧道工程正常、异常和危险三种状态进行判断的重要依据，因此隧道工程结构安全监测需要确定监测预警值。隧道的监测预警值不是一个固定不变的值，随着隧道工作年限的增加，结构材料的老化，预警值是不断变化的。因此，管理部门要定期组织专家分析论证，及时提出变化后的预警值。

　　隧道运营初期，监测预警值一般根据隧道设计计算结果、周边环境中被保护对象的控制要求和隧道所处周边环境等因素综合考虑确定。在隧道正常运营期间，预警值可根据极限状态法、置信区间法等方法提出。确定隧道预警值的基础是监测资料，因此要十分注意监测系统的可靠性、稳定性，以及监测资料的连续性和准确性。

15.5　数据处理与信息反馈

15.5.1 监测数据传输宜采用无线传输方式，数据分析宜根据隧道结构特点及数据采集类型编制针对性的评估软件，确保结构评估与预警的准确性。

条文说明

　　对大型水下隧道进行有效的监测要求各种传感器数量在数百量级以上，这样大规模的多点、多参数、远距离数据传输，需铺设大量的光纤、电缆，在环境条件复杂的情况下，操作起来十分复杂和烦琐，占用大量人力物力。此外，大量传输导线还存在布设空间等问题，在监测仪器埋设和运营期长期的监测过程中，光纤、光缆易损坏。采用无线传输方式，可以避免这些不足，在有条件的情况下要优先采用。

15.5.2 应建立隧道结构安全预警与综合评估子系统，对在线监测和人工巡测得到的各类数据进行统一的处理分析，对隧道结构进行异常诊断、预警及结构安全状态评估。

条文说明

随着计算机技术的推广和普及，隧道结构安全监测工作要建立以计算机为基础的监测资料数据库或信息管理系统。这不仅是因为监测数据量大、整编工作困难，而且可使监测数据的调用快速方便，满足对隧道监测的需要。隧道结构安全预警与综合评估系统的内容一般包括下列内容：

(1) 对巡测、监测及识别的结果进行历史趋势对比、分析与预测。

(2) 对结构异常状态进行识别和诊断，给出异常发生的大致位置和程度。

(3) 对结构危险状态及时识别，并分级预警。

(4) 结合自动监测、人工巡测数据和其他相关数据（包括隧道基础资料、施工监控等）对结构的整体工作状态进行分析评估。

(5) 按指定程序自动生成在线分析报告。

(6) 根据需求定期生成离线综合分析报告。

(7) 评估结果明确、直观，面向多级结构管理人员。

(8) 根据评估结果给出相应的维护管养建议。

15.5.3 应建立结构安全监测用户界面子系统，通过该模块实现将各种数据实时按需求向用户展示，并接受用户对系统的控制、输入与功能扩展。

条文说明

用户界面子系统将各种数据实时按需求向用户展示，并且接受用户对系统的控制与输入。作为一个完整的系统人机交互子系统进行设计，用户界面管理主要提供自动化监测、人工监测和运营管理等系统的人机界面，系统在具有技术先进、易用、操作方便、直观易懂的前提下，具备向用户提供操作及管理界面、向用户提供数据表示、向用户提供报告，并满足网络发展办公的需求，同时具有可扩展性。

15.5.4 应建立结构安全监测中心数据库子系统，通过该模块实现整个大系统所有数据的平台管理工作，完成数据的归档、查询、存储等功能。

条文说明

结构安全监测中心数据库子系统一般基于自动化办公平台，实现整个大系统所有数据的平台管理工作，完成数据的归档、查询、存储，文件来往的管理、工作安排、进度控制等。通过建立该子系统，统一管理与组织数据信息，给系统的维护与管理提供便利，也为各应用子系统提供可靠的分布式数据交换与存储平台，方便开发与使用。

附录 A 公路水下隧道建设条件分级

A.0.1 隧道场地条件分级可按表 A.0.1 确定。

表 A.0.1 隧道场地条件分级

序号	隧道工法	简　单	中　等	复　杂
1	钻爆隧道	洞身在坚硬岩中，上部岩层厚度大于1倍开挖跨度；洞身在较硬岩中，上部岩层厚度大于2倍开挖跨度	洞身在坚硬岩中，上部岩层厚度小于1倍隧道开挖宽度；洞身在较硬岩中，上部岩层厚度小于2倍开挖跨度；洞身位于强风化岩层中或破碎岩层中	洞身位于断层破碎带中；洞身位于岩土交界面附近；洞身位于土层中；洞身位于岩溶发育地层中
2	盾构隧道	洞身全部位于较为均匀的土层中；洞身在岩层中，上部岩层厚度大于0.5倍洞径	洞身附近土层物理力学参数差异较大；洞身位于岩层中但上部岩层厚度小于0.5倍洞径	洞身位于岩土交界面附近；隧道埋置深度小于1倍洞径；隧道受河床冲刷影响较大
3	沉管隧道	基槽全部位于较为均匀的土层中；基槽开挖深度小于15m；水深小于15m	介于简单及复杂之间的其他情况；水深为15～25m	基槽位于岩土交界面附近；基槽开挖深度大于20m；淤泥层厚度大于10m；水深大于25m
4	堰筑隧道	基坑全部位于较为均匀的土层中；基坑深度小于10m；水深小于5m	介于简单及复杂之间的其他情况；水深为5～10m	洞身或基础位于岩土交界面附近；基坑深度大于15m；水深大于10m

A.0.2 隧道临近环境条件分级可按表 A.0.2 确定。

表 A.0.2 隧道临近环境条件分级

环境因素	简　单	中　等	复　杂
建(构)筑物	影响区内无永久建筑物，或仅有简易平房	影响区内无敏感建筑物	影响区内有敏感建筑物

表 A.0.2(续)

环境因素	简 单	中 等	复 杂
地下管线	影响区内无污水、雨水、热力等地下管线	影响区无天然气、石油等易燃易爆地下管线	影响区有天然气、石油等易燃易爆地下管线
道路	影响区内仅有城市次干道或四级公路	影响区内有城市主干道路或二级、三级公路	影响区内有城市快速路、一级公路或高速公路
航道锚地	影响区内无航道、锚地	影响区内存在小型航道、锚地	影响区内有重要航道、锚地
码头	影响区内无码头	影响区内有小型码头	影响区内有大型重要码头
自然保护区	影响区仅有县市级自然保护区	影响区内有省级自然保护区	影响区内有国家级自然保护区
围堰	基坑施工对围堰影响轻微	基坑施工对围堰影响较小	基坑施工对围堰影响较大

注：1. 采用钻爆、盾构等暗挖法施工时，航道、码头及自然保护区等因素可降低一级对待。
    2. 影响区：对于基坑工程，影响区为小于 $2\sim3H$ 的范围，H 为基坑设计深度(m)；对于浅埋暗挖隧道，影响区为小于 $2.5i$ 的范围，i 为隧道地表沉降曲线 PECK 计算公式中的沉降槽宽度系数(m)。

附录 B 公路水下隧道环境作用等级

B.0.1 环境作用的分类与分级可按表 B.0.1 确定。

表 B.0.1 环境作用的分类与分级

环境作用类别	环境作用等级					
	轻微	轻度	中度	严重	非常严重	极端严重
一般环境（Ⅰ类）	A	B	C	—	—	—
冻融环境（Ⅱ类）	—	—	C	D	E	—
海洋氯化物环境（Ⅲ类）	—	—	C	D	E	F
除冰盐环境（Ⅳ类）	—	—	C	D	E	—
化学腐蚀环境（Ⅴ类）	—	—	C	D	E	—

B.0.2 一般环境（Ⅰ类）的作用等级可按表 B.0.2 确定。

表 B.0.2 一般环境（Ⅰ类）的作用等级

作用等级	环境条件	结构构件示例
A	室内干燥环境	设置喷涂型防水或防火保护层的隧道结构内侧
A	永久的静水浸没环境	隧道排水泵房（消防水、雨水、清洗水）
B	室内潮湿环境	复合衬砌结构与防排水层接触部位 隧道排水通道内侧
B	长期湿润环境	隧道结构外侧与水或湿润土体接触的部位
C	干湿交替环境	裸露的隧道结构内侧隧道出入口光过渡带构件 排水管沟、泵房盖板

B.0.3 冻融环境（Ⅱ类）的作用等级可按表 B.0.3 确定。

表 B.0.3 冻融环境（Ⅱ类）的作用等级

作用等级	环境条件		
	地区[a]	地下水位	水质[b]
C	微冻	水位变动区	无盐
C	严寒和寒冷	低于隧道结构	无盐

表 B.0.3(续)

作用等级	环境条件		
	地区[a]	地下水位	水质[b]
D	严寒和寒冷	水位变动区	无盐
	微冻	水位变动区	有盐
	严寒和寒冷	低于隧道结构	有盐
E	严寒和寒冷	水位变动区	有盐

注：[a] 冻融环境按当地最冷月平均气温划分为微冻地区、寒冷地区和严寒地区，其平均气温分别为：$-3 \sim 25℃$、$-8 \sim -3℃$ 和 $-8℃$ 以下。
[b] 指冻结水中所含盐类，包括海水中的氯盐、除冰盐或其他盐类。

B.0.4 海洋氯化物环境（Ⅲ类）的作用等级可按表 B.0.4 确定。

表 B.0.4 海洋氯化物环境（Ⅲ类）的作用等级

作用等级	环境条件[a]	结构构件示例
C	水下区和土中区	水下隧道结构外侧
D	轻度盐雾区	陆上建筑的室内构件
E	重度盐雾区	隧道出入口区段、海上通风塔室外构件、沉管隧道内侧
F	潮汐区和浪溅区	沉管隧道岸边段、其他类型隧道地层透水性较高的区段

注：[a] 水下区和土中区：周边永久浸没于海水或埋于土中；轻度盐雾区：距平均水位 15m 高度以上的海上大气区、涨潮岸线以外 100~300m 内的陆上室内环境；重度盐雾区：距平均水位上方 15m 高度以内的海上大气区、离涨潮岸线 100m 以内的陆上室外环境。

B.0.5 除冰盐环境（Ⅳ类）的作用等级可按表 B.0.5 确定。

表 B.0.5 除冰盐环境（Ⅳ类）的作用等级

作用等级	环境条件	结构构件示例
C	轻度除冰盐盐雾	距离出入口 50m 的隧道段的行车道顶部
D	除冰盐水溶液轻度溅射	距离出入口 50m 的隧道段的行车道侧墙
E	直接接触除冰盐溶液或重度盐雾作用	路面、车道板、衬砌底板

B.0.6 化学腐蚀环境（Ⅴ类）的作用等级可按表 B.0.6 确定。

表 B.0.6 化学腐蚀环境（Ⅴ类）的作用等级

作用等级	硫酸根离子 SO_4^{2-}		二氧化碳 CO_2	镁离子 Mg^{2+}	酸碱度
	水中(mg/L)	土中(mg/kg)	水中(mg/L)	水中(mg/L)	pH 值
C	200~1 000	300~1 500	15~30	300~1 000	6.5~5.5
D	1 000~4 000	1 500~6 000	30~60	1 000~3 000	5.5~4.5
E	4 000~10 000	6 000~15 000	60~100	≥3 000	<4.5

附录 C 钢筋混凝土结构构件的裂缝宽度计算

C.0.1 矩形、T形和工字形截面的钢筋混凝土受弯构件,其最大裂缝宽度可按式(C.0.1-1)计算:

$$\delta_{fmax} = C_1 C_2 C_3 \frac{\sigma_s}{E_s}\left(\frac{30+d}{0.28+10\mu}\right) \quad (C.0.1\text{-}1)$$

式中:δ_{fmax}——最大裂缝宽度(mm);

C_1——钢筋表面形状系数,对于光面钢筋 $C_1 = 1.4$,对于螺纹钢筋 $C_1 = 1.0$;

C_2——作用或荷载长期效应影响系数,短期静荷载(不考虑冲击荷载)作用时,$C_2 = 1.0$;长期荷载作用时,$C_2 = 1+0.5\frac{N_l}{N_s}$,其中 N_l 为长期荷载作用下的内力,N_s 为短期荷载作用下的内力(弯矩或轴力);

C_3——与构件受力形式相关的系数,板式受弯构件 $C_3 = 1.15$,其他受弯构件 $C_3 = 1.0$;轴心受拉构件 $C_3 = 1.2$;偏心受拉构件 $C_3 = 1.1$;偏心受压构件 $C_3 = 0.9$;

d——纵向受拉钢筋的直径(mm),当用不同直径的钢筋时,采用换算直径 $d = \frac{A_s}{s}$(s 为纵向受拉钢筋的总周长);当使用钢筋束时,取用一束钢筋截面换算为一根钢筋的面积;

μ——纵向受拉钢筋的配筋率,$\mu = \frac{A_s}{bh_0 + (b_f - b)h_f}$,当 μ 大于 0.02 时,取 $\mu = 0.02$;当 μ 小于 0.006 时,取 $\mu = 0.006$;对于轴心受拉构件,μ 按全部受拉钢筋的一半计算;

b_f——受拉翼缘宽度;

h_f——受拉翼缘厚度;

h_0——受压边缘到受拉钢筋重心的距离;

σ_s——受拉钢筋在使用荷载作用下的应力,可按式(C.0.1-2)、式(C.0.1-3)计算:

受弯构件 $$\sigma_s = \frac{M_s}{0.87 A_s h_0} \quad (C.0.1\text{-}2)$$

偏心受压构件 $\quad \sigma_s = \dfrac{N_s(e_s - z)}{A_s z}$ （C.0.1-3）

$$z = \left[0.87 - 0.12(1 - \gamma'_f)\left(\dfrac{h_0}{e_s}\right)^2\right]h_0 \quad (C.0.1\text{-}4)$$

$$e_s = \eta_s e_0 + y_s \quad (C.0.1\text{-}5)$$

$$\gamma'_f = \dfrac{(b'_f - b)h'_f}{bh_0} \quad (C.0.1\text{-}6)$$

e_s——轴向压力作用点至纵向受拉钢筋合力点的距离；

z——纵向受拉钢筋合力点至截面受压区合力点的距离，且不大于$0.87h_0$；

η_s——使用阶段的轴向压力偏心距增大系数，对于公路水下隧道结构，可取 $\eta_s = 1.0$；

y_s——截面重心至纵向受拉钢筋合力点的距离；

γ'_f——受压翼缘截面面积与腹板有效截面面积的比值；

b'_f、h'_f——受压区翼缘的宽度、厚度，在式（C.0.1-6）中，当 $h'_f > 0.2h_0$ 时，取 $h'_f = 0.2h_0$；

N_s、M_s——按荷载的短期组合计算的轴向力值、弯矩值。

附录 D 钢筋混凝土结构构件的承载能力极限状态计算

D.0.1 钢筋混凝土轴心受压构件，其正截面强度应满足式(D.0.1)的要求。

$$\gamma_0 \gamma_1 N \leq 0.9\varphi \left(\frac{f_{ck}}{\gamma_{ck}} A + \frac{f_{sk}}{\gamma_s} A'_s \right) \quad (D.0.1)$$

式中：φ——钢筋混凝土构件的稳定系数，按表 D.0.1 查取；

N——轴向力设计值；

f_{ck}——混凝土抗压强度标准值；

γ_{ck}——混凝土抗压强度分项系数；

γ_s——钢筋抗压、抗拉强度分项系数；

A——构件毛截面面积，当纵向钢筋配筋率大于3%时，A 应改用 $A_n = A - A'_s$；

f_{sk}——钢筋抗拉强度标准值；

A'_s——受压区纵向钢筋截面面积。

表 D.0.1 钢筋混凝土构件的稳定系数 φ

l_0/b	≤8	10	12	14	16	18	20	22	24	26	28
l_0/d	≤7	8.5	10.5	12	14	15.5	17	19	21	22.5	24
l_0/r	≤28	35	42	48	55	62	69	76	83	90	97
φ	1.0	0.98	0.95	0.92	0.87	0.81	0.75	0.70	0.65	0.60	0.56
l_0/b	30	32	34	36	38	40	42	44	46	48	50
l_0/d	26	28	29.5	31	33	34.5	36.5	38	40	41.5	43
l_0/r	104	111	118	125	132	139	146	153	160	167	174
φ	0.52	0.48	0.44	0.40	0.36	0.32	0.29	0.26	0.23	0.21	0.19

注：1. 表中 l_0 为构件计算长度，b 为矩形截面短边尺寸，d 为圆形截面直径，r 为截面最小回转半径。

2. 构件计算长度 l_0 的确定：两端固定为 $0.5l$；一端固定，一端为不移动的铰为 $0.7l$；两端均为不移动的铰为 l；一端固定，一端自由为 $2l$（l 为构件支点间长度）。

D.0.2 钢筋混凝土矩形截面或翼缘位于受拉区的 T 形截面受弯构件，其正截面承载力应满足式(D.0.2-1)的要求。

$$\gamma_0 \gamma_1 M \leq \frac{f_{ck}}{\gamma_{ck}} bx \left(h_0 - \frac{x}{2} \right) + \frac{f'_{sk}}{\gamma_s} A'_s (h_0 - a'_s) \quad (D.0.2\text{-}1)$$

此时，中性轴的位置按式(D.0.2-2)确定：

$$\frac{f_{sk}}{\gamma_s} A_s - \frac{f'_{sk}}{\gamma_s} A'_s = \frac{f_{ck}}{\gamma_{ck}} bx \quad (D.0.2\text{-}2)$$

混凝土受压区高度 x 应满足式(D.0.2-3)、式(D.0.2-4)的要求：

$$x \leqslant \xi_b h_0 \quad \text{(D.0.2-3)}$$

$$x \geqslant 2a'_s \quad \text{(D.0.2-4)}$$

式中：M——弯矩设计值；

b——矩形截面宽度或倒 T 形截面的腹板宽度；

h_0——混凝土截面有效高度；

f'_{sk}——钢筋抗压强度标准值；

A_s——受拉区纵向钢筋截面面积；

a'_s——受压钢筋合力点至受压区边缘的距离；

ξ_b——混凝土受压区高度界限系数，按表 D.0.2 采用。

表 D.0.2 混凝土受压区高度界限系数 ξ_b

钢筋种类	混凝土强度等级		
	C50 及 C50 以下	C55、C60	C65、C70
HRB400	0.53	0.51	0.49
精轧螺纹钢筋	0.40	0.38	0.36

注：1. 截面受拉区内配置不同种类钢筋时，ξ_b 值应选用相应于各种钢筋的较小者。

2. $\xi_b = x_b/h_0$，x_b 为纵向受拉钢筋和受压区混凝土同时达到其强度设计值时的受压区高度。

D.0.3 钢筋混凝土矩形截面偏心受压构件的正截面承载力可按式(D.0.3-1)、式(D.0.3-2)计算，并应符合下列规定：

$$\gamma_0 \gamma_1 N \leqslant \frac{f_{ck}}{\gamma_{ck}} bx + \frac{f'_{sk}}{\gamma_s} A'_s - \sigma_s A_s \quad \text{(D.0.3-1)}$$

$$\gamma_0 \gamma_1 Ne \leqslant \frac{f_{ck}}{\gamma_{ck}} bx \left(h_0 - \frac{x}{2} \right) + \frac{f'_{sk}}{\gamma_s} A'_s (h_0 - a'_s) \quad \text{(D.0.3-2)}$$

1 当 $\xi = \dfrac{x}{h_0} \leqslant \xi_b$ 时，构件属于大偏心受压，应符合下列规定：

1) 式(D.0.3-1)中的 σ_s 应采用 f'_{sk}/γ_s；

2) 在计算中计入纵向受压钢筋时，混凝土受压区高度应满足式(D.0.2-3)的要求；不满足式(D.0.2-3)的要求时，构件正截面承载力可按式(D.0.3-3)计算：

$$\gamma_0 \gamma_1 Ne' \leqslant \frac{f_{sk}}{\gamma_s} A_s (h_0 - a'_s) \quad \text{(D.0.3-3)}$$

3) 按式(D.0.3-3)求得的构件承载力比不考虑受压钢筋更小时，在计算中不应考虑受压钢筋的作用。

2 当 $\xi > \xi_b$ 时，构件属于小偏心受压，应符合下列规定：

1) σ_s 按式(D.0.3-4)计算，但不应大于 f'_{sk}/γ_s；

$$\sigma_s = 0.003E_s\left(\frac{\beta_1}{\xi} - 1\right) \quad \text{(D.0.3-4)}$$

2) 当纵向力作用在钢筋 A_s' 的合力点与钢筋 A_s 的合力点之间时，尚应按式（D.0.3-5）进行验算：

$$\gamma_0\gamma_1 N_f e' \leq \frac{f_{ck}}{\gamma_{ck}}bh\left(h_0' - \frac{h}{2}\right) + \frac{f_{sk}'}{\gamma_s}A_s'(h_0' - a_s) \quad \text{(D.0.3-5)}$$

式中：σ_s——小偏心受压构件中受拉（或受压较小边）钢筋的应力；

β_1——截面受压区应力图高度与实际受压区高度的比值，可按表 D.0.3 取值；

e、e'——纵向力作用点至受拉或受压钢筋合力点之间的距离；

a_s——受拉钢筋合力点至受拉区边缘的距离；

h_0'——受压钢筋 A_s' 合力点至靠近受拉钢筋 A_s 的截面边缘之间的距离。

表 D.0.3　系数 β_1 值

混凝土强度等级	C50 及 C50 以下	C55	C60	C65	C70	C75	C80
β_1	0.8	0.79	0.78	0.77	0.76	0.75	0.74

附录 E 公路水下隧道结构防水分级及设防要求

E.0.1 水下隧道防水分级可按表 E.0.1 确定。

表 E.0.1 水下隧道防水分级

防水等级	防水标准
一级	不允许渗水，结构表面无湿渍
二级	不允许渗水，结构表面可有少量湿渍； 总湿渍面积不应大于总防水面积的 2/1 000；任意 100m² 防水面积上的湿渍不超过 3 处，单个湿渍的最大面积不大于 0.2m²；平均渗水量不大于 0.05L/(m²·d)，任意 100m² 防水面积上的渗水量不大于 0.15L/(m²·d)
三级	有少量漏水点，不应有线流和漏泥沙； 任意 100m² 防水面积上的漏水或湿渍点数不超过 7 处，单个漏水点的最大漏水量不大于 2.5L/d，单个湿渍的最大面积不大于 0.3m²
四级	有漏水点，不应有线流和漏泥沙； 整个工程平均渗水量不大于 2L/(m²·d)，任意 100m² 防水面积上的渗水量不大于 4L/(m²·d)

E.0.2 水下隧道衬砌防水设防要求可按表 E.0.2 确定。

表 E.0.2 水下隧道衬砌防水设防要求

工程部位		衬砌结构						衬砌结构施工缝					衬砌结构变形缝				
防水措施		防水混凝土	塑料防水板	防水砂浆	防水涂料	防水卷材	金属防水层	外贴式止水带	预埋注浆管	遇水膨胀止水条	防水密封材料	中埋式止水带	水泥基渗透结晶型防水涂料	中埋式止水带	外贴式止水带	可卸式止水带	防水密封材料	遇水膨胀止水条
防水等级	一级	必选	应选一至二种					应选一至二种					必选	应选一至二种				
	二级	必选	应选一种					应选一种					必选	应选一种				
	三级	应选	宜选一种					宜选一种					应选	宜选一种				
	四级	宜选	宜选一种					可选一种					应选	宜选一种				

附录 F 公路水下隧道消防及监控设施配置表

F.0.1 水下隧道衬砌防水设防要求可按表 F.0.1 确定。

表 F.0.1 公路水下隧道消防及监控设施配置表

设施名称		交通工程分级				
		A$^+$	A	B	C	D
监控设施	车辆检测器	●	●	●	○	-
	摄像机	●	●	●	○	○
	可变限速标志	●	●	○	○	-
	可变信息标志	●	●	○	○	-
	交通信号灯	●	●	●	●	-
	车道指示器	●	●	●	●	○
	视频交通事件检测器	●	●	○	○	-
	气象监测仪	●	○	-	-	-
	区域控制器	●	●	●	●	○
	发光型诱导灯	●	●	●	○	-
	能见度检测器	●	●	●	○	-
	CO 浓度检测器	●	●	●	○	-
	风速风向检测器	●	●	●	○	-
	亮度检测器	●	●	●	○	-
	紧急电话	●	●	●	○	-
	有线广播	●	●	●	○	-
	无线通信	●	○	-	-	-
	火灾探测器	●	●	●	●	○
	手动报警按钮	●	●	●	●	○
	计算机设备	●	●	●	○	○
	显示设备	●	●	●	○	○
	控制台	●	●	●	○	○
消防设施	灭火器	●	●	●	●	●
	消火栓	●	●	●	●	-
	固定式水成膜泡沫灭火装置	●	●	●	●	-
	水喷雾设施	●	○	○	-	-
	消防车/消防摩托车	○	-	-	-	-

注：1. "●"为必选设施；"○"为可选设施；"-"为不作要求。
2. 采用机械通风的水下隧道，应按表中所列要求设置能见度检测器、CO 检测器。

附录 G 风险事件损失等级判断标准

G.0.1 水下隧道衬砌防水设防要求可按表 G.0.1-1～表 G.0.1-4 确定。

表 G.0.1-1 人员伤亡等级判断标准

等 级	判 断 标 准
1	重伤人数 5 人以下
2	3 人以下死亡(含失踪)或 5 人以上 10 人以下重伤
3	3 人以上 10 人以下人员死亡(含失踪)或 10 人以上 50 人以下重伤
4	10 人以上 30 人以下人员死亡(含失踪)或 50 人以上 100 人以下重伤
5	30 人以上人员死亡(含失踪)或 100 人以上重伤

表 G.0.1-2 经济损失等级判断标准

等 级	判 断 标 准	
	经济损失绝对值	经济损失相对值
1	经济损失 500 万元以下	<5%
2	经济损失 500 万以上 1 000 万元以下	5%～10%
3	经济损失 1 000 万以上 5 000 万元以下	10%～15%
4	经济损失 5 000 万以上 10 000 万元以下	15%～20%
5	经济损失 10 000 万以上	>20%

表 G.0.1-3 工期延误等级判断标准

等 级	判 断 标 准	
	工期损失绝对值	工期损失相对值
1	延误少于 1 个月	<5%
2	延误 1 个～3 个月	5%～15%
3	延误 3 个～6 个月	15%～25%
4	延误 6 个～9 个月	25%～35%
5	延误大于 9 个月	>35%

表 G.0.1-4 环境影响等级判断标准

等 级	判 断 标 准
1	涉及范围很小，无群体性影响，需紧急转移安置人数 50 人以下
2	涉及范围较小，一般群体性影响，需紧急转移安置人数 50 人以上 100 人以下
3	涉及范围大，区域正常经济、社会活动受影响，需紧急转移安置人数 100 人以上 500 人以下
4	涉及范围很大，区域生态功能部分丧失，需紧急转移安置人数 500 人以上 1 000 人以下
5	涉及范围非常大，区域内周边生态功能严重丧失，需紧急转移安置人数 1 000 人以上，正常的经济、社会活动受到严重影响

本规范用词用语说明

1 本规范执行严格程度的用词，采用下列写法：

1）表示很严格，非这样做不可的用词，正面词采用"必须"，反面词采用"严禁"；

2）表示严格，在正常情况下均应这样做的用词，正面词采用"应"，反面词采用"不应"或"不得"；

3）表示允许稍有选择，在条件许可时首先应这样做的用词，正面词采用"宜"，反面词采用"不宜"；

4）表示有选择，在一定条件下可以这样做的用词，采用"可"。

2 引用标准的用语采用下列写法：

1）在标准总则中表述与相关标准的关系时，采用"除应符合本规范的规定外，尚应符合国家和行业现行有关标准的规定"。

2）在标准条文及其他规定中，当引用的标准为国家标准和行业标准时，表述为"应符合《××××××》（×××）的有关规定"。

3）当引用本标准中的其他规定时，表述为"应符合本规范第×章的有关规定"、"应符合本规范第×.×节的有关规定"、"应符合本规范第×.×.×条的有关规定"或"应按本规范第×.×.×条的有关规定执行"。

现行公路工程行业标准一览表

(2022 年 3 月)

序号	板块	模块	现行编号	名　　称	定价(元)
1	总体		JTG 1001—2017	公路工程标准体系(14300)	20.00
2			JTG A02—2013	公路工程行业标准制修订管理导则(10544)	15.00
3			JTG A04—2013	公路工程标准编写导则(10538)	20.00
4	通用	基础	JTG B01—2014	公路工程技术标准(活页夹版,11814)	98.00
				公路工程技术标准(平装版,11829)	68.00
5			JTG 2111—2019	小交通量农村公路工程技术标准(15327)	50.00
6			JTG/T 3311—2021	小交通量农村公路工程设计规范(17487)	60.00
7			JTG 2112—2021	城镇化地区公路工程技术标准(17752)	50.00
8			JTJ 002—87	公路工程名词术语(0346)	22.00
9			JTJ 003—86	公路自然区划标准(0348)	16.00
10			建标〔2011〕124 号	公路工程项目建设用地指标(09402)	36.00
11			JTG 2120—2020	公路工程结构可靠性设计统一标准(16532)	50.00
12			JTG F80/1—2017	公路工程质量检验评定标准　第一册　土建工程(14472)	90.00
13			JTG 2182—2020	公路工程质量检验评定标准　第二册　机电工程(16987)	60.00
14		安全	JTG B05—2015	公路项目安全性评价规范(12806)	45.00
15			JTG B05-01—2013	公路护栏安全性能评价标准(10992)	30.00
16			JTG B02—2013	公路工程抗震规范(11120)	45.00
17			JTG/T 2231-01—2020	公路桥梁抗震设计规范(16483)	80.00
18			JTG/T 2231-02—2021	公路桥梁抗震性能评价细则(16433)	40.00
19			JTG 2232—2019	公路隧道抗震设计规范(16131)	60.00
20			JTG F90—2015	公路工程施工安全技术规范(12138)	68.00
21		绿色	JTG/T 2321—2021	公路工程利用建筑垃圾技术规范(17536)	40.00
22			JTG B03—2006	公路建设项目环境影响评价规范(13373)	40.00
23			JTG B04—2010	公路环境保护设计规范(08473)	28.00
24			JTG/T 2340—2020	公路工程节能规范(16115)	30.00
25		智慧	JTG/T 2420—2021	公路工程信息模型应用统一标准(17181)	50.00
26			JTG/T 2421—2021	公路工程设计信息模型应用标准(17179)	80.00
27			JTG/T 2422—2021	公路工程施工信息模型应用标准(17180)	70.00
28	建设	勘测	JTG C10—2007	公路勘测规范(06570)	40.00
29			JTG/T C10—2007	公路勘测细则(06572)	42.00
30			JTG C20—2011	公路工程地质勘察规范(09507)	65.00
31			JTG/T C21-01—2005	公路工程地质遥感勘察规范(0839)	17.00
32			JTG/T C21-02—2014	公路工程卫星图像测绘技术规程(11540)	25.00
33			JTG/T 3222—2020	公路工程物探规程(16831)	60.00
34			JTG 3223—2021	公路工程地质原位测试规程(17325)	100.00
35			JTG C30—2015	公路工程水文勘测设计规范(12063)	70.00
36		设计	JTG/T 3310—2019	公路工程混凝土结构耐久性设计规范(15635)	50.00
37			JTG D20—2017	公路路线设计规范(14301)	80.00
38			JTG/T D21—2014	公路立体交叉设计细则(11761)	60.00
39			JTG D30—2015	公路路基设计规范(12147)	98.00
40			JTG/T D31—2008	沙漠地区公路设计与施工指南(1206)	32.00
41			JTG/T D31-02—2013	公路软土地基路堤设计与施工技术细则(10449)	40.00
42			JTG/T D31-03—2011	采空区公路设计与施工技术细则(09181)	40.00
43			JTG/T D31-04—2012	多年冻土地区公路设计与施工技术细则(10260)	40.00
44			JTG/T D31-05—2017	黄土地区公路路基设计与施工技术细则(13994)	50.00
45			JTG/T D31-06—2017	季节性冻土地区公路设计与施工技术规范(13981)	45.00
46			JTG/T D32—2012	公路土工合成材料应用技术规范(09908)	50.00
47			JTG/T D33—2012	公路排水设计规范(10337)	40.00
48			JTG/T 3334—2018	公路滑坡防治设计规范(15178)	55.00
49			JTG D40—2011	公路水泥混凝土路面设计规范(09463)	40.00
50			JTG D50—2017	公路沥青路面设计规范(13760)	50.00
51			JTG/T 3350-03—2020	排水沥青路面设计与施工技术规范(16651)	50.00
52			JTG D60—2015	公路桥涵设计通用规范(12506)	40.00
53			JTG/T 3360-01—2018	公路桥梁抗风设计规范(15231)	75.00
54			JTG/T 3360-02—2020	公路桥梁抗撞设计规范(16435)	40.00
55			JTG/T 3360-03—2018	公路桥梁景观设计规范(14540)	40.00
56			JTG D61—2005	公路圬工桥涵设计规范(13355)	30.00
57			JTG 3362—2018	公路钢筋混凝土及预应力混凝土桥涵设计规范(14951)	90.00
58			JTG 3363—2019	公路桥涵地基与基础设计规范(16223)	90.00
59			JTG D64—2015	公路钢结构桥梁设计规范(12507)	80.00
60			JTG/T D64-01—2015	公路钢混组合桥梁设计与施工规范(12682)	45.00
61			JTG/T 3364-02—2019	公路钢桥面铺装设计与施工技术规范(15637)	50.00
62			JTG/T 3365-01—2020	公路斜拉桥设计规范(16365)	50.00
63			JTG/T 3365-02—2020	公路涵洞设计规范(16583)	50.00
64			JTG/T D65-05—2015	公路悬索桥设计规范(12674)	55.00
65			JTG/T D65-06—2015	公路钢管混凝土拱桥设计规范(12514)	40.00
66			JTG/T 3365-05—2022	公路装配式混凝土桥梁设计规范(17885)	60.00
67			JTG 3370.1—2018	公路隧道设计规范　第一册　土建工程(14639)	110.00
68			JTG D70/2—2014	公路隧道设计规范　第二册　交通工程与附属设施(11543)	50.00

序号	板块	模块	现行编号	名　　称	定价(元)
69	建设	设计	JTG/T D70—2010	公路隧道设计细则(08478)	66.00
70			JTG/T D70/2-01—2014	公路隧道照明设计细则(11541)	35.00
71			JTG/T D70/2-02—2014	公路隧道通风设计细则(11546)	70.00
72			JTG/T 3371—2022	公路水下隧道设计规范(17889)	120.00
73			JTG/T 3374—2020	公路瓦斯隧道设计与施工技术规范(16141)	60.00
74			JTG D80—2006	高速公路交通工程及沿线设施设计通用规范(0998)	25.00
75			JTG D81—2017	公路交通安全设施设计规范(14395)	60.00
76			JTG/T D81—2017	公路交通安全设施设计细则(14396)	90.00
77			JTG/T 3381-02—2020	公路限速标志设计规范(16696)	40.00
78			JTG D82—2009	公路交通标志和标线设置规范(07947)	116.00
79			JTG/T 3383-01—2020	公路通信及电力管道设计规范(16686)	40.00
80			JTG/T L11—2014	高速公路改扩建设计细则(11998)	45.00
81			JTG/T L80—2014	高速公路改扩建交通工程与沿线设施设计细则(11999)	30.00
82			JTG/T 3392—2022	高速公路改扩建交通组织设计规范(17883)	50.00
83		试验	JTG E20—2011	公路工程沥青及沥青混合料试验规程(09468)	106.00
84			JTG 3420—2020	公路工程水泥及水泥混凝土试验规程(16989)	100.00
85			JTG 3430—2020	公路土工试验规程(16828)	120.00
86			JTG E41—2005	公路工程岩石试验规程(13351)	30.00
87			JTG E42—2005	公路工程集料试验规程(13353)	50.00
88			JTG E50—2006	公路工程土工合成材料试验规程(13398)	40.00
89			JTG E51—2009	公路工程无机结合料稳定材料试验规程(08046)	60.00
90			JTG 3450—2019	公路路基路面现场测试规程(15830)	90.00
91		检测	JTG/T 3520—2021	公路机电工程测试规程(17414)	60.00
92			JTG/T 3512—2020	公路工程基桩检测技术规程(16482)	60.00
93		施工	JTG/T 3610—2019	公路路基施工技术规范(15769)	80.00
94			JTG/T F20—2015	公路路面基层施工技术细则(12367)	45.00
95			JTG/T F30—2014	公路水泥混凝土路面施工技术细则(11244)	60.00
96			JTG F40—2004	公路沥青路面施工技术规范(05328)	50.00
97			JTG/T 3650—2020	公路桥涵施工技术规范(16434)	125.00
98			JTG/T 3650-02—2019	特大跨径公路桥梁施工测量规范(15634)	80.00
99			JTG/T 3660—2020	公路隧道施工技术规范(16488)	100.00
100			JTG/T 3671—2021	公路交通安全设施施工技术规范(17000)	50.00
101			JTG/T F72—2011	公路隧道交通工程与附属设施施工技术规范(09509)	35.00
102		监理	JTG G10—2016	公路工程施工监理规范(13275)	40.00
103		造价	JTG 3810—2017	公路工程建设项目造价文件管理导则(14473)	50.00
104			JTG/T 3811—2020	公路工程施工定额测定与编制规程(16083)	60.00
105			JTG/T 3812—2020	公路工程建设项目造价数据标准(16836)	100.00
106			JTG 3820—2018	公路工程建设项目投资估算编制办法(14362)	60.00
107			JTG 3821—2018	公路工程估算指标(14363)	120.00
108			JTG 3830—2018	公路工程建设项目概算预算编制办法(14364)	60.00
109			JTG 3831—2018	公路工程概算定额(14365)	270.00
110			JTG 3832—2018	公路工程预算定额(14366)	300.00
111			JTG 3833—2018	公路工程机械台班费用定额(14367)	50.00
112	养护	综合	JTG H10—2009	公路养护技术规范(08071)	60.00
113			JTG 5120—2021	公路桥涵养护规范(17160)	60.00
114			JTG/T 5122—2021	公路缆索结构体系桥梁养护技术规范(17764)	60.00
115			JTG H12—2015	公路隧道养护技术规范(12062)	60.00
116			JTJ 073.1—2001	公路水泥混凝土路面养护技术规范(13658)	20.00
117			JTG 5142—2019	公路沥青路面养护技术规范(15612)	60.00
118			JTG/T 5142-01—2021	公路沥青路面预防养护技术规范(17578)	50.00
119			JTG 5150—2020	公路路基养护技术规范(16596)	40.00
120			JTG/T 5190—2019	农村公路养护技术规范(15430)	30.00
121		检测评价	JTG 5210—2018	公路技术状况评定标准(15202)	40.00
122			JTG/T E61—2014	公路路面技术状况自动化检测规程(11830)	25.00
123			JTG/T H21—2011	公路桥梁技术状况评定标准(09324)	46.00
124			JTG/T J21—2011	公路桥梁承载能力检测评定规程(09480)	20.00
125			JTG/T J21-01—2015	公路桥梁荷载试验规程(12751)	40.00
126			JTG 5220—2020	公路养护工程质量检验评定标准 第一册 土建工程(16795)	80.00
127		养护设计	JTG 5421—2018	公路沥青路面养护设计规范(15201)	40.00
128			JTG/T J22—2008	公路桥梁加固设计规范(07380)	52.00
129			JTG/T 5440—2018	公路隧道加固技术规范(15402)	70.00
130		养护施工	JTG/T F31—2014	公路水泥混凝土路面再生利用技术细则(11360)	30.00
131			JTG/T 5521—2019	公路沥青路面再生技术规范(15839)	60.00
132			JTG/T J23—2008	公路桥梁加固施工技术规范(07378)	40.00
133			JTG H30—2015	公路养护安全作业规程(12234)	90.00
序号	板块	模块	现行编号	名　　称	定价(元)
134		造价	JTG 5610—2020	公路养护预算编制导则(16733)	50.00
135			JTG/T M72-01—2017	公路隧道养护工程预算定额(14189)	60.00
136			JTG/T 5612—2020	公路桥梁养护工程预算定额(16855)	50.00
137			JTG/T 5640—2020	农村公路养护预算编制办法(16302)	70.00
138	运营	收费服务	JTG/T 6303.1—2017	收费公路移动支付技术规范 第一册 停车移动支付(14380)	20.00
139			JTG B10-01—2014	公路电子不停车收费联网运营和服务规范(11566)	30.00

注:JTG——公路工程行业标准;JTG/T——公路工程行业推荐性标准。销售电话:010-85285659;业务咨询电话:010-85285922/30。